Denkmäler demokratischer Umbrüche nach 1945

Europäische Diktaturen und ihre Überwindung
Schriften der Stiftung Ettersberg

Herausgegeben von

Hans-Joachim Veen
Volkhard Knigge
Torsten Oppelland

in Verbindung mit

Hans-Peter Schwarz
Peter Maser
Robert Traba
Karl Schmitt

Denkmäler demokratischer Umbrüche nach 1945

Herausgegeben von
Hans-Joachim Veen
Volkhard Knigge

Redaktion: Manuel Leppert

2014

BÖHLAU VERLAG KÖLN WEIMAR WIEN

Gefördert durch das Thüringer Ministerium
für Bildung, Wissenschaft und Kultur

Bibliografische Information der Deutschen Nationalbibliothek:
Die Deutsche Nationalbibliothek verzeichnet diese Publikation in der
Deutschen Nationalbibliografie; detaillierte bibliografische Daten sind
im Internet über https://portal.dnb.de abrufbar.

Umschlagabbildung:
Freiheitsdenkmal, Riga, grafisch verfremdet
(Foto: ullstein bild – Prisma/Raga Jose Fuste)

© 2014 by Böhlau Verlag GmbH & Cie, Köln Weimar Wien
Ursulaplatz 1, D-50668 Köln, www.boehlau-verlag.com

Korrektorat: Manuel Leppert, Weimar
Satz: Reemers Publishing Services, Krefeld
Druck und Bindung: Theiss, St. Stefan im Lavanttal
Gedruckt auf chlor- und säurefreiem Papier
Printed in the EU

ISBN 978-3-412-22388-5

Inhalt

Hans-Joachim Veen

Einführung

Wie haben sich die demokratischen Umbrüche nach 1945 in Denkmälern oder anderen »lieux de mémoire« manifestiert? Dieser Frage widmete sich das 12. Internationale Symposium der Stiftung Ettersberg, das gemeinsam mit der Landeszentrale für politische Bildung Thüringen am 18. und 19. Oktober 2013 in Weimar stattfand. Vorgelegt wird demgemäß eine erste Bestandsaufnahme über Denkmäler demokratischer Umbrüche nach 1945 in Ostmitteleuropa sowie eine kritische Reflexion darüber, was Denkmäler heute leisten können und was nicht, welche Funktion sie haben und welche Form ihnen angemessen ist.

1. Mahnmale und Denkmäler – wozu eigentlich?

Rund sechzig Jahre nach Kriegsende und ein Vierteljahrhundert nach der Wiedervereinigung und den demokratischen Umbrüchen im kommunistischen Machtbereich wächst offenbar, zumindest in Deutschland, aber auch in Polen und anderswo, das Bedürfnis nach Nationaldenkmälern. Die »alte Bundesrepublik« verhielt sich aus guten Gründen ausgesprochen denkmalsabstinent. Auch im vereinigten Deutschland blieb die Neigung, Denkmäler zu errichten, zunächst sehr begrenzt. Als 1993 die Berliner Neue Wache zur »Zentralen Gedenkstätte der Bundesrepublik Deutschland für die Opfer von Krieg und Gewaltherrschaft« umgestaltet wurde, flüchtete man sich in eine skulpturale Überhöhung von Käthe Kollwitz'»Mutter mit totem Sohn«, und löste damit sogleich heftige Kontroversen aus.

In der DDR und den anderen Staaten des sowjetischen Imperiums verstellten dagegen ungezählte Lenin-Statuen und ähnlich geartete kommunistische »Heiligenbilder« und Ehrenmale die Landschaft, nachdem ein Denkmalsturm fast alle Erinnerungszeichen früherer Zeiten hinweggefegt hatte. Nur in der Sowjetunion ging man hier etwas differenzierter vor. Aber davon wird später noch zu sprechen sein. Inzwischen sind an mehreren, nicht gerade zahlreichen Orten im östlichen Europa und im vereinigten Deutschland Denkmäler und Erinnerungsorte der demokratischen Umbrüche entstanden oder befinden sich in Planung. Dieses Gedenken artikuliert sich in den verschiedenartigsten

Formen, konkretisiert diverse historische und geografische Bezüge und changiert manchmal zwischen Denkmal und Mahnmal.

Bevor wir in den Beiträgen die konkrete Vielfalt des Gedenkens durchmustern, wird einleitend grundsätzlich nach der Notwendigkeit, den Möglichkeiten und Formen des »Gedenkens in der Demokratie« gefragt werden. In Erinnerung wird weiterhin gerufen: Demokratische Nationen haben ihr Selbstverständnis seit der Amerikanischen Revolution immer wieder in nationalen Denkmälern festzuschreiben versucht. Dabei hat sich eine Traditionslinie, eine »Erinnerungskultur in Stein«, herausgebildet, die selbstverständlich auch auf die »Denkmäler demokratischer Umbrüche nach 1945« einwirkt. In welchem Umfang das geschah und geschieht, werden die in diesem Band versammelten Beiträge zu den »Denkmälern und Erinnerungsorten der Demokratie in Ostmitteleuropa und in Deutschland nach 1989/90« reflektieren.

In Ländern, deren Nationalgeschichte durch diktatorische Regime verzerrt wurde, wird das Gedenken immer ein Doppeltes sein müssen. Es gilt, der Opfer der Diktaturen *und* des Sieges der demokratischen Revolutionen zu gedenken. In Anlehnung an Reinhart Koselleck, der vom »negativen« und »positiven Gedächtnis« gesprochen hat, kann man in diesem Zusammenhang einerseits von »negativen Denkmälern«, die zumeist am »historischen Ort« an die Opfer erinnern, und andererseits von »positiven Denkmälern« sprechen, die der Erinnerung an Widerstand, Befreiung und demokratische Aufbrüche gewidmet sind.[1]

In Thüringen können wir zumindest zwei historische Orte vorweisen, an denen die Doppelpoligkeit des Gedenkens Gestalt gewonnen hat, wenngleich es Gedenkorte ganz unterschiedlicher Dimensionen und Themensetzungen sind. Erstens: In Buchenwald präsentiert sich der gesamte KZ-Lagerkomplex mit einer Vielzahl von unterschiedlich gestalteten Erinnerungsstätten als historisches Mahnmal, das an all jene Menschen erinnert, die auf dem Ettersberg litten und ermordet wurden. Der monumentale Glockenturm, 1954 bis 1958 erbaut, verkörpert hingegen das Motto »Durch Sterben und Kämpfen zum Sieg« als Denkmal des kommunistischen Widerstandes im Lager und der problematisch heroisierten »Selbstbefreiung« des Konzentrationslagers am 11. April 1945. Zweites Beispiel: In der Gedenk- und Bildungsstätte Andreasstraße in Erfurt, die zur Stiftung Ettersberg gehört, erinnert der historische Haftbau zusammen mit dem zum Mahnmal gestalteten Freiganghof des ehemaligen MfS-Untersuchungsgefängnisses eindrücklich an die Leiden der hier Inhaftierten. Demgegenüber setzt der sogenannte Kubus, der im Freigelände neuerbaute

---

1 Vgl. Reinhart Koselleck: Formen und Traditionen des negativen Gedächtnisses, in: Volkhard Knigge/Norbert Frei (Hg.): Verbrechen erinnern. Die Auseinandersetzung mit Holocaust und Völkermord, München 2002, S. 21–32.

Veranstaltungsraum, mit seiner großartigen Fassadengestaltung im Stil der Graphic Novel den Ereignissen der Friedlichen Revolution in Thüringen und der Besetzung der Erfurter Stasi-Zentrale am 4. Dezember 1989 ein Denkmal.

Unübersehbar ist seit dem Ende des Zweiten Weltkrieges eine generelle Akzentverschiebung vom Pathos der klassischen »Heldendenkmäler« hin zu Mahnmalen und Gedenkstätten, die an die Opfer von Diktatur und Gewalt erinnern. Anna Kaminsky hat mit zahlreichen Veröffentlichungen der Bundesstiftung Aufarbeitung einen europaweiten Überblick über die Vielzahl dieser »Erinnerungsorte« ermöglicht.[2] Demgegenüber fallen die »Denkmäler demokratischer Umbrüche« zahlenmäßig eindeutig zurück.

Unübersehbar sind auch alle Versuche, die Planung neuer Denkmäler und Mahnmale neben allen traditionellen Ausschreibungen durch unterschiedlichste Formen der Bürgerbeteiligung, insbesondere der Mitsprache von Bürgerrechtlern und Diktatur-Opfern, demokratisch zu legitimieren. Aber auch ausgedehnteste Bürgerbeteiligung kann nicht übersehen lassen, dass Denkmäler immer monumentale Herrschaftszeichen waren und bis heute sind: Wer konnte sich durchsetzen? Wer konnte das notwendige Geld beschaffen? Wessen Geschichtsbild ist vorherrschend? Oft genug bezeugen Denkmäler heute aber auch den in Beton, Metall oder Glas gebannten Kompromiss der unterschiedlichen Kräfte, die sich auf kleinstem gemeinsamem monumentalem Nenner zusammengerauft haben.

Unübersehbar ist schließlich auch: Denkmäler haben immer *ihre* Zeit, den Zeitraum, in dem sie bestimmte Überzeugungen, Wertvorstellungen und Geschichtsbilder gesellschaftlich akzeptiert verdeutlichen. Immer wieder aber überleben Denkmäler auch *ihre* Zeit. Sie verfallen dann, wenn nicht dem Abrisskommando, dann doch der Nichtachtung; sie werden belanglos und degenerieren zu reinen Dekorationsstücken, die vielleicht Kinder noch gerne bespielen oder Touristen als skurrilen fotografischen Hintergrund nutzen. Erinnert sei an die Schicksale von zurückgebliebenen Lenin-Statuen, beispielsweise in Schwerin (im Plattenbaugebiet Mueßer Holz, heute das westlichste Lenin-Standbild

---

2 So sind eine Vielzahl von Länderstudien erschienen: Vgl. Anna Kaminsky (Hg.): Orte des Erinnerns. Gedenkstätten, Gedenkzeichen und Museen zur Diktatur in SBZ und DDR, 2. Aufl., Berlin 2007; Dies. (Hg.): Erinnerungsorte an den Massenterror 1937/38 in der Russischen Föderation, Berlin 2007; Dies. (Hg.): Erinnerungsorte an den Holodomor 1932/33 in der Ukraine, Leipzig 2008; Dies. (Hg.): Die Berliner Mauer in der Welt, Berlin 2009; Dies. (Hg.): Erinnerungsorte an die Opfer des Kommunismus in Belarus, Berlin 2011 sowie: Erinnerungsorte für die Opfer von Katyń, Leipzig 2013; außerdem Ronny Heidenreich/Anna Kaminsky (Hg.): Erinnerungsorte an die Niederschlagung des Prager Frühlings 1968, Berlin 2008, online abrufbar unter: http://www.bundesstiftung-aufarbeitung.de/uploads/pdf-2009/eo_prag.pdf [15.05.2014].

in Europa) und in Berlin-Kreuzberg (gegenwärtig auf dem Hof einer Spedition abgestellt) oder den Eislebener Lenin, der als Staffage ins Deutsche Historische Museum deportiert wurde. Ähnliche Beobachtungen ließen sich auch für die monumentalen Restspuren von Karl Marx in Berlin und Chemnitz oder Ernst Thälmann in Weimar anstellen. Die Verfallszeiten gelten aber natürlich auch für so manches Standbild vergangener Fürstenherrlichkeit. Denkmäler sollen das Erinnern verewigen, sind selber auf Ewigkeit hin angelegt, und doch gilt auch und gerade für sie die tiefe Einsicht des Predigers Salomo (3,1): »Alles hat seine Zeit!« Und vielleicht ist die Zeit der Monumentaldenkmäler ja gänzlich vorbei? Vielleicht ist die fünfzig Meter lange, begehbare Waagschale des Berliner Freiheits- und Einheitsdenkmals ja *das* Zeichen unserer Zeit? Zweifel hieran sind angebracht. Vielleicht ist aber auch die Zeit des temporären Denkmals gekommen, das nur auf Zeit wirken soll? Darüber wird zu diskutieren sein.

2.   Ein Rückblick: Lenins »Denkmalspropaganda«

Wer sich auf das Errichten von Denkmälern einlässt, lässt sich immer auf ein schwieriges Geschäft ein, so notwendig Denkmäler zur gesellschaftlichen Verständigung und Vergewisserung der eigenen Werte im öffentlichen Raum auch sein mögen. Welche Probleme sich mit der Errichtung von Denkmälern in einer postrevolutionären Phase ergeben, musste übrigens bereits Lenin erfahren. Erlaubt sei deshalb ein historischer Exkurs über die Debatten in der frühen Sowjetunion, auf die mich Peter Maser dankenswerterweise aufmerksam gemacht hat. Ich kann sie hier nur skizzenhaft und ohne weitere Nachweise darlegen, aber sie weisen erstaunlich aktuelle Bezüge auf. Durch das Dekret des Rates der Volkskommissare vom 12. April 1918 »über die Entfernung der zu Ehren der Zaren und ihrer Diener errichteten Denkmäler und über die Ausarbeitung von Entwürfen zu Denkmälern der Russischen Sozialistischen Revolution«, das von Lenin, Lunačarskij und Stalin unterzeichnet worden war, wurde die Beseitigung derjenigen Denkmäler »von Plätzen und Straßen« angeordnet, »die weder in historischer noch künstlerischer Hinsicht von Interesse sind«. Die inhaltliche und künstlerische Konditionierung des verordneten bolschewistischen Ikonoklasmus ist bemerkenswert. Für die Denkmäler, die zu beseitigen waren, ließ das Dekret der Volkskommissare zwei Möglichkeiten offen: die Überführung in »Depots«, also ins Museum, und die »nützliche Verwendung«, zumeist also wohl die Verschrottung. Hinzu konnte in Einzelfällen aber auch noch die bewusste Erhaltung eines Denkmals vergangener Zeiten »als Vogelscheuche für das Land«, wie es Demjan Bedny mit Blick auf das Denkmal Alexanders III. ausdrückte, in Betracht kommen.

Nach Abräumung der »widerwärtigsten Götzenbilder«, so das Dekret der Volkskommissare, sollten bereits zum 1. Mai 1918 die »ersten Modelle neuer Denkmäler dem Urteil der Massen unterbreitet« werden. Auf den verordneten Ikonoklasmus folgt also unmittelbar das neue verordnete Heldengedenken. Anatolij V. Lunačarskij forderte am 27. Mai 1918 die Schaffung und Aufstellung von fünfzig Denkmälern »zu Ehren hervorragender Persönlichkeiten der revolutionären gesellschaftlichen Tätigkeit, der Philosophie, Literatur, Wissenschaften und Künste«. Sein Aufruf stieß zunächst auf wenig Gegenliebe. Lenin, der damals bereits über eine volkspädagogische »Denkmalspropaganda« nachdachte, beschimpfte deshalb die Avantgarde um Vladimir Tatlin sogar als »Saboteure und Trottel«. Einen Ausweg bot die Errichtung provisorischer Denkmäler, also von Denkmälern auf Probe, aus billigen Materialien (Gips, Holz), von denen zum ersten Jahrestag der Oktoberrevolution in Moskau immerhin dreißig Exemplare Straßen und Plätze zierten. Zur endgültigen Ausführung in edlerem Material sollten nur diejenigen kommen, die von der »Masse« per Abstimmung akzeptiert würden. Solche Anerkennung erreichten schließlich 17 dieser »ephemeren Denkmäler«.

Schon in seinem »Plan zur Denkmalspropaganda« von 1918 hatte Lenin eine Nutzung der neuen Denkmäler erwogen, die er verdeckt mit einer Idee von Tommaso Campanella in Verbindung brachte, die dieser 1602 im *Sonnenstaat*[3] skizziert hatte. Der kalabrische Staatstheoretiker und Utopist hatte vorgesehen, die Bürger auch dadurch politisch weiterzubilden, dass diese Fresken abschreiten müssten, die die Ideale des Gemeinwesens ins Bild rücken. Diese Möglichkeit, das ungebildete Volk durch staatspolitisch ambitionierte Bildgeschichten zu bilden, kam in der frühen Sowjetunion allerdings nur ansatzweise zum Zuge, da solche »narrativen Denkmäler« sehr rasch von den neuen figurenfixierten »Heiligenbildern« der Führer der bolschewistischen Revolution überlagert wurden.

1919 konzipierte Vladimir E. Tatlin sein avantgardistisch-monströses Turmprojekt zu Ehren der Dritten Internationale. Das Mehrzweck-Denkmal sollte »ein für alle mal mit menschlichen Figuren Schluß machen«, sei doch »die Zeit eines heroischen Geschichtsverständnisses« unwiederbringlich vorbei, wie Nikolaj Punin, Wortführer der russischen Avantgarde, anmerkte. Tatlins Turm mit einer geplanten Höhe von vierhundert Meter sollte als ein gigantisch-bizarres Gebilde mit Konferenzräumen, Treppenanlagen, beweglichen Innenräumen und einem Radiosender die Dynamik der Revolution und der neuen Gesellschaft verkörpern. Das künstlerisch kühne Projekt kam schon aus Kostengründen niemals zustande, blieb in der Architekturgeschichte aber unver-

---

3 Erschienen ist das Werk damals noch unter dem italienischen Titel *La città del sole*.

gessen. Noch im Jahr 2000 hat die Russische Föderation diesem »Symbol der Epoche des sozialistischen Aufbruchs« eine Briefmarke gewidmet.

Stattdessen setzte eine Inflation von stereotypen Lenin-Denkmälern ein, die allerdings auch schon früh Kritik auslöste. Bereits Anfang 1918 warnte eine Zeitschrift prinzipiell: »An dem Tag, an dem sich die Revolution in Namen auflöst, zeichnet sich ihr Ende ab.« Ebenso grundsätzlich sekundierte eine andere Zeitschrift: »Der Kult der Persönlichkeit steht im Gegensatz zum Geist des Marxismus, zum Geist des wissenschaftlichen Sozialismus.« Sehr viel praktischer meinte 1928 der avantgardistische Schriftsteller Sergej Tret'jakov, statt solcher Denkmäler sei es besser, das Straßenpflaster zu reparieren, öffentliche Toiletten einzurichten, die Gehwege instand zu setzen und die Verkehrsregelung zu verbessern. Noch 1934 zitierte Tret'jakov zustimmend Brechts Gedicht über die Teppichweber von Kujan-Bulak, die das für ein Lenin-Denkmal gesammelte Geld zur Mückenbekämpfung einsetzten. »So nützten sie sich, indem sie Lenin ehrten und / Ehrten ihn, indem sie sich nützten, und hatten ihn / Also verstanden«, heißt es bei Brecht. Und der Effekt war: Am 10. September 1937 wurde der futuristische Dichter und überzeugte Kommunist Tret'jakov zum Tode verurteilt und hingerichtet.

Der renommierte Kunstwissenschaftler und -funktionär Aleksej Fëdorov-Davydov setzte sich sehr früh sogar für eine »Kinofizierung« der Denkmäler ein, wenn er schrieb: »Die Aufgabe, die Lenin der Skulptur stellte, konnte nur das Kino oder das Agitplakat erfüllen.« Entwürfe, die dieser Auffassung folgten, hat es wohl einige gegeben, wirklich ausgeführt wurde keiner davon. Das mag erstaunen, hielt Lenin die Filmkunst doch für die »wichtigste aller Künste« im Zeitalter der Revolution, denn der Film konnte stark narrativ argumentieren, das ungebildete Volk dadurch bilden und war mit Hilfe mobiler Kinoeinheiten bis ins letzte Dorf einsetzbar.

Einzelne Kunstkritiker verwiesen damals schließlich darauf, dass das Scheitern der Lenin'schen »Denkmalspropaganda« auch mit der »neurasthenischen Zeit« zu erklären sei, die monumentale Aufgabenstellungen nicht gerade begünstigte. Auch die Errichtung »temporärer Denkmäler« habe das Problem nicht lösen können und schließlich dem allgegenwärtigen Mittelmaß und der massenhaften Serienproduktion von Heldendenkmälern den Weg geebnet.

Mit diesem Exkurs über die Lenin'sche »Denkmalspropaganda«, ihre Auswirkungen und Kritiker, wurde ein prägnantes Exempel für die grundsätzlichen Probleme einer staatlich gelenkten Geschichts- und Denkmalpolitik zitiert, das durchaus abschrecken soll. Manche Parallelen zu heutigen Debatten drängen sich doch förmlich auf! In der instruktiven Schlussdiskussion wurden sie noch einmal gebündelt. Manuel Leppert, dem ich auch für die Redaktion des Bandes danke, hat sie zusammengefasst.

Richard Schröder

Gedenken in der Demokratie

1. Gedenken und Erinnern

Nach Hesiod hat die Göttin Mnemosyne dem Zeus die neun Musen geboren. Mnemosyne heißt Erinnerung. Erinnerung wäre demnach der Ursprung aller Künste und Wissenschaften, wie sie durch die olympischen Musen repräsentiert werden.

In archaischen Epen wie der »Odyssee« und dem »Nibelungenlied« werden schlicht unerhörte Begebenheiten erinnert, ohne weitere Absichten, und solche faszinieren bis heute, wie gerade die Völkerschlacht. Vielleicht noch wichtiger sind Herkunftsgeschichten. Individuen und Gemeinschaften verbinden ihre Identität mit Herkunftsgeschichten. Bei Individuen ist deren Bedeutung besonders manifest in den Fällen, da Kinder verspätet erst erfahren, dass sie adoptiert worden sind, dass sie also ihre leiblichen Eltern noch gar nicht kennen. Obwohl diese Mitteilung an ihren Lebensverhältnissen scheinbar nichts ändert, können sie dadurch richtiggehend aus dem Gleis geworfen werden. Aber auch die Feier von Geburtstagen beruht doch auf der Bedeutung, die für uns unsere Herkunft hat. Ein Sonderfall von Herkunftsgeschichten sind Gründungsgeschichten und die Feiern entsprechender Jubiläen, ob nun Hochzeitstage, Firmenjubiläen oder eben die Gründung von Gemeinwesen. Das alles sind erfreuliche Ereignisse für fröhliche Feste.

Auch in den Religionen spielt das Erinnern eine große Rolle, im Judentum besonders die Erinnerung an den Exodus aus dem Sklavenhaus Ägypten. Im Christentum erinnert der jährliche Festkreis von Weihnachten bis Pfingsten die Gründungsgeschichte.

Man kann sich die enorme Bedeutung der Erinnerungen ex negativo verdeutlichen an Menschen, die einen Gedächtnisverlust erlitten haben. Sie haben damit auch alle Beziehungen zu Orten und Mitmenschen verloren. Sie sind handlungsunfähig, weil sie sich nicht mehr orientieren können. In Gemeinschaften wird ein totaler Gedächtnisverlust wohl kaum eintreten, aber es gibt sehr weitgehende Tabuisierungen und Verdrängungen, und wenn auch irgendjemand etwas davon noch weiß, so gibt es doch ein vollständiges öffentliches

Schweigen, und zwar nicht nur dort, wo formelle Zensur herrscht. Dies betrifft naturgemäß nicht die erfreulichen Seiten der eigenen Geschichte, sondern belastete und belastende.

2.   Gedenken in der Demokratie

Wer erinnert? Natürlich nicht die Demokratie, denn das ist der Name einer Staatsform. Der Staat erinnert und gedenkt nicht, selbst wenn er anordnet und verbietet. Allerdings ist der Staat für gesetzliche Feiertage zuständig und Denkmäler im öffentlichen Raum genehmigt er, wenn er nicht sogar Bauherr ist. Das Volk oder die Nation erinnert.

Unter *Gesellschaft* verstehen wir zumeist das anonyme Interaktionsresultat zusammenlebender Menschen. Da gibt es Trends mit erwünschten oder auch unerwünschten Folgen. Dergleichen muss erforscht werden, wenn man missliche Folgen vermeiden oder schädliche Trends bekämpfen will. Das ist eine technische Perspektive, die durchaus ihre begrenzte Berechtigung hat. Die Gesellschaft bezeichnet aber keine Wir-Identität, die einen Willen artikulieren könnte. Deshalb ist auch die Rede von einer gesellschaftlichen Verantwortung nicht präzise. Appelle von der Art »Die Gesellschaft sollte…« sind entweder nur Wünsche oder falsch adressiert. Sehr wohl gibt es aber eine Verantwortung für die Gesellschaft. Im Herbst 1989 riefen die Leipziger Demonstranten: »Wir sind das Volk!«. Niemand kam auf die Idee, zu rufen: »Wir sind die Gesellschaft!«.

Unter *Staat* verstehen wir das Gefüge von Institutionen, das von besonderen und hauptberuflichen Funktionsträgern oder Beamten repräsentiert wird und sich von der Gesamtheit der Bürger unterscheidet. Wort und Sache entstehen erst in der Neuzeit. Für die griechischen Demokratien war noch charakteristisch, dass die Polis nichts anderes war als die verfasste Gesamtheit der Bürger. Auch der Staat hat oder ist keine Wir-Identität. Der Ludwig XIV. zugeschriebene Satz: »Der Staat bin ich!«, wird zitiert als Verstiegenheit des Absolutismus. Und der Satz: »Wir sind der Staat!«, wäre den Leipziger Montagsdemonstranten ebenfalls nicht über die Lippen gekommen. Eher hätte man ihn auf Plakaten der SED erwarten können.

Nach marxistisch-leninistischem Verständnis sollte der Staat das Machtmittel der herrschenden Klasse sein und eben die kommunistische Partei als die herrschende Klasse repräsentieren. Die Väter und Mütter des bundesdeutschen Grundgesetzes dagegen hatten zunächst als Artikel 1 (1) den Satz erwogen: »Der Staat ist um des Menschen willen da und nicht der Mensch um des

Staates willen.«[1], in Anlehnung an das Wort Jesu vom Sabbat[2] und in Reaktion auf den diktatorischen NS-Staat.

Wenn es um das Gedenken in der Demokratie geht, geht es also darum, inwieweit die Staatsform das Gedenken bestimmt, und zwar im Kontrast zur Diktatur. Und wenn es um 1989 geht, dann geht es um den Kontrast zur kommunistischen Diktatur. Demokratie im Kontrast zur vorausgehenden Diktatur, das gibt es aber auch zum Beispiel in Chile, Argentinien, Griechenland, Portugal und Spanien.

Es geht dann jedes Mal um die politische Freiheit im Kontrast zur politischen Unfreiheit. Es geht deshalb immer um ein doppeltes und zugleich entgegengesetztes, bipolares Gedenken, und dabei ist auch von Bedeutung, wie sich das Verhältnis zwischen den beiden Polen jeweils, also in den verschiedenen Ländern, austariert, und ob denn in diesen Ländern der Kontrast immer noch so gesehen wird wie 1989, also ob und wenn, in welchem Maße, die Erinnerung nun die Diktatur vergoldet und in welchem Maße etwa inzwischen die Demokratie enttäuscht hat.

Wer sich da jeweils erinnert, das ist immer *das Volk* oder *die Nation*. Nach einer noch immer sehr brauchbaren Beschreibung von Ernest Renan ist eine Nation eine Willensgemeinschaft, verbunden durch gemeinsame Erinnerungen und den Willen zu einer gemeinsamen Zukunft.[3] Nationen sind tatsächlich Wir-Identitäten. Und Renans Beschreibung berücksichtigt, dass sie keine substanzartigen, gar übergeschichtlichen Gebilde sind, wie Herders oder Hegels Gedanke der Volksgeister[4] unterstellte. Die Österreicher wollen heute eine eigene Nation sein, obwohl sie nach dem Untergang der Donaumonarchie die bisherigen Briefmarken mit »Deutschösterreich« überdruckten und zu Deutschland gehören wollten. Der Wille zur gemeinsamen Nation kann sich abschwä-

---

1 So lautet Art. 1 (1) im »Chiemseer Entwurf« (Grundgesetz für einen Bund deutscher Länder, erstellt von einem Verfassungsausschuss, der von den Ministerpräsidenten der Länder der drei Westzonen eingesetzt und zwischen dem 10. August und dem 25. August 1948 auf der Herreninsel im Chiemsee zusammengetreten war). Der »Chiemseer Entwurf« ist online abrufbar unter: http://www.verfassungen.de/de/de49/chiemseerentwurf48.htm [22.04.2014].

2 Markusevangelium 2,27.

3 Vgl. Ernest Renan: Was ist eine Nation? Rede am 11. März 1882 an der Sorbonne. Mit einem Essay von Walter Euchner (EVA Reden, Bd. 20) Hamburg 1996; auch in: Michael Jeismann/Henning Ritter: Grenzfälle – Über neuen und alten Nationalismus, Leipzig 1993.

4 Belege finden sich bei Andreas Grossmann: Art. »Volksgeist, Volksseele«, in: Historisches Wörterbuch der Philosophie, hg. von Joachim Ritter u.a., Bd. 11, Basel 2001, Sp. 1102ff.

chen, er kann sogar erlöschen. Und tatsächlich gibt es in Europa separatistische Tendenzen, was ja besagt, dass eine kleinere Wir-Identität eine größere, sie bisher einschließende zersprengen, jedenfalls aber verlassen möchte.

Dass für Nationen gemeinsame Erinnerungen konstitutiv sind, möchten manche in Frage stellen mit dem Argument, für die Demokratie sei Pluralismus charakteristisch, deshalb würden gemeinsame Erinnerungen der Demokratie widersprechen. Pluralismus ist tatsächlich die Folge der Freiheit von Meinung, Überzeugung, Religion und Weltanschauung. Damit ist aber doch nicht der Unterschied zwischen der Meinung oder Überzeugung aller, vieler, einiger und weniger aufgehoben. Es gibt, wie jede Umfrage belegt, auch in der Demokratie Mehrheitsmeinungen, und wenn es sie nicht gäbe, wäre die demokratische Willensbildung unmöglich. Meinungsfreiheit besagt doch nicht, dass alle Meinungen gleichrangig sind, sondern dass auch irrige und verrückte Meinungen ungestraft geäußert werden dürfen. Und dann gibt es noch den Unterschied zwischen den Meinungen, denen auch Taten folgen dürfen und jenen, bei denen die Umsetzung in die Tat bestraft wird. Parteien, die verfassungsfeindliche Ziele (Meinungen) durch die Tat verfolgen, können auch in der Demokratie verboten werden. Wenn die gemeinsame (mehrheitliche) Erinnerung verblasst, zerfällt eine Nation – aber nicht pluralistisch in Individuen, sondern in kleinere Nationen, die wiederum gemeinsame Erinnerungen und der Wille zu einer gemeinsamen Zukunft verbinden.

Nationen sind nicht die einzige Wir-Identität, die wir leben. Es gibt die kleinere, in Deutschland *Heimat* genannt und aus eigener Anschauung vertraut. Andererseits schließt die Identität als Deutscher keineswegs aus, sich außerdem als Europäer zu verstehen. Den Sachsen freut es, wenn er auf der Zugspitze einen sächsischen Landsmann trifft. Ebenso freut es ihn, wenn er in China einen Niederländer trifft. Diese Identitäten verhalten sich zueinander wie konzentrische Kreise, andere dagegen nicht: wie wir Frauen, wir Christen oder wir Ärzte.

Auch in einem zusammenwachsenden Europa wird die Ebene der Nationen und des Nationalstaates auf unabsehbare Zeit ein besonderes Gewicht behalten, weil der Nationalstaat die rechtliche und die soziale Sicherheit der Bürger gewähren wird. Europa zahlt keine Renten. Das entspricht ja auch dem europäischen Subsidiaritätsprinzip. So ist es auch ganz in Ordnung, wenn wir das Gedenken in der Demokratie in den verschiedenen Ländern unterscheidend betrachten, denn es ist auch verschieden. Mit Blick auf 1989/90 ist aber außerdem zu beobachten, dass *das Verhältnis zwischen Nation und Demokratie* in den verschiedenen, ehemals sozialistischen Ländern unterschiedlich ins Spiel gekommen war.

In Polen hat sich die Nation von der Diktatur befreit, indem sie ihrer kommunistischen Regierung freie Wahlen abgetrotzt hat. Die baltischen Völker haben sich eher von der Unterdrückung ihrer Nationalität, von der Russifizierung befreit. Darin lag die Gefahr eines ausgrenzenden Nationalismus[5], der mit demokratischen Grundrechten kollidierte. In der Tschechoslowakei hat das Staatsvolk die kommunistische Diktatur gestürzt, aber danach gingen Tschechen und Slowaken eigene Wege. Siebzig gemeinsame Jahre hatten nicht genügt, eine gemeinsame stabile Wir-Identität zu gründen. Tausend Jahre getrennter Geschichte waren stärker.

Und schließlich der Sonderfall DDR: Die Teilung Deutschlands hatte zu dem merkwürdigen Ergebnis geführt, dass sehr viele Westdeutsche die DDR als Ausland betrachteten. Aber das Grundgesetz verpflichtete sich dem Ziel der Einheit der deutschen Nation. In der DDR dagegen lehnte die SED seit Honecker diese Einheit der Nation ab und sprach von zwei Nationen auf deutschem Boden, was auch immer der deutsche Boden dabei bedeuten sollte. Aber die DDR-Bevölkerung war allabendlich am Fernseher Zaungast des Westens. Und wer die DDR verlassen wollte, wollte »nach drüben«, und das war nie Österreich oder die Schweiz. Und so wird denn auch das Jahr 1989 noch immer in Ost und West verschieden akzentuiert erinnert. Im Westen ist es das Jahr des Mauerfalls und des Weges zur deutschen Einheit. Für Ostdeutsche dagegen ist der Herbst 1989 zuerst die Zeit der Demonstrationen, der überwundenen Angst und der Zivilcourage, kurz der Herbstrevolution. Und viele Protagonisten der Herbstrevolution betrachteten die Maueröffnung sehr skeptisch[6] und behaupteten, die deutsche Einheit sei daran schuld, dass die

---

5 Zum Begriff des Nationalismus und seinen Konzepten vgl. u.a. Benedict Anderson: Erfindung der Nation. Zur Karriere eines folgenreichen Konzepts, 2. Aufl., Frankfurt am Main 2005; Ernest Gellner: Nationalismus. Kultur und Macht, Berlin 1999; Hagen Schulze: Staat und Nation in der europäischen Geschichte, 2. Aufl., München 2004; Miroslav Hroch: Das Europa der Nationen. Die moderne Nationsbildung im europäischen Vergleich (= Synthesen. Probleme europäischer Geschichte, Bd. 2), Göttingen 2005; Eric Hobsbawn: Nations and Nationalism since 1780: Programme, Myth, Reality, Cambridge 1991.

6 »Paris, 12. Nov. 89 (AFP) Überstürzte und unbedachte Entscheidungen hat die Mitbegründerin des ›Neuen Forums‹, Bärbel Bohley, der neuen DDR-Führung vorgeworfen. In einem Interview der Pariser Sonntagszeitung ›La Journal du Dimanche‹ erklärte sie sich bestürzt über das dadurch entstandene Chaos. ›Die Leute sind verrückt, und die Regierung hat den Verstand verloren‹, sagte sie. Der nach ihrer Ansicht wie zufällig bekanntgegebene Beschluss zur Öffnung der Mauer habe die Menschen überwältigt und aus der Fassung gebracht. Der Effekt sei der gleiche, als wenn nach 28 Jahren plötzlich die Gefängnistore geöffnet würden. Durch dieses Vorgehen habe die Regie-

Herbstrevolution eine unvollendete Revolution blieb. Damit haben sie sich aber von den ostdeutschen Demonstranten entfremdet und sich ihre Wahlniederlage bei den freien Volkskammerwahlen eingehandelt, denn die Demonstranten skandierten bald nach der Maueröffnung aus dem unterdrückten Text der DDR-Nationalhymne: »Deutschland einig Vaterland« und gingen dann von der Losung: »Wir sind das Volk!« über zu der Losung: »Wir sind ein Volk!«[7], was manche Westdeutsche indigniert als nationalistisch und rechtsextrem verorteten.

rung ihre Inkompetenz bewiesen und sich diskreditiert. Unter den jetzigen Umständen wären freie Wahlen eine Katastrophe, meinte Bärbel Bohley. Ihre Bewegung brauche mindestens ein Jahr, um sich zu organisieren und ihre Position zu stärken. Sie fürchte, dass die Regierung gerade deshalb die Dinge überstürze und zu sofortigen Wahlen aufrufen wolle.« (ADN-Meldung vom 12. November 1989); vgl. auch Bärbel Bohley anlässlich der Verleihung des Karl-Hofer-Preises: »›Ich hoffe sehr, dass die Leute, die wieder über den Potsdamer Platz und die anderen Grenzübergänge zurückfahren, wissen, dass ihr Platz immer noch auf der Straße ist, da noch nicht sehr viel bei uns verändert worden ist.‹ Sie habe Angst darum, ›dass jetzt wieder viel an Geld gedacht wird‹. Sie wünsche sich, […] dass die jetzige Entwicklung, ›die nicht unbedingt in eine Wiedervereinigung aufgehen muss, nicht stirbt‹«. (*Berliner Morgenpost* vom 15. November 1989). Vgl. auch die Erklärung des Neuen Forums zum Mauerfall vom 12. November 1989, online abrufbar unter: http://www.chronik-der-mauer.de/index.php/de/common/Document/…/58668. [22.04.2014] »Wie traumatisierend die politische Entwicklung zunächst auf die Opposition wirkte, zeigten auch einige interne Vorgänge. Ullmann war derartig nervös geworden, dass er am 13. November um Mitternacht mit Matthias Artzt in der Wohnung von Neubert erschien, um zu erörtern, ob die Opposition nicht zur Grenzschließung aufrufen solle, da die DDR ansonsten wirtschaftlich schnell an ihr Ende kommen würde, eine Idee, die schließlich verworfen wurde, auch die von Ullmann angesprochenen Vertreter der SDP wiesen das Ansinnen zurück. Ein großer Teil von Oppositionellen hat ohnehin die Maueröffnung begrüßt.« Ehrhart Neubert: Geschichte der Opposition in der DDR 1949–1989, Bonn 1997, S. 877. Der von Wolfgang Ullmann angesprochene Vertreter der Sozialdemokratischen Partei in der DDR war ihr Erster Sprecher Stephan Hilsberg, von dem Ullmann die Telefonnummern von Willy Brandt und Hans-Jochen Vogel erbat, um sie von der Notwendigkeit einer Schließung der Grenze zu überzeugen (Information von Stephan Hilsberg).

7 Der Satz »Wir sind ein Volk!«, der sich nach der Maueröffnung auf die deutsche Einheit bezog, stand zuvor auf dem Flugblatt, das bei der Montagsdemonstration vom 9. Oktober in 20.000 Exemplaren verteilt worden ist: »An die Einsatzkräfte appellieren wir: Enthaltet Euch der Gewalt! Reagiert auf Friedfertigkeit nicht mit Gewalt! *Wir sind ein Volk!* Gewalt unter uns hinterlässt ewig blutende Wunden!« Das Flugblatt ist nachzulesen bei Reiner Tetzner: Kerzen-Montage verändern die Welt. Warum die Waffen wirklich schwiegen, Leipzig 2009, S. 159f.

Ich bin 1991 öfter nach Westdeutschland eingeladen worden zu Veranstaltungen unter dem Zitat von Heinrich Heine: »Denk ich an Deutschland in der Nacht, so bin ich um den Schlaf gebracht«. Die Veranstalter dachten dabei an Auschwitz und drückten so ihr Unbehagen an der deutschen Einheit aus. Bei Heine im Pariser Exil aber lautet die Fortsetzung so:

»Nach Deutschland lechtzt' ich nicht so sehr,
Wenn nicht die Mutter dorten wär.
Das Vaterland wird nie vererben,
jedoch die alte Frau kann sterben.«[8]

Es gab 1989/90 im überraschend vereinigten Deutschland doch beachtliche Begriffsverwirrungen. Bei der ersten Sitzung der frei gewählten Volkskammer fanden die Abgeordneten den Brief eines Westberliners vor, der sie eindringlich ermahnte, sich der deutschen Vereinigung zu widersetzen und die DDR als demokratische Alternative zur kapitalistischen Bundesrepublik zu erhalten. Natürlich war das keine Mehrheitsposition, aber es gab im Westen 1990 Demonstrationen gegen die Einheit, bei der ganz vorn prominente Grüne mitmarschierten.

Im Osten dominierte 1990 die Begeisterung über die gefallene Mauer und die Wiedervereinigung. Aber die Stimmung verdüsterte sich ungemein aufgrund der bitteren Erfahrungen mit dem Zusammenbruch der ostdeutschen Wirtschaft, die so plötzlich ungeschützt den Bedingungen des Weltmarktes und dem Verlust der traditionellen Ostmärkte ausgesetzt war. Obwohl der Wirtschaftspolitik der SED die Hauptschuld an diesem Zusammenbruch anzulasten ist, wurde doch weithin die Treuhandanstalt dafür verantwortlich gemacht.

Die deutsch-deutsche Problematik des Gedenkens lässt sich auch am Streit um den geeigneten *Nationalfeiertag* verdeutlichen. Nationale Feiertage sind ja neben den Denkmälern immer der klarste Ausweis für das Wichtigste im Selbstverständnis einer Nation.

In der DDR war der Nationalfeiertag ganz traditionell der 7. Oktober als Gründungstag der DDR. Ironie der Geschichte: Zwei Tage nach dem vierzigsten Jahrestag, am 9. Oktober 1989, kapitulierte in Leipzig die Staatsmacht vor den Montagsdemonstranten und stellte damit die Weichen für das Ende der DDR.

In der alten Bundesrepublik feierte man nicht die Gründung, die Ratifizierung des Grundgesetzes am 23. Mai 1949, sondern den 17. Juni als Tag der Deutschen Einheit und zur Erinnerung an den ostdeutschen Arbeiteraufstand von 1953, den sowjetische Panzer niedergewalzt hatten. Er war aber, von einigen

---

8 Heinrich Heine: Nachtgedanken, in: Historisch-kritische Gesamtausgabe der Werke, hg. von Manfred Windfuhr, Band 2, Hamburg 1983, Seite 129–130.

beachtlichen Reden aus diesem Anlass im Bundestag, zu einem Tag ohne Emotionen degeneriert. Im Osten war der Tag als Gedenktag absolut tabu.

Der neue nationale Gedenktag wurde der 3. Oktober, das Datum der deutschen Vereinigung, mit dem auch der Zwei-plus-vier-Vertrag in Geltung trat, durch den das vereinigte Deutschland seine volle Souveränität erlangte und der Zweite Weltkrieg völkerrechtlich beendet wurde.

Dagegen ist oft eingewendet worden, der 3. Oktober stehe doch nur für einen bürokratischen Akt und sei ein Tag ohne Emotionen. Der 9. November sei der geeignete Nationalfeiertag, der Tag der Maueröffnung, aber zugleich der Tag der Reichspogromnacht 1938, mit dem die Judenverfolgung eine weitere Eskalationsstufe erreichte. Der ehemalige Außenminister Fischer hat den 9. November gerade wegen dieser Ambivalenz empfohlen, denn sie sei für die deutsche Geschichte charakteristisch. Letzteres stimmt zwar, man kann aber in Wahrheit gar nicht gleichzeitig fröhlich sein und trauern. Man kann nicht »ambivalent« feiern, so wenig man Weihnachten und Karfreitag auf einen Tag legen kann.

Seit dem 3. Oktober lebt Deutschland in allseits anerkannten Grenzen, umgeben von Freunden. Wenn das kein Grund zum Feiern ist, was dann?

Im Jahr 2013 haben erneut manche gefordert, wieder zum 17. Juni als Nationalfeiertag zurückzukehren, da der Tag für den Freiheitswillen der Ostdeutschen stehe, zu deren Forderungen damals ja tatsächlich auch die deutsche Einheit gehörte. Aber kein Volk sollte eine Niederlage, einen niedergeschlagenen Aufstand zum Identifikationsdatum wählen. Die Serben haben sich keinen Gefallen getan, als sie ihre Niederlage gegen die Türken auf dem Amselfeld (Kosovo) zum nationalen Identifikationsdatum wählten.

Das Erinnern in den Demokratien, die 1989/90 entstanden sind, ist, wie oben ausgeführt, bipolar: einerseits die Erinnerung an die überwundene (kommunistische) Diktatur, andererseits diejenige an diese Überwindung, an die Revolution, die ja zumeist – Rumänien ausgenommen – eine friedliche war. Wie sieht nun das Verhältnis zwischen diesen beiden Polen aus?

Im Bericht der Bundesregierung zum Stand der Aufarbeitung der SED-Diktatur aus dem Jahr 2013 sind sieben Gedenkstätten und Erinnerungsorte der Teilung und 28 zum Thema Überwachung und Verfolgung verzeichnet. Zu Opposition und Widerstand sowie zur frei gewählten Volkskammer und ihrer Regierung ist nichts verzeichnet, weil es nichts gibt. Immerhin finden in der Rubrik »Denkmäler und Mahnmale« drei Freiheits- bzw. Einheitsdenkmäler ihre Erwähnung, nämlich diejenigen in Plauen, Berlin und Leipzig.[9] Die

---

9   Vgl. den Bericht der Bundesregierung zum Stand der Aufarbeitung der SED-Diktatur, hg. vom Bundesbeauftragten der Bundesregierung für Kultur und Medien (BKM), Berlin 2012, S. 78ff., 91ff., 142ff.

»Aufarbeitung« hat eine kräftige Schlagseite, die ich mir mit einer unter uns
weit verbreiteten Unfähigkeit zur Freude an der Freiheit erkläre.

Aber warum sollte man überhaupt die Diktatur mit ihren dunklen, teils
sogar schrecklichen Aspekten erinnern und nicht lieber vergessen?

3. Warum Schlimmes, Trauriges und Belastendes erinnern und nicht
    lieber vergessen?

Christian Meier hat in seiner Studie von 2010 darauf hingewiesen, dass Kriege
und Bürgerkriege seit dem Friedensschluss zwischen Athen und Sparta
404 v. Chr. regelmäßig verbunden waren mit der Forderung, alles Schreckliche,
das in Kriegszeiten geschehen ist, zu vergessen. Manchmal wird sogar die
Erwähnung von Untaten unter Strafe gestellt, um des Friedens willen.[10]

Eine solche Amnestieformel findet sich auch noch im Saarvertrag von
1956: »Niemand soll auf Grund der von ihm in der Vergangenheit gegenüber
der Saarfrage eingenommenen Haltung beeinträchtigt werden.«[11] In Anlage
1 wird dazu ausgeführt, dass selbst Körperverletzung unter diese Amnestie
fällt.[12]

Die Verbindung von Amnestie und Friedensvertrag ist wohl zum ersten
Mal gelöst worden im Versailler Vertrag nach dem Ersten Weltkrieg, der nämlich den Deutschen, genauer dem Kaiser Kriegsverbrechen vorwirft (Teil VII.
Art. 227–230). Der alte Gedanke, dass der Wunsch nach Gerechtigkeit gegenüber dem Wunsch nach Frieden und Befriedung zurücktreten müsse, wurde
aufgegeben zugunsten des Gedankens der strafenden Gerechtigkeit, der allerdings sehr einseitig in Stellung gebracht wurde. So hat denn auch dieser Friede
durch seine neuartigen und skandalösen Friedensbedingungen (unbezifferte
Reparationen) in Wahrheit das Ziel einer Befriedung völlig verfehlt.

Christian Meier verteidigt die alte Strategie »Frieden vor Gerechtigkeit
durch Amnestie« grundsätzlich. Er sieht aber in Auschwitz, also der nationalsozialistischen Judenvernichtung, ein derart monströses Verbrechen, dass
er hier den Gedanken an Amnestie und Vergessen für vollkommen verfehlt
ansieht.[13] Dem stimme ich zu. Diese Judenvernichtung war weder ein Kriegs-

---

10 Vgl. Christian Meier: Das Gebot zu vergessen und die Unabweisbarkeit des Erinnerns.
    Vom öffentlichen Umgang mit schlimmer Vergangenheit, München 2010, S. 40.
11 Art. 2.1 des Vertrages zwischen der Bundesrepublik Deutschland und der Französischen
    Republik zur Regelung der Saarfrage vom 27. Oktober 1956 (Saarvertrag).
12 Bei der Anlage 1 handelt es sich um die »Vereinbarung über den Schutz der Personen«.
13 Vgl. Meier: Das Gebot zu vergessen, a.a.O., S. 69–80.

verbrechen noch ein Bürgerkriegsverbrechen. Deshalb kann es dazu ja auch keinen Friedensvertrag geben.

Und er fragt, warum nicht nach dem Ende der DDR das Vergessen als Strategie gewählt worden ist. Er erklärt das so: Die Herbstrevolution war unblutig, deshalb musste keine Rache für Revolutionstote befürchtet werden. Die Herrschenden waren so vollständig entmachtet, dass auf sie keine Rücksicht mehr genommen werden musste. Und das westdeutsche Vorbild der Erinnerungsarbeit hinsichtlich der Nazizeit wirkte als Vorbild. Er endet aber dennoch mit dem Satz: »Die uralte Erfahrung, wonach man nach solchen Ereignissen besser vergisst und verdrängt als tätige Erinnerung walten zu lassen, ist noch keineswegs überholt.«[14]

Dass die Friedlichkeit der Revolution der Hauptgrund gegen das Vergessen geworden ist, lässt sich plausibel machen im Vergleich mit dem Vorgehen in Italien und Frankreich nach dem Ende der deutschen Besatzung hinsichtlich der Kollaborateure. Es kam nämlich in beiden Ländern zu einer kurzen Phase exzessiver gewalttätiger Abrechnungen – man könnte das auch Lynchjustiz nennen –, denen in Italien 10.000 bis 15.000, in Frankreich mindestens 10.000 Menschen zum Opfer fielen. Danach kam eine Amnestie, die nun für die Untaten beider Seiten galt.[15] Joseph Rovan hat noch 1992 dieses Vorgehen verteidigt und empfohlen, »nach dem Ende einer Diktatur sollten Säuberungen kurz und blutig sein.«[16]

Ich möchte die Friedlichkeit dieser Revolutionen mit drei Argumenten verteidigen:

1. Diese Revolutionen waren ja nur möglich geworden, weil Gorbačёv die sogenannte »Brežnev-Doktrin« widerrufen und erklärt hatte, die Sowjetunion werde sich nicht (mehr) in die inneren Auseinandersetzungen der sozialistischen Länder einmischen. Wären diese Revolutionen blutig geworden, hätte die Sowjetunion wohl doch eingegriffen, um der Sicherheit ihrer Truppen willen.

2. Die Losung: »Keine Gewalt!«, die ja besonders von den Kirchen gefördert wurde, hatte für die Demonstranten auch eine legitimierende und insofern entlastende und motivierende Funktion: »Wir sind keine Konterrevolutionäre nach euren Vorstellungen.« Logik und Praxis der Gewaltlosigkeit haben das Feindbild der Kommunisten ungemein verwirrt. Das war Teil des Erfolges gegen die so hochgerüsteten Sicherheitskräfte. Diese waren auf eine »Kon-

---

14 Ebd., S. 97.
15 Vgl. ebd., S. 81.
16 Joseph Rovan zitiert nach: Ebd., S. 51.

terrevolution« vorbereitet, und zwar von der Art, wie sie Revolutionen gemacht hatten.

3. Jenes Vergessen, die Amnestie, hat in Italien und Frankreich nicht nur Gutes bewirkt. In Italien ist die Auseinandersetzung mit dem Faschismus so lasch geführt worden, dass dieser geradezu gesellschaftsfähig wurde und Mussolinis Enkelin deshalb eine politische Rolle spielt, weil sie seine Enkelin ist. Und in Frankreich waren plötzlich alle Franzosen Widerstandskämpfer, bis Präsident Mitterrand das Schweigen um Vichy brach und bekannte, dass er auch dort war.

In Friedensverträgen hat die Verbindung von Befrieden und Vergessen wohl deshalb eingeleuchtet, weil sich im Krieg (und auch im Bürgerkrieg) regelmäßig beide Seiten Unrecht und Verbrechen vorzuwerfen haben. Das Unrecht in den Diktaturen ist aber ganz einseitig, asymmetrisch geschehen. Weder die »Rassenfeinde« noch die »Klassenfeinde« waren in der Hinsicht, um die es hier geht, irgendwie auch Täter oder irgendwie mitschuldig an ihrer Verfolgung oder Benachteiligung. Sie waren reine Opfer. Wenn es nichts wechselseitig aufzurechnen gibt, verliert das große Vergessen seine Plausibilität.

Aber für die individuelle Dimension möchte ich Meiers Votum zustimmen. Das Institut der Verjährung ist in unserem Rechtssystem ganz zu Recht fest verankert. Totschlag verjährt, wie früher Mord, nach zwanzig Jahren. Belastungen aus DDR-Zeiten, die strafrechtlich nicht relevant sind, namentlich die Stasi-Verwicklungen, sollten nach der ursprünglichen Fassung des Stasi-Unterlagen-Gesetzes (StUG) nur 15 Jahre für den öffentlichen Dienst und Verwandtes überprüft werden.[17] Nach zwei Verlängerungen wurden daraus dreißig Jahre. Allerdings sind es ja oft gar nicht die Stasi-Verwicklungen von damals, sondern deren Verschweigen heute, die zum Anstoß werden. Das ist ein weites Feld. Aber auf individueller Ebene muss einmal das Vergessen einsetzen, auch für diejenigen, denen leider der Mut fehlt, sich zu ihrer Schuld zu bekennen.

---

17 Die ursprüngliche Fassung des Stasi-Unterlagen-Gesetzes von 1991 bestimmte in Paragraf 21, 7 (3), dass die Überprüfungen auf Stasi-Mitarbeit »nach Ablauf einer Frist von 15 Jahren unzulässig« seien. »Nach Ablauf der Frist darf die Tatsache einer Tätigkeit für den Staatssicherheitsdienst dem Mitarbeiter im Rechtsverkehr nicht mehr vorgehalten und nicht zu seinem Nachteil verwertet werden.« Im Jahr 2006 wurde diese Frist auf den 31. Dezember 2011 verlängert, bei Änderung des betroffenen Personenkreises. Im Jahr 2011 wurde die Frist bis 2019 verlängert, bei nochmaliger Veränderung des betroffenen Personenkreises.

Was aber die Diktatur selbst betrifft, spreche ich mich gegen das Vergessen und den Schlussstrich aus. In Spanien und in Polen ist zunächst die Strategie des Schlussstrichs gewählt worden, weil beim Übergang zur Demokratie die Eliten der Diktatur weiter amtierten, also eine Art von Kohabitation der Revolutionäre oder Demokraten mit dem Ancien Régime eingingen. Man musste das zunächst hinnehmen, weil man es nicht sofort, sondern nur allmählich ändern konnte. In beiden Fällen aber hat sich kein befriedendes Vergessen eingestellt. Die Fragen nach dem Unrecht in der Diktatur brachen, verzögert, dennoch auf.

Ehe ich nun begründe, warum nach Diktaturen das Erinnern berechtigt ist, möchte ich drei Begründungen für solches Erinnern nennen, die mich nicht überzeugen, obwohl sie regelmäßig vorgebracht werden:

1. »Erinnerung ist das Geheimnis der Erlösung.« Dieser Satz findet sich auf einer Briefmarke der Bundesrepublik aus dem Jahr 1988 neben einer brennenden Synagoge zur Erinnerung an die sogenannte Reichsprogromnacht, früher Reichskristallnacht genannt. Ich habe trotz erheblicher Anstrengung jenem Satz keinen Sinn abgewinnen können. Er ist aus der Jerusalemer Gedenkstätte Yad Vashem übernommen worden. Dort wird der Verfasser angegeben: Rabbi Israel ben Elieser (1699–1760), genannt Baal Schem Tov, der Begründer des Chassidismus. Er lautet aber vollständig: »Vergessen verlängert das Exil, das Geheimnis der Erlösung heißt Erinnerung«, nämlich die Erinnerung an die messianische Verheißung einer Rückkehr der Juden nach Jerusalem – und nicht die Erinnerung an Zerstörung und Mord. Die erlöst nicht, wie wir alle wissen, sondern belastet ungemein. Es gibt aber Gründe, diese Belastung auf sich zu nehmen.

2. »Wer die Vergangenheit nicht erinnern kann, ist verurteilt, sie zu wiederholen.« Der Satz aus dem Jahr 1905 stammt von George Santayana.[18] Ob dieser für Individuen gilt, sei dahingestellt, ich will aber meine Zweifel nicht verheimlichen. Kollektiv gilt er jedenfalls nicht. Die Nazis haben den Ersten Weltkrieg erinnert (in ihrer Interpretation, versteht sich) und einen zweiten vom Zaun gebrochen. Die Kommunisten haben die Nazidiktatur schmerzlich erlebt und eine weitere errichtet.

3. »Wir müssen aus der Geschichte lernen.« Irgendwie ist das immer richtig. Für Individuen und Kollektive gilt: Gedächtnisverlust macht handlungsunfähig. Aber der alte Satz: »Historia magistra vitae«, die Geschichte ist die Lehrmeisterin des Lebens, stand unter der Voraussetzung »es geschieht nichts Neues unter der Sonne« (Prediger Salomonis). Deshalb galten früher die Alten, die Senioren und Senatoren als die Lebenserfahrenen. Das gilt zwar immer

---

18 Zitiert nach Meier: Das Gebot zu vergessen, a.a.O., S. 73.

noch in vielen Bereichen, aber oft gilt leider auch, was der Enkel sagt: »Opa, das verstehst du nicht.« Denn seit der Industrialisierung geschieht in bisher unerhörter Weise ständig Neues unter der Sonne. Gemeint war mit der Geschichte als Lehrmeisterin außerdem seinerzeit nicht der Geschichtsverlauf, sondern die Geschichten, die sich zugetragen haben. Früher bestand die Ausbildung zum Diplomaten oder Politiker zu wesentlichen Teilen im Studium der antiken Geschichtsschreiber. Aber lange schon gilt nun der andere Satz: »Geschichte wiederholt sich nicht.« Die nächste Krankheit ist dann meistens eine andere. Wer sich zu sehr auf die vorige konzentriert, bemerkt die nächste womöglich zu spät. Jüngstes deutsches Beispiel: Wer bei Terrorismus vor allem an den Linksterrorismus der RAF dachte, übersah den Rechtsterrorismus des NSU.

»Je besser wir Diktatur begreifen, umso besser können wir Demokratie gestalten«, ist das Motto von Roland Jahn.[19] Auch in dieser Form leuchtet mir die These vom unmittelbaren Lernen aus der Geschichte nicht ein. Der unterstellte Zusammenhang ist weitestgehend fiktiv.

Das Studium der Diktatur kann sehr plastische Eindrücke vermitteln vom Leben in Unfreiheit, von der Verweigerung elementarer Menschenrechte, das stimmt.

Demokratie, wie wir sie verstehen und wie sie im Grundgesetz institutionell ausgearbeitet ist, ist aber mehr als die Abwesenheit von Diktatur.

Von Aristoteles bis Kant war das Wort Demokratie negativ besetzt, weil man darunter die reine Mehrheitsdemokratie verstand. Kant rechnet sie deshalb zu den despotischen Herrschaftsformen, Aristoteles zu den gesetzlosen. Auch die Tyrannei der Mehrheit ist Tyrannei. Erst die Einschränkung des Mehrheitsprinzips durch mehrheitenfeste Grundrechte, durch den Rechtsstaat und die Gewaltenteilung hat das Wort Demokratie geadelt. Darauf kommt niemand allein durch das Studium der Diktaturen. Wer die SED-Diktatur am besten kennt, ist jedenfalls deshalb nicht gleich der beste Demokrat. Man kann sich da in belanglose Einzelheiten verlieren und am Ende den Wald vor lauter Bäumen nicht mehr sehen.

Die Kommunisten waren der Auffassung, sie hätten die richtigen Lehren aus der Geschichte gezogen, nämlich nach der Logik der Umkehrung: wer

---

19 Mit diesem Motto stellt sich Roland Jahn auf dem Internet-Auftritt des BStU vor (www. bstu.bund.de). Er wiederholt ihn regelmäßig in Vorträgen, wie entsprechende Presseberichte dokumentieren.

wen? »Amboss oder Hammer sein.«[20] Und so haben sie mit bestem Gewissen
die nächste Diktatur errichtet. Sie haben die parlamentarische Demokratie als
Scheindemokratie verhöhnt und die »Diktatur des Proletariats« (bei Marx die
Herrschaft der Mehrheit über die Minderheit) als wahre Demokratie gefeiert.
Diese Begriffsverwirrung wirkt nach. Die repräsentative parlamentarische
Demokratie wird auch heute von vielen in Ost und West als uneigentliche,
defizitäre Demokratie kritisiert. Die wahre Demokratie sei die direkte, bei der
im Idealfall alle über alles entscheiden. Das wäre dann aber die Diktatur der
Mehrheit oder die totalitäre Demokratie.[21]

Demokratie heißt Volksherrschaft. Volksdemokratie hieße demnach Volks-
volksherrschaft. Nirgendwo jedoch ist das Wort »Volk« so inflationär gebraucht
und missbraucht worden wie in den beiden Diktaturen auf deutschem Boden.
Moderne Diktaturen berufen sich nämlich sehr gern aufs Volk, genauer auf
die Massen, und dokumentieren ihre angebliche Volksverbundenheit mit jubeln-
den Massenaufmärschen. Die austarierten Regeln der parlamentarischen Demokratie werden als toter Formelkram beiseite gewischt.

Wie schnell die Berufung aufs Volk missbraucht werden kann, haben wir
im Herbst 1989 auch erlebt. Als der Gewerkschaftsbund FDGB zum Runden
Tisch nicht zugelassen wurde, weil er keine Partei, aber eine fünfte Kolonne
der SED war, haben seine Vertreter vor dem Versammlungsraum so lange »Wir
sind das Volk!« gerufen, bis sie zum Runden Tisch zugelassen wurden.

---

20 Die Wendung »Amboss oder Hammer sein« war in der DDR ein Motto für Reden
   bei der Jugendweihe. Sie war auch sonst sehr beliebt und sollte, weil sie von Goethe
   stammt, dem Schwarz-Weiß-Dualismus des Klassenkampfes die Weihen der Weimarer
   Klassik verschaffen. Dass es zwischen Geschlagenwerden und Schlagen kein Drittes
   gebe, ist eine beliebte Ausrede von Kriminellen und passt schlecht zur Weimarer Klassik. So hat denn auch Goethe das Gedicht, dem diese Wendung entnommen ist, nicht
   als Lebensweisheit formuliert, sondern einem Betrüger und Verführer, dem »Großkophta«, in den Mund gelegt und unter der Rubrik »Kophtische Lieder« in der Sammlung *Gesellige Lieder* veröffentlicht. Darin heißt es: »Du musst herrschen und gewinnen, Oder dienen und verlieren, Leiden oder triumphieren, Amboss oder Hammer
   sein.« Goethe: Werke Jubiläumsausgabe, Erster Band, hg. von Hendrik Birus und Karl
   Eibl, Frankfurt am Main, Leipzig 1998, S. 109. Vgl. noch Goethes Komödie »Der
   Großkophta« und zum Ganzen: Thomas Gandow: Jugendweihe. Humanistische
   Jugendfeier, München 1994.
21 Der Begriff der »totalitären Demokratie« geht ursprünglich auf Talmon und dessen
   Hauptwerk »The Origins of Totalitarian Democracy« (1952) zurück. Eine Gesamt-
   ausgabe seiner Trilogie liegt nun auch in deutscher Sprache vor. Vgl. Jacob L. Talmon:
   Die Geschichte der totalitären Demokratie, 3 Bde. hg. von Uwe Backes, Göttingen
   2013.

Nach 1989 haben manche Bürgerrechtler verkündet, sie würden nun über die Strategie verfügen, wie man eine Diktatur gewaltfrei stürzen kann. Das wollten sie aus der Geschichte gelernt haben. Sie irrten. Unter den gegebenen Umständen, zu denen Gorbačëv, Ungarns Sonderweg, die Vergreisung des SED-Politbüros, der Handlungsspielraum der Kirchen und vieles mehr gehörten, konnte nur eine gewaltfreie Revolution Erfolg haben. Aber diese Umstände werden sich wohl kaum so schnell anderswo wieder zusammenfinden. Leider gilt weiterhin: Eine stabile, das heißt hemmungslose terroristische Diktatur lässt sich nicht von unten stürzen.

Für das Erinnern an die Diktatur brauchen wir bessere Gründe,

1. um die unmittelbaren *Diktaturfolgen* zu bekämpfen und nach Möglichkeit zu beheben. Das betrifft die sogenannte Regierungskriminalität, also Verbrechen im Windschatten der Diktatur, die Rehabilitierung von politisch Verfolgten, Haftentschädigungen und die Betreuung derjenigen, die noch heute an Spätfolgen leiden, sowie die Rückgabe von widerrechtlich Enteignetem. Das alles ist auch die wichtigste Würdigung der Opfer. Dies ist eine endliche Aufgabe, die in Deutschland größtenteils abgearbeitet ist.

Auch die Überprüfungen im öffentlichen Dienst, in Parlamenten und einigen anderen Bereichen gehören hierher. Sie sind als Eignungsprüfungen gedacht und nicht als Bestrafung. Sie sollten Seilschaften und eine Beschädigung des Ansehens öffentlicher Ämter verhindern. Auch dies ist eine endliche Aufgabe, die zum Übergang nötig war, aber allein schon durch den zeitlichen Abstand ihre ursprüngliche Bedeutung weitestgehend verloren hat;

2. um *die fehlende Öffentlichkeit der DDR* zu ersetzen. »In diesem Lande leben wir wie Fremdlinge im eignen Haus«[22], hat Wolf Biermann gesungen. Wir DDR-Bürger waren über das, was in unserem Land vorging, höchst unzureichend informiert. Erst durch die Anwesenheit von westdeutschen Journalisten, die aus der DDR via Westfernsehen in die DDR berichten konnten, änderte sich das etwas. Auch ostdeutsche Oppositionelle wurden doch erst auf diesem Weg landesweit bekannt;

3. um das offizielle *Geschichtsbild der SED* zu korrigieren. Da gab es zum einen *das Verschwiegene*, wie Stalins Schauprozesse und den Gulag, deutsche Exilkommunisten in sowjetischen Straflagern, die Speziallager des sowjetischen Geheimdienstes nach 1945, oft in ehemaligen KZs der Nazis, den 17. Juni 1953 und vieles mehr. Und an der Stelle des Verschwiegenen stand *Entstelltes*, die Fehlinformationen, wie man sie zuhauf in jedem Museum vorfand, mit Ausnahme vielleicht der naturkundlichen.

---

22 Vers aus Biermanns »Hölderlin-Lied« (1967).

Man kann den zweiten und dritten Punkt auch so zusammenfassen: Wir möchten wissen, *wie es wirklich war,* und dies gar nicht zu irgendeinem Zweck. Alle Reflexionen über die Bedingtheit und Standortabhängigkeit jeder Geschichtsbetrachtung können doch nicht aus der Welt schaffen, dass die Frage, wie es wirklich war, berechtigt ist und auf einem weiten Feld auch unstrittig beantwortet werden kann. Wenn es tatsächlich keine nackten Tatsachen (bruta facta) gibt, folgt daraus keineswegs, dass es keine Tatsachen gibt und alles bloß Ansichtssache sei.

4. Die SED-Funktionäre, NVA-Offiziere, auch die hauptamtlichen Stasi-Mitarbeiter waren uns in unserem Umfeld zumeist bekannt. Schulkinder wussten so etwas zumeist von den Eltern ihrer Mitschüler. Aber: »Wer hat mich bespitzelt?«, das wurde im Herbst 1989 die Frage, die viele bewegte. Und deshalb wurde die Frage, wer Inoffizieller Mitarbeiter der Stasi (IM) war, so wichtig. Das wurde auch der wichtigste Antrieb für die ostdeutsche Forderung nach Einsicht in die Stasi-Akten. Aber das Stasi-Unterlagen-Gesetz der Volkskammer wurde von der Bundesregierung im Einigungsvertrag abgelehnt. Aufgrund massiver ostdeutscher Proteste hat dann die westdeutsche Seite unmittelbar vor der Abstimmung zum Einigungsvertrag in der Volkskammer zugesagt, dass der Bundestag ein Stasi-Unterlagen-Gesetz beschließen werde.[23] Es hat sich gezeigt, dass die Besorgnisse unberechtigt waren. Aufs Ganze hat die Akteneinsicht befriedend gewirkt.

Die Konzentration auf die IM und die Stasi-Akten ist zwar in ihrer Genese verständlich, hat aber zwei missliche Folgen gezeitigt. Lange Zeit – und zum Teil bis heute – schien die DDR der »Stasi-Staat« zu sein. Er war aber der SED-Staat und die Stasi war »Schild und Schwert der Partei«, wie es ja auch das Wappen der Stasi darstellte. Die missliche Folge: Die SED konnte sich hinter der Stasi verstecken. Nach dem Zeugnis des ehemaligen Bürgermeisters von Dresden, Wolfgang Berghofer, hat Ministerpräsident Hans Modrow (SED) das sogar so intendiert. Und die Überprüfungen haben sich oft exklusiv auf die inoffizielle Stasi-Mitarbeit bezogen, obwohl SED-Funktionäre und auch solche der Blockparteien womöglich Schlimmeres zu verantworten hatten als dieser und jener kleine IM. Außerdem erscheinen manchmal die hauptamt-

---

23 Das Stasi-Unterlagen-Gesetz der Volkskammer wurde im Einigungsvertrag nicht in den Katalog des fortgeltenden DDR-Rechts aufgenommen, weil es mit den Maßgaben des Bundesverfassungsgerichts zum Datenschutz nicht vereinbar sei. Als das bekannt wurde, verweigerten nach meiner Erinnerung etwa zwanzig Mitglieder der SPD-Fraktion die Zustimmung zum Einigungsvertrag, so dass die notwendige Zweidrittelmehrheit gefährdet war. Unmittelbar vor der Abstimmung zum Einigungsvertrag kam die von Hans-Jochen Vogel übermittelte Zusicherung des Bundestages, dass er ein Stasi-Unterlagen-Gesetz beschließen werde.

lichen Stasi-Offiziere wie Ehrenmänner, um deren Zeugnis man bemüht ist, um diesem oder jenem eine IM-Tätigkeit nachweisen zu können, obwohl sie doch zum Verrat überredet und angeleitet haben.

Auch dies, die individuelle Akteneinsicht, ist eine endliche Aufgabe. Daran wird sich auch nicht so viel ändern, wenn durch die Rekonstruktion zerrissener Akten noch einmal neues Material zugänglich wird.

Dies alles sind endliche Aufgaben, die tatsächlich einmal erledigt, »bewältigt« oder »aufgearbeitet« sind oder sich gar mit der Zeit von selbst erledigen.

Drei Aufgaben sind dagegen potentiell unendlich und nicht einmalig zu erledigen:

1. Die Unterrichtung der heranwachsenden Generation über unsere Geschichte, also auch über die DDR, kann naturgemäß nie beendet werden.
2. Der Streit darüber, was an der SED-Herrschaft das Verkehrte war, wird uns dauerhaft erhalten bleiben, und zwar schon deshalb, weil er ja zugleich ein Streit um die Maßstäbe ist.
3. Forschung ist potentiell unendlich, weil nicht nur neues Material, sondern auch neue Fragestellungen neue Forschungsergebnisse generieren. Eine noch nicht ausgelotete Fragestellung ist der Diktaturvergleich, der alle ehemals sozialistischen Länder einbezieht. Übrigens: Ein Blick nach Nordkorea und Kambodscha, auf die chinesische Kulturrevolution und auf Stalins Herrschaft zeigt uns, dass wir mit der SED-Diktatur nicht das Schlimmste erleben mussten, gewissermaßen also Glück im Unglück hatten. Ein anderer Diktaturvergleich, nämlich der zwischen den beiden Diktaturen auf deutschem Boden, erregt immer wieder die Gemüter, bis hinein in die Tagespolitik. Wenn der SED-Staat ein Unrechtsstaat genannt wird, sehen die einen darin eine bösartige Denunziation der DDR, die anderen eine gefährliche Verharmlosung Nazideutschlands, das allein Unrechtsstaat genannt werden dürfe.

Allerdings darf man jetzt schon feststellen: Die DDR ist wahrscheinlich heute der am gründlichsten erforschte Teil der deutschen Geschichte, weil die Akten der DDR aller größtenteils seit 1991 ohne Sperrfristen geöffnet wurden. Zwar sind die Stasi-Akten aus Datenschutzgründen nur begrenzt zugänglich, aber dass Geheimdienstakten überhaupt zugänglich wurden, ist ein Novum der Weltgeschichte. Ergebnisse, aufgrund derer sich alles plötzlich ganz anders darstellt, sind schlechterdings nicht mehr zu erwarten. Dafür wissen wir einfach schon zu viel. Man kann zwar immer behaupten, dass dies und jenes noch nicht hinreichend untersucht sei. Dass aber Filme über Hitlers Frauen und Hitlers Hunde zur NS-Diktatur noch Erhellendes beitragen konnten, möchte ich doch bezweifeln. Wir wissen genug, um die SED-Diktatur beurteilen zu können. Allerdings sind die jeweiligen Beurteilungsmaßstäbe nicht einfach Fragen des Wissens und können auch bei imponierendem Detailwissen sehr weit auseinander liegen.

4. Defizite und Gefahren bei der Aufarbeitung der
    Diktaturvergangenheit

Ich sehe drei Defizite bei der Aufarbeitung der SED-Diktatur:
1. *Opposition und Widerstand* in der DDR stehen in der öffentlichen Wahrnehmung weit hinter der Aufmerksamkeit für Teilung und Repression zurück.
2. Das letzte Jahr der DDR vom Herbst 1989 bis zum 3. Oktober 1990 ist in unserer Erinnerungskultur unterbewertet. Den *Herbst 1989* lässt man zumeist mit der Maueröffnung beginnen und unterschlägt damit alles, was zu Honeckers Rücktritt und dadurch mittelbar auch zur Maueröffnung geführt hat. Das hat seinen Grund darin, dass für die Westdeutschen die qualmenden Trabbis nach der Maueröffnung die erste Begegnung mit den Ostdeutschen war. Da hatte aber die Revolution das Schwerste schon hinter sich – die Konfrontation der Demonstranten mit den Sicherheitskräften. Die Erinnerung an jene Zivilcourage und besonnene Gewaltlosigkeit würde dem Verhältnis zwischen Ost- und Westdeutschen guttun und eingefahrene Vorurteile korrigieren.

Und die Arbeit der *frei gewählten Volkskammer* spielt in der Erinnerung kaum eine Rolle, weil im Westen nach wie vor die Auffassung gepflegt wird, die deutsche Einigung habe die Bundesregierung zustande gebracht. Die einen sagen das mit Stolz, andere erheben den Vorwurf, der Westen habe den Osten vereinnahmt oder kolonisiert. Dass allein die frei gewählte Volkskammer den Beitritt beschließen konnte und nicht der Bundestag, dass nur mit ihrer Zustimmung die Verträge in Kraft treten konnten, wird dabei vergessen.
3. Die *wirtschaftliche Seite der DDR* wird unterbelichtet, namentlich der Zustand der DDR-Wirtschaft in den 1980er Jahren. Die unmittelbare Folge dieses Defizits sind die Legenden über die Treuhand, der vorgeworfen wird, die DDR-Wirtschaft ruiniert zu haben. Diese in Ost und West sehr beliebten Legenden vertuschen die verfehlte Wirtschaftspolitik der SED, die doch seinerzeit SED-Funktionäre intern gegeißelt hatten, vor allem der SED-Planungschef Gerhard Schürer. Sie vertuschen die grundsätzlichen Mängel der zentralen Planwirtschaft, und sie schaffen einen Sündenbockmythos eines gierigen Westens, der den ahnungslosen Osten ausgeplündert habe. Früher wollten viele Helden sein. Heute möchten viele Opfer sein, denn das lohnt sich.

Es ist ein Missstand, dass noch immer kaum wissenschaftliche Arbeiten über die Treuhandanstalt vorliegen, weil die Quellen so gut wie verschlossen sind, so dass hier eine Mutmaßung so viel gilt wie die andere.[24]

Damit komme ich zu den Gefahren der Aufarbeitung:
1. Gewiss besteht noch die Gefahr einer *Verharmlosung* der SED-Diktatur, namentlich dann, wenn Opa erzählt. Wer sich nie exponiert und alles mitgemacht hat, hat auch keine Repressionen erdulden müssen. Wenn er heute sagt: »Mit der Stasi hatte ich nie Probleme«, dann mag er ja recht haben, er sollte aber damit nicht angeben. Denn jeder konnte wissen, aus welch nichtigem Anlass es andere mit der Stasi schmerzhaft zu tun bekamen oder auf andere Weise benachteiligt oder drangsaliert wurden. Diese Gefahr der Verharmlosung steht wohl uns allen vor Augen.
2. Weniger deutlich steht uns wohl vor Augen, dass auch die entgegengesetzte Gefahr besteht, die *Übertreibung oder Skandalisierung* der DDR. Ich denke hierbei etwa an die Auseinandersetzungen um IKEA seit 2012. Hängen geblieben ist im öffentlichen Bewusstsein, IKEA habe Zwangsarbeiter in der DDR beschäftigt und davon finanziell profitiert.[25] Beides war aufgrund der Organisationsform der DDR-Wirtschaft und ihres Außenhandels gar nicht möglich. IKEA hat ja keine Unternehmen in der DDR unterhalten oder mit solchen Verträge abgeschlossen, sondern allein mit einem Außenhandelsunternehmen Geschäftsverkehr gepflegt, und dieses hat Preise in West relativ unabhängig von den Produktionskosten in Ost ausgehandelt. Dies habe ich in einem Zeitungsartikel darstellen wollen. Die Veröffentlichung wurde mir zunächst mit der Begründung verweigert, das könne so nicht stimmen. Westdeutsche stellen sich nun mal Ostunternehmen vor wie Westunternehmen mit Ostgeld. Sie haben die zentrale Planwirtschaft nie begriffen, aber wissen sich gegebenenfalls dennoch schlauer als ich.
3. Ein nachvollziehbarer Vorwurf könnte hier höchstens lauten: Westliche Unternehmen, die mit der DDR Handel getrieben haben, konnten nie sicher sein, ob in den Produkten nicht auch Häftlingsarbeit steckt. Wir DDR-Bürger konnten da auch nie sicher sein, sicher sein konnten wir aber leider, dass die

24 Vgl. dazu Richard Schröder: Die Treuhand und das Ende der DDR-Wirtschaft. Festvortrag anlässlich des deutschen Lokaljournalisten-Preises für den Preisjahrgang 2012 am 30. September 2013 auf der Wartburg/Eisenach, Sankt Augustin/Berlin 2013, auch online abrufbar unter: http://www.kas.de/upload/dokumente/2013/09/130930_schroeder.pdf [22.04.2014] und: Ders.: Ruin – lieber mit als ohne Einheit, in: *Frankfurter Allgemeine Zeitung* vom 4. Februar 2013.
25 Vgl. Ders.: Billy aus Bautzen, in: *Der Tagesspiegel* vom 27. November 2012.

Braunkohle auch von Häftlingen gefördert wird. Damit ist aber der Ost-West-Handel generell als moralisch bedenklich diskreditiert. Ohne diesen hätte es aber auch keinen Häftlingsfreikauf gegeben, nur sehr eingeschränkte deutsch-deutsche Verträge und am Ende vielleicht keinen Zusammenbruch der DDR. Das ist doch alles unpolitischer moralischer Rigorismus.

Ähnlich steht es mit dem Vorwurf, 50.000 DDR-Bürger seien als Versuchskaninchen für westliche Pharmakonzerne missbraucht worden.[26] Da werden dünn belegte Mutmaßungen wie Tatsachen gehandelt. Bisher ist mir kein Beweis dafür bekannt geworden, dass in der DDR mit Billigung von oben Experimente an Patienten ohne deren Einwilligung erfolgt sind. Die Regularien und Gesetze für Erprobungen von Arzneimitteln waren in der DDR nicht laxer als im Westen.

---

26 Die Behauptung hat *Der Spiegel* in einem Artikel von Nicola Kuhrt und Peter Wensierski aufgestellt: »Günstige Teststrecke« (*Der Spiegel* 20/2013, S. 36–44). Aufgrund der schlecht dokumentierten Vorwürfe dieses Artikels hat die Bundesregierung Millionen für ein diesbezügliches Forschungsprogramm bereitgestellt. Unerwähnt blieb in der nachfolgenden Diskussion, dass entsprechende Vorwürfe gegen Ärzte der Berliner Charité bereits in den 1990er Jahren erhoben und von einer Kommission des Berliner Senats überprüft und als unberechtigt zurückgewiesen worden waren. Vgl. den Leserbrief »Es gab keinen ›Pharmaskandal‹« von Prof. Dr. Harald Mau in der *Frankfurter Allgemeinen Zeitung* vom 5. Februar 2014 sowie eine erste Studie über die Erprobung eines West-Medikaments in der DDR: Rainer Erices: Arzneimitteltests in der DDR: Testen für den Westen (II). Die klinische Medikamentenprüfung eines Psychopharmakons am Uniklinikum Jena – Ergebnisse einer Pilotstudie, in: *Deutsches Ärzteblatt* 111 (2014) H. 1–2 , S. C 22f. Ergebnis: Es ging mit rechten Dingen zu. Das konnte man allerdings schon vorher wissen, denn die Erprobungen von Medikamenten in der DDR (und gelegentlich dazu auch in den USA, so bei Ramipril) dienten ja der Zulassung durch die westdeutschen Genehmigungsbehörden, wurden diesen vorgelegt und mussten deren Standards entsprechen, die sich allerdings vom Contergan-Skandal an zunehmend verschärften. Diese Verschärfungen musste die DDR mit einer geringen zeitlichen Verzögerung jeweils nachvollziehen, weil andernfalls die Testergebnisse im Westen nicht mehr akzeptiert worden wären. Deutschland ist ein reiches Land. Deshalb können wir es uns auch leisten, ziemlich abwegigen Vorwürfen mit millionenschweren Untersuchungsprogrammen nachzugehen. Die Forscher freuen sich. Und es schadet ja niemandem. Vgl. hierzu noch: Medikamententests in der DDR, in: *Deutsche Apothekerzeitung* vom 16. Mai 2013 und: Jana Schlütter: Pharma-Versuche: Roche weist Vorwürfe zurück, in: *Der Tagesspiegel* vom 18. Februar 2014, online abrufbar unter: www.tagesspiegel.de/politik/pharma-versuche-roche-weist-vorwuerfe-zurück/9502542.html [22.04.2014]; sowie Heike Hüchtemann: Keine Rede von Versuchskaninchen [Interview mit dem Ärztlichen Direktor des SRH Zentralklinikums Suhl Prof. Dr. Haberbosch], in: *Freies Wort* vom 12. Juni 2013, online abrufbar unter: http://www.insuedthueringen.de/lokal/suhl_zellamehlis/suhl/Keine-Rede-von-Versuchskaninchen;art83456,2627626 [22.04.2014].

Ein ostdeutscher Bundestagsabgeordneter hat erklärt, das Thema Zwangsarbeit für Westfirmen sei deshalb so wichtig, weil es belegt, dass auch Westdeutsche in das SED-Unrecht verwickelt sind. Dieses seltsame Beweisziel
erinnert mich an den Ausspruch eines Stasi-Mannes: »Jeder hat Dreck am
Stecken, man muss nur lange genug suchen.« Dergleichen entstammt einem
perversen Menschenbild.

Die Stasi habe in Fraktionsstärke im Bundestag gesessen, ist vor einiger Zeit
von Stasi-Forschern behauptet worden. Das ist inzwischen durch eine Studie
widerlegt.[27]

Der Bundesbeauftragte für die Unterlagen des Staatssicherheitsdienstes der
ehemaligen DDR (BStU) müsste eigentlich solchen Übertreibungen entgegen-
treten und uns klar sagen, was jeweils bewiesen, vermutet und erfunden ist,
sofern die Stasi-Akten etwas dazu hergeben. Er verfügt ja über entsprechendes
Fachpersonal an kundigen Forschern. Stattdessen hat er unbewiesene Beschul-
digungen unkritisch befördert.[28] Und niemand stört sich daran.

Das Gefährliche an den Übertreibungen und Skandalisierungen ist dies: Sie
spielen den Verharmlosern in die Hände. Indem diese Übertreibungen aufde-
cken können, suggerieren sie sogleich, alle Vorwürfe gegen die SED seien
Übertreibungen.

4. Es gibt die Gefahr der *schwarzen Pädagogik*, denn manche fordern, man
solle das Zeigen von SED-Symbolen oder sogar von DDR-Symbolen verbie-
ten, also unter Strafe stellen.[29] Ich habe mich dazu andernorts ausführlich

---

27 Die Behauptung stammt von Helmut Müller-Enbergs, der sich damals zu Unrecht dage-
    gen beschwert hat, dass eine von ihm verfertigte Studie mit dieser Pointe wegen man-
    gelnder Qualität von der BStU-Behörde nicht zur Veröffentlichung frei gegeben wurde.
    Vgl. Mechthild Küpper: Kritik an Birthler-Behörde: Die Stasi in Fraktionsstärke?, in:
    Frankfurter Allgemeine Zeitung vom 23. Juni 2006, online abrufbar unter: http://www.
    faz.net/aktuell/politik/kritik-an-birthler-behoerde-die-stasi-in-fraktionsstaerke-1331406.
    html [22.04.2014]. Das Gutachten, das Müller-Enbergs These widerlegt hat, erschien 2013
    unter dem Titel »Der Deutsche Bundestag 1949 bis 1989 in den Akten des Ministeriums
    für Staatssicherheit (MfS) der DDR. Gutachten für den Deutschen Bundestag gemäß
    § 37 (3) des Stasi-Unterlagengesetzes.«

28 Zu IKEA vgl. Roland Jahn: Spitze des Eisbergs, in: *Horch und Guck* 4/2012, H. 78,
    S. 71; zu den Pharmatests: Evelyn Finger/Götz Hamann: »Übler deutsch-deutscher
    Deal« [Interview mit Roland Jahn], in: *Die Zeit*, Nr. 21/2013, auch online abrufbar
    unter: http://www.zeit.de/2013/21/pharmaindustrie-medikamententests-ddr-roland-
    jahn [22.04.2014].

29 Hubertus Knabe hat diese Forderung immer wieder erhoben, erst jüngst wieder in der
    Berliner Morgenpost vom 18. April 2014.

geäußert.[30] Verbote lösen auf diesem Feld schnell Trotzreaktionen aus. Ich bin mir ziemlich sicher, dass das Verfassungsgericht diesen Unfug in Gesetzesform stoppen und uns eine Flut lächerlicher »Propagandadelikte« ersparen würde. Auf diesem Feld müssen wir auf Einsicht setzen, nicht auf die Prügelstrafe. Verbote behindern die freie Urteilsbildung.

5. Die *Rücksicht auf die Opfer* spielt in der Aufarbeitungsdiskussion berechtigterweise eine große Rolle. Allerdings gibt es auch hier Fallgruben. Da ist einmal die *Zweideutigkeit des Wortes Opfer* im Deutschen. Im Englischen wird unterschieden zwischen »victim« und »sacrifice«.

»Victim« (lateinisch victimus, der Besiegte) ist das Opfer als Geschädigter, Betroffener, Verunglückter. In diesem Sinne reden wir von Verkehrsopfern. Opfer sein in diesem Sinne ist ein Widerfahrnis, das niemand gewählt hat. Es ist kein Verdienst und adelt nicht. Es macht auch nicht kompetent. Es verlangt aber unsere Anteilnahme und begründet gegebenenfalls Entschädigungsansprüche. Dabei sollte nicht übersehen werden, dass es einen Unterschied macht, ob sich die Entschädigungsansprüche gegen den Verursacher wenden, wie bei einem Verkehrsunfall, oder ob sie auf dem Solidaritätsprinzip beruhen: Wir

---

30 Vgl. Richard Schröder: Illiberal war Deutschland oft genug, in: *Frankfurter Allgemeine Zeitung* vom 3. Juni 2013, auch online abrufbar unter: http://www.faz.net/aktuell/ politik/die-gegenwart/deutschland-illiberal-war-deutschland-oft-genug-12205340.html [22.04.2014]. Hubertus Knabe verweist darauf, dass in anderen ehemals sozialistischen Ländern kommunistische Symbole verboten seien. Der europäische Gerichtshof für Menschenrechte hat aber der Klage eines Ungarn gegen seine Verurteilung wegen öffentlichen Tragens eines Sowjetsterns stattgegeben, also in dem Urteil des ungarischen Gerichts und dem zugrundeliegenden ungarischen Gesetz einen Verstoß gegen die Europäische Erklärung der Menschenrechte gesehen, im Besonderen einen Verstoß gegen das Recht auf Meinungsfreiheit. Vgl. Reinhard Neubauer/Ernö Lörincz: Der rote Stern, das Hakenkreuz, die Meinungsfreiheit, in: *Neue Justiz* 12/2013, S. 500–505. Besonders pikant ist die Frage bei der FDJ, weil die westdeutsche FDJ dort in den 1950er Jahren verboten worden, die DDR-FDJ aber bis heute nicht verboten ist. Das Zeigen von Symbolen nicht verbotener Organisationen kann logischerweise nicht strafbar sein. Die Symbole beider FDJs sind aber für Laien nicht unterscheidbar. Daraus kann man entgegengesetzte Konsequenzen ziehen: jedenfalls verboten, weil das Symbol einer verbotenen Organisation zugeordnet werden kann, oder jedenfalls erlaubt, weil es einer nicht verbotenen Organisation zugeordnet werden kann. Zwei Männer waren am 13. August 2012 in Berlin zum Mauergedenken in FDJ-Hemden erschienen und deswegen angeklagt worden. Das Gericht entschied auf Freispruch. Dabei hat der Richter den schönen Satz gesagt: »Geschmacklosigkeit ist kein Straftatbestand.« Vgl. z.B. David Ensikat: Protest in FDJ-Kleidung. Geschmacklos, aber unschuldig, in: Der Tagesspiegel vom 15. April 2014, online abrufbar unter: www.tagesspiegel.de./berlin/ protest-in-fdj-Kleidung .../9768190.html [22.04.2014].

Mitbürger (die Steuerzahler) entschädigen, was wir nicht zu verantworten haben. Das Fordern ist nämlich streng genommen nur im ersten Fall vollständig gerechtfertigt.

»Sacrifice« (lateinisch sacrificium, das kultische Opfer) meint dagegen das Opfer im Sinne der Aufopferung oder des Verzichts für andere, dem eine Wahl oder Entscheidung vorausgeht. »Er starb für uns«, heißt es im Neuen Testament von Jesus Christus und bei Fontane vom Steuermann *John Meynard*. Solcher Opfermut, wie ihn gegebenenfalls Feuerwehrleute und Bergrettungsdienste aufbringen, verdient öffentliche Anerkennung und Bewunderung.

Das Gedenken an die Gefallenen war früher immer Gedenken an Opfer im Sinne von »sacrifice«, sie hätten ihr Leben für uns gegeben, hieß es. Das Opfer- wurde zum Heldengedenken. Das hat allerdings oft gar nicht gestimmt. Viele starben im Krieg als »victims«, die elendig zugrunde gingen und das nicht gewählt hatten.

Gelegentlich kommt es heute zur umgekehrten Verwechslung. Ein Beispiel ist Peter Fechter, der am 17. August 1962 18-jährig beim Versuch, die Mauer zu überwinden, beschossen worden war und vor westlichen Augenzeugen eine Stunde unversorgt im Todesstreifen liegen blieb. Am Ort seines Todes erinnert eine Stele an ihn, und das ist gut so. Der Berliner Senat ist aber dafür kritisiert worden, dass er ihm ein Ehrengrab verweigert hat. Aber nach Rechtslage steht dieses nur denjenigen zu, die »hervorragende Leistungen mit engem Bezug zu Berlin vollbracht«[31] haben. Peter Fechter ist ein »victim«, kein »sacrifice«, das haben die Kritiker übersehen.

Wer wegen eines gescheiterten Fluchtversuchs eine Haftstrafe absitzen musste, hatte Anspruch auf Haftentschädigung, aber doch nicht auf einen lebenslangen »Ehrensold« unabhängig von seiner Bedürftigkeit, wie doch tatsächlich gefordert wird. Er ist ein »victim« und kein »sacrifice«. Es überzeugt mich außerdem nicht, dass öffentliche Ehrungen vor allem in Geld beste-

---

31 Wie die *Berliner Morgenpost* am 30. Dezember 2012 berichtete, hat der Berliner Senat den Antrag auf ein Ehrengrab für Peter Fechter mit folgender Begründung abgelehnt: »Gemäß dem Friedhofsgesetz werden Ehrengrabstätten für Persönlichkeiten mit besonderen Verdiensten eingerichtet. Als solche gelten ›Verstorbene, die hervorragende Leistungen mit engem Bezug zu Berlin vollbracht oder die sich durch ihr überragendes Lebenswerk um Berlin verdient gemacht haben‹«. Sabine Flatau: Kein Ehrengrab für Peter Fechter, in: *Berliner Morgenpost* vom 30. Dezember 2012, online abrufbar unter: http://www.morgenpost.de/printarchiv/berlin/article110382374/Kein-Ehrengrab-fuer-Peter-Fechter.html [22.04.2014].

hen müssen. Geld dient eigentlich der Entschädigung für widerfahrene Verluste. Aber natürlich, jeder hätte gern mehr Geld.

Eine weitere Gefahr ist die Dichotomie von Tätern und Opfern. Dann scheint klar, wo aufrichtige Menschen stehen müssen: auf der Seite der Opfer. Ganz so einfach ist die Sache aber nicht. Auch Opfer haben nicht immer recht. Auch ihre Sicht kann einseitig oder einäugig sein. Auch sie haben (partikulare) Interessen, was ich ihnen nicht vorwerfe, sondern nur feststelle. Opfer sind keineswegs über jede Kritik erhaben.

Vor Gericht jedenfalls gibt es heute neben dem Täter und dem Opfer, drittens, den Richter, und das war vielleicht die größte zivilisatorische Erfindung der Menschheit. Im anglikanischen Rechtswesen gibt es zudem die Geschworenen und außerdem immer das Publikum. Es gab ja einmal ein Rechtssystem ohne Richter, das also nur die zwei Parteien kannte und übrigens in Albanien fatal verkürzt wieder aufgelebt ist – das Institut der Blutrache. Es tendierte zum Exzess. Das droht uns hier und heute nicht. Aber die Begeisterung für Betroffenheit kann kräftig vernebeln.

Das Verbot von SED-Symbolen wird regelmäßig damit begründet, dass das Zeigen dieser Symbole die Gefühle der Opfer verletzt. Ob das stimmt, prüfe ich hier nicht. Es ist aber eine sehr problematische Argumentation mit Hinweis auf die Gefühle von diesem oder jenem, die Einschränkung von Grundrechten zu fordern. Der Argumentationstyp ist tendenziell totalitär. Im Streit um die Mohammed-Karikaturen argumentieren die Fanatiker und Islamisten mit ihren religiösen Gefühlen oder der »Ehre des Propheten« und rechtfertigen damit sogar den Mord an den Zeichnern.

Wenn jemand von sich sagt, er sei Anwalt der Opfer, so klingt das erst einmal irgendwie sympathisch in unseren Ohren, zumal dann, wenn es sich um Opfer ohne Anwalt handelt. In unserer Gesellschaft wird aber sehr oft ein Opferbonus verteilt, und Opfer sein ist für viele ein erstrebenswerter Status, weil man dann Forderungen stellen kann.

Wer sich zum Anwalt der Opfer erklärt, erklärt damit zugleich, dass er Partei im Streit sein will und nicht anstrebt, zwischen den Fronten zu stehen, wie seinerzeit Solon in Athen nach seinem Selbstzeugnis. Die Absicht, zwischen den Fronten zu stehen und unparteiisch zu urteilen, ist unter uns inzwischen geradezu diskreditiert durch den Betroffenheitskult.

Also fasse ich zusammen: Das Gedenken in der Demokratie soll die Erinnerung an die Diktatur einschließen, es soll auch Opfergedenken sein, beider, der »victims« und der »sacrifices«. Es sollte aber vor allem die Erinnerung sein an die Gründung einer Ordnung der Freiheit. Denn kein Mensch und auch kein Volk kann allein aus der Betrachtung des Versagens und des Leidens Ermutigung und Ermunterung erfahren.

Christoph Cornelißen

Erinnerungskulturen in Stein: Nationaldenkmäler in Demokratien seit der Amerikanischen Revolution*

»Nationaldenkmäler im eigentlichen Sinn gab es in der Zeit nach 1945 nicht«.[1] Diese eher beiläufige Bemerkung des niederländischen Historikers Ries Roowaan aus dem Jahr 1996 wirkt zunächst wie ein Hindernis auf die Absicht, genau solche Objekte in den Fokus einer Untersuchung zu rücken. Gleichwohl, ein vorzeitiges Ende der Betrachtungen ist keineswegs zwingend geboten, denn die von Roowaan angeführte Einschränkung »Nationaldenkmäler im eigentlichen Sinn« öffnet eine Hintertür, welche den prüfenden Blick auf ein rasch unübersehbar werdendes Feld lenkt, auf dem sowohl vor als auch nach 1945 nationale Denkmäler konzipiert, errichtet und vor allem diskursiv verhandelt worden sind. Zuletzt haben dies nochmals die Debatten um die Errichtung eines »Freiheits- und Einheitsdenkmals« in Berlin und Leipzig zur Erinnerung an die Friedliche Revolution von 1989 in Erinnerung gerufen, wurde doch hier wie dort heftig über den konkreten Ort der Denkmalsaufstellung, die Ästhetik der Denkmalsplastiken sowie – noch weit grundsätzlicher – über die Frage nach dem Sinn einer solchen Denkmalssetzung ausgesprochen kontrovers diskutiert.[2]

Freilich sollten wir uns schon an dieser Stelle mehrere Sachverhalte vergegenwärtigen, denn sowohl begrifflich als auch im Hinblick auf ihre politischen, gesellschaftlichen und ästhetischen Kontexte herrscht in der wissenschaftlichen Literatur keineswegs ein Einverständnis darüber vor, welche Objekte den Status eines Nationaldenkmals beanspruchen dürfen – und welche eben nicht. Sind darunter nur die monumentalen Großplastiken zu begreifen, mit denen

---

* Für verschiedene Hinweise bin ich Maya Gradenwitz zu Dank verpflichtet.

1 Ries Roowaan: Nationaldenkmäler zwischen Geschichte und Kunstgeschichte, in: *Archiv für Kulturgeschichte* 78 (1996), S. 453–466, hier S. 459, Anm. 21.

2 Vgl. dazu die Hinweise auf weitergehende Publikationen unter: http://www.freiheits-und-einheitsdenkmal.de/publikationen.html sowie Marko Demantowsky: Das geplante neue Berliner Nationaldenkmal für »Freiheit und Einheit«: Ansprüche, Geschichte und ein gut gemeinter Vorschlag, in: *Deutschland Archiv* 42 (2009), H. 5, S. 879–886.

seit dem denkmalssüchtigen 19. Jahrhundert die alten und die jungen Nationen
den Versuch unternahmen, sämtliche Gruppen der Gesellschaft auf eine absolut begriffene nationale Gemeinschaftsidee zu verpflichten? Oder reden wir
vielleicht auch über ganz andere Größenordnungen und Objekte, als sie das
überkommene Denkmalsverständnis einer früheren Epoche nahelegt? Auf
jeden Fall fällt auf, dass parallel zur aufkommenden Idee des Nationaldenkmals rasch ebenso die Kritik daran um sich griff, was bereits an der Wende
vom 19. zum 20. Jahrhundert die Polemik vor allem einer künstlerischen Avantgarde anstachelte. Damals führte sie unter anderem zu dem Appell des Berliner Generaldirektors der Staatlichen Kunstsammlungen, Wilhelm von Bode,
es müssten »Ausschüsse zur Beseitigung bestimmter Denkmäler« gegründet
werden, denn eine solche »ästhetische Luftreinigung« komme einer wahrlich
nationalen Tat gleich.[3] Die nachfolgende Kritik ist oft noch weit harscher
ausgefallen. So konstatierte der Kulturwissenschaftler Gert Mattenklott im
Jahr 1993, dass die demokratische Form in ihrer größtmöglichen Allgemeinheit
als Nationaldenkmal in Deutschland nicht länger konsensfähig sei. »Denkmäler der Nation – das sind wir selbst«, hielt er apodiktisch, aber in durchaus
konsequenter Argumentation fest.[4]

Gleichwohl, die vergangenen beiden Jahrhunderte bieten reichhaltiges Material für die Ausgangshypothese, dass das Denkmal immer noch dem Ideal des
reinen Symbols am nächsten kommt und daher von allen Möglichkeiten, Ideologeme identitätsstiftend und gemeinverbindlich im Bewusstseinsraum einer
Gesellschaft zu installieren, die besten Voraussetzungen bietet. Zu einem guten
Teil erklärt sich der politische und gesellschaftliche Erfolg von Denkmälern
sicherlich aber auch damit, dass sie öffentlichkeitswirksame Deutungen weniger im rationalen Diskurs suchen, sondern vermittels ihres emotionalen »Wal-
lungswertes« (Gottfried Benn) an bestimmte Normen appellieren und ihnen
derart ein besonderes Gewicht verleihen.[5] Ausgehend von dieser Überlegung
strebt der folgende, bewusst holzschnittartig angelegte Überblick danach, aus-

---

3 Wolfgang Hardtwig: Der bezweifelte Patriotismus – nationales Bewußtsein und Denkmal 1786 bis 1933, in: *Geschichte in Wissenschaft und Unterricht* 44 (1993), S. 773–785,
   hier S. 774.

4 Gert Mattenklott: »Denk ich an Deutschland…« Deutsche Denkmäler 1790–1990, in:
   Deutsche Nationaldenkmale 1790–1990, hg. vom Kultursekretariat NRW, Gütersloh
   1993, S. 17–49, hier S. 46.

5 Vgl. Hans-Ernst Mittig: Das Denkmal, in: Werner Busch (Hg.): Funkkolleg Kunst.
   Eine Geschichte der Kunst im Wandel ihrer Funktionen, München 1987, S. 532–558.
   Vgl. auch Franz J. Bauer: Gehalt und Gestalt in der Monumentalsymbolik. Zur Ikonologie des Nationalstaats in Deutschland und Italien 1860–1914, München 1992, S. 6 f.
   und 14.

gewählte Aspekte aus der Geschichte moderner Nationaldenkmale seit der Gründung der Vereinigten Staaten zu thematisieren, wobei hier der Akzent vor allem auf Phasen demokratischer Umbrüche gelegt werden soll. Zu diesem Zweck soll im Folgenden nach einigen knappen systematischen Vorüberlegungen *erstens* die Errichtung von Nationaldenkmälern im Gefolge der großen Revolutionen Amerikas und Frankreichs näher beleuchtet werden. In diesem Zusammenhang wird insbesondere die Denkmalspolitik der Dritten Republik in Frankreich herausgehoben. Das ergibt sich schon allein daraus, dass im Europa des langen 19. Jahrhunderts nur hier ein langfristig wirksamer demokratischer Umbruch zu einer Republik vonstattenging. *Zweitens* geht es mir um die Hervorhebung ausgewählter Grundzüge von Nationaldenkmalssetzungen in den Demokratien Europas der Zwischenkriegszeit. Der Fokus wird hierbei auf Ostmitteleuropa liegen, das in einem breiten Saum von der Ostsee bis zur Adria in diesem Zeitraum besonders heftige Ausschläge der öffentlichen Denkmalspolitik aufweist. *Drittens* geht es um Diskussionen über Nationaldenkmäler im Gefolge der traumatischen Erfahrungen im Zweiten Weltkrieg, vor allem aber nach der Zäsur des Holocaust. Welche Antworten suchten postdiktatorische Gesellschaften auf dem Gebiet der Denkmalspolitik, um den neuen Herausforderungen gerecht zu werden? Abschließend werden in einem kurzen Ausblick die neuesten Entwicklungen seit den 1990er Jahren skizziert.[6]

1. Systematische Vorüberlegungen

Schon ein kursorischer Blick in die Geschichte von Nationaldenkmälern zeigt *erstens*, dass sie zu keinem Zeitpunkt unumstritten waren, nicht nur in Deutschland, sondern auch im Ausland. Dies hat man gelegentlich in den auf den deutschen Raum bezogenen Debatten der letzten Jahre oder sogar Jahrzehnte übersehen. Tatsächlich aber riefen Vorschläge zur Setzung von Nationaldenkmälern sowohl in den USA als auch in Frankreich bereits seit dem späten 18. Jahrhundert wiederholt Kontroversen hervor, und auch im deutschsprachigen Raum setzten die entsprechenden Konflikte früh ein – lange bevor es den politisch von oben geeinten Nationalstaat tatsächlich gab. Gleichzeitig wird deutlich, dass solche Debatten keineswegs auf Demokratien beschränkt blieben, dass sie aber spätestens in dem Moment, als die Demokratie sich in Europa als überragende politische Organisationsform durchsetzte – sei es temporär oder auf Dauer – an

---

6   Wegen des langen Betrachtungszeitraums konzentriere ich mich auf ausgewählte Entwicklungen und gehe daher weit weniger auf die Denkmäler aus kunsthistorischer Sicht ein, als dies im Grunde notwendig wäre.

Virulenz zunahmen. Denn im Gefolge einer breiter werdenden und komplexer
aufgebauten politischen Öffentlichkeit fiel der Streit bei Denkmalssetzungen
zwangsläufig intensiver aus als unter anderen Regierungsformen, kurz: Konflikte
über das Nationaldenkmal sind demokratischen Kulturen endemisch. Insbesondere im Gefolge markanter politischer Zäsuren handelt es sich hierbei meistens um symbolisch ausgetragene Konflikte über das kulturelle Gedächtnis einer
Traditionsgemeinschaft, das unerwartet zur Disposition gestellt worden ist.[7]
Demokratische Umbrüche, oder anders formuliert, Umbrüche zur Demokratie
rufen also notwendig Denkmalskontroversen hervor, jedenfalls so lange wie
moderne Gesellschaften Denk- und Mahnmale als Ausdrucksmöglichkeit ihrer
geschichtspolitischen Selbstvergewisserung betrachten.[8]

Zweitens sollten wir bereits an dieser Stelle festhalten, dass das Denkmal
immer eine Sache spezifischer Gruppen – sozial, politisch und kulturell unterschiedlich formierter Gruppen – war und ist, die jeweils ihre spezifischen
Wertvorstellungen von Nation und Nationalstaat zu den für alle verbindlichen
erklären wollten. Zwar ist in den Erinnerungskulturen unserer Tage meist nur
noch von Deutungsangeboten die Rede, aber diese sind dann doch regelmäßig
nicht so unverbindlich gedacht, als dass die Denkmalsstifter hierfür nicht gerne
die gesamte Nation vereinnahmen wollten. So sehr aber im Begriff des Nationaldenkmals die Vorstellung eines gesamtnationalen Projektes mitschwingt,
sind diese zu keinem Zeitpunkt von der ganzen Nation tatsächlich bejaht oder
gar finanziert worden. »Die Opposition baut, solange sie nichts als Opposition
ist, keine Denkmäler«, hat Thomas Nipperdey in einem für unser Thema
wegweisenden Beitrag schon in den 1960er Jahren konstatiert und gleichzeitig
hinzugefügt: »Politische Denkmäler werden im Wesentlichen von etablierten
Kräften, vom Staat oder von ›staatstragenden‹ Gruppen gebaut.«[9] Sie sind
daher nur scheinbar Objekte eines genuin historischen Kultes.[10]

Drittens haben Nationaldenkmäler immer etwas mit Geschichte zu tun.
Das ist zunächst banal, deutet aber gleichzeitig darauf hin, dass es sich immer
nur um eine ausschnitthafte Wahrnehmung von Geschichte handelt. Denkmäler unternehmen mithin den Versuch, bestimmte Vorstellungen von histo-

---

7   Vgl. Mattenklott: »Denk ich an Deutschland«, a.a.O., hier S. 19.
8   Vgl. Hartmut Frank: Des monuments nationaux, in: Jean-Louis Cohen (Hg.): Interfé-
    rences. Architecture, Allemagne-France 1800–2000, Strasbourg 2013, S. 32–41.
9   Thomas Nipperdey: Nationalidee und Nationaldenkmal in Deutschland im 19. Jahr-
    hundert, in: Historische Zeitschrift 206 (1968), S. 529–585, hier S. 531.
10 Vgl. János Pótó: Systemwechsel und politische Denkmäler in Ungarn 1945–1989/90, in:
    Andreas Pribersky/Berthold Unfried (Hg.): Symbole und Rituale des Politischen. Ost-
    und Westeuropa im Vergleich. Frankfurt am Main u.a. 1999, S. 185–195, hier S. 186.

rischen Vorgängen in einem perspektivischen Zugriff in eine sinnlich erfahrbare Anschauung zu transformieren.[11] Hierbei handelt es sich meistens um einen nicht wissenschaftlichen, geradezu vorrational mythischen Zugang zur Vergangenheit, dessen Botschaften im konstanten Wandel der Zeiten meist relativ schnell petrifizieren.[12] Das erklärt unter anderem, warum Denkmäler für die Angehörigen nachwachsender Generationen oftmals nur schwer oder gar nicht mehr zu dechiffrierende Botschaften enthalten. Und es wird eben auch klar, warum Robert Musil einmal davon gesprochen hat, dass das Auffälligste an Denkmälern sei, dass man sie nicht bemerke. Gewiss, die Inszenierung des Nationaldenkmals ist ein notwendiger Teil seines Wirkungskonzeptes. Doch zeigt sich meist über die lange Dauer, dass sie fast ausschließlich im »Moratorium des Alltags«, bei politischen Festen und ähnlichen Veranstaltungen, Beachtung finden – aber auch nur dann.[13]

Viertens sollten wir uns vergegenwärtigen, dass Denkmäler in den Erinnerungskulturen seit dem 18. Jahrhundert nie für sich allein standen, sondern Teil eines weiten Ensembles angaben, das die unterschiedlichsten kulturellen Medien involvierte: die bildenden Künste, einschließlich der Architektur und Musik, die Kunst- und Literaturgeschichte, die politische Geschichtsschreibung, die Pädagogik, die Volkskunde sowie die Institutionen Kirche, Schule, Universität und Museum. Gleichermaßen gehörten hierzu populäre Lesestoffe und symbolische Zeichen wie Erinnerungsdaten.[14] Nationaldenkmäler erfüllten in diesem Zusammenhang als gesellschaftlich gestaltete, durch soziales Handeln und Ordnungsvorstellungen konstruierte Symbole von »imaginären« Gemeinschaften den Zweck, nicht nur den Sinn der als territoriale Gemeinschaft verfassten Nation, sondern auch die der Nation immanenten Ordnungsprinzipien zu vermitteln. In diesem Sinne fungierte die Setzung von nationalen Denkmälern im öffentlichen Raum, um es in Anlehnung an die Überlegungen des französischen Soziologen Maurice Halbwachs zum kollek-

---

11 Vgl. Hardtwig: Der bezweifelte Patriotismus, a.a.O., hier S. 781.

12 Vgl. Winfried Speitkamp: Nationale Denkmäler und Erinnerungskulturen in Europa, in: Dieter Bingen/Birte Pusback (Hg.): Visuelle Erinnerungskulturen und Geschichtskonstruktionen in Deutschland und Polen seit 1939, Warschau 2009, S. 31–44, hier S. 31.

13 Vgl. Robert Musil: Denkmale, in: Ders.: Gesammelte Werke, Bd. 7: Kleine Prosa, Aphorismen, Autobiographisches, Reinbek 1978, S. 604 sowie Odo Marquardt: Moratorium des Alltags. Eine kleine Philosophie des Festes, in: Walter Haug/Rainer Warning (Hg.): Das Fest, München 1989, S. 684–691.

14 Vgl. Lothar Machtan: Monumentaler Nationalismus. Drei neue Versuche, nationale Denkmäler zu erklären, in: Zeitschrift für Geschichtswissenschaft 45 (1997), S. 718–729, hier S. 718.

tiven Gedächtnis auszudrücken, als das materielle Gerüst des kollektiven Bewusstseins. Die Konstanz formaler Aspekte und funktionaler Bezüge, wie sie Denkmäler gewährleisten, zielt letztlich darauf, eine spezifische soziokulturelle Identität zu generieren.[15]

Mit ihren einfachen, oft durchscheinenden geschichtspolitischen Botschaften vermochten Denkmäler jedoch, *fünftens*, weder im 19. Jahrhundert noch in den nachfolgenden Epochen den tatsächlich komplexen historischen Prozessen gerecht zu werden. Vielleicht war dies sogar eine Ursache ihres Erfolges. Gleichzeitig gerieten sie aber damit in einen immer stärkeren Widerspruch zu demokratisch verfassten Erinnerungskulturen. Denn Denkmäler sind intentional meist eindeutig, in Gestalt, Standort und Botschaft starr. Betrachtern ermöglichen sie kaum Interpretationsspielräume, ja sie fordern sogar eher ihre Zustimmung ein oder wollen diese gar erzwingen.[16] Genau das aber konstituiert ein Problem, denn demokratische Erinnerungskulturen sind weder eindeutig noch starr, sondern vieldeutig und wandelbar. In ihnen überlagern sich unterschiedlichste Erinnerungsschichten, die der Familien, der Generationen, der Klassen und Konfessionen sowie die der Regionen und Nationen, die je eigene Erinnerungskulturen in Spannung zueinander generieren, und sie geraten, was ja ein Ausweis demokratischer Prozesse ist, regelmäßig in Konflikt miteinander. Angesichts dieses Spannungsverhältnisses galten die ikonografischen oder auch textlichen Denkmalsbotschaften einer Denkmalskritik insbesondere seit der zweiten Nachkriegszeit des 20. Jahrhunderts als manipulative Geschichtskonstruktionen, zuweilen sogar als Relikte einer autoritären Zeit, die nicht länger in eine pluralistisch-offene Gesellschaft passten.

Die jüngsten Entwicklungen haben jedoch gezeigt, dass politische Denkmäler in den Erinnerungskulturen unserer Gegenwart weiterhin eine wichtige Rolle beanspruchen und dass viele Versuche, überholte oder nicht mehr verständliche nationale Denkmäler zu beseitigen, auf politische Widerstände treffen. Oftmals rückten sie sogar erst dann wieder ins Bewusstsein einer breiteren Öffentlichkeit, als sich die Frage nach ihrer Entfernung stellte. Seit der säkularen Wende am Ende der 1980er Jahre sind insbesondere in den Staaten des ehemaligen Ostblocks viele neue Nationaldenkmäler geplant und errichtet worden, oft begleitet von heftigen politischen und gesellschaftlichen Auseinandersetzungen. Aber auch im Westen Europas kam seitdem erneut Bewegung in die Denkmalspolitik, wurden doch zahlreiche ältere Nationaldenkmäler überarbeitet oder durch die Anlage neuer Orte ergänzt. Offensichtlich erfüllen Denkmäler also auch noch in den gegenwärtigen Gesellschaften ein Bedürfnis nach »Schwerkraft«, einen »Hunger

---

15 Vgl. Maurice Halbwachs: Das kollektive Gedächtnis, Stuttgart 1967, S. 127ff.
16 Vgl. Speitkamp: Nationale Denkmäler, a. a. O., hier S. 32f.

nach einfachen Zeichen von Identität und Zugehörigkeit«, wie Mattenklott dies umschrieben hat, und dies, obwohl sie auf eine doppelte Weise – politisch und ästhetisch – auf viele Betrachter nur noch wie Zeugen von gestern wirken.[17]

2.   Nationaldenkmäler seit der Amerikanischen Revolution

Die Geschichte nationaler Denkmäler weist erheblich über die des modernen Nationalstaates hinaus, reicht sie doch weit in das Ancien Régime zurück. In dieser Epoche aber blieb, darauf hat Maurice Agulhon nachdrücklich hingewiesen, die Ehre eines nationalen Standbildes Heiligen und Königen vorbehalten, und damit »Personen, die jenseits des Konventionellen standen«.[18] Die Dargestellten rückten entweder auf das Podest, weil sie Träger einer individuellen Gabe (die Heiligen) waren oder einer im Staat begründeten Gnade (der Souverän). Den gewöhnlichen Sterblichen jedoch blieben sie auf Podesten entrückt, der Fürst meist in der Apotheose, in der Form eines Reiterstandbildes oder der des imperialen Feldherren.[19] Seit dem ausgehenden 18. Jahrhundert griffen die Revolutionäre ebenfalls auf die schon in der Antike geübte Praxis zurück, große Männer kollektiv zu ehren. Sie engten jedoch die Auswahl der Dargestellten nunmehr konsequent auf den nationalen Bezugsrahmen ein, oder sie gingen dazu über, Gestalten aus der Vor- und Frühgeschichte des schon gegebenen oder erst noch zu begründeten Nationalstaates zu Bannerträgern der eigenen Nation zu machen. Die »bürgerliche Kultur« des 19. Jahrhunderts trug aber nicht zuletzt dafür Sorge, dass von nun an Verdienste für die nationale Gemeinschaft, eben nicht mehr Genealogie oder Kirchenpolitik, den Weg auf das Podest ebneten – ein Gedanke, der rasch auch in anderen Ländern um sich griff, auch dort, wo zunächst ausschließlich die Idee einer Kulturnation vorherrschend blieb. Überall bezog sich der Kult des großen Individuums, der Helden der neuen Zeit auf die eigene Nation bzw. auf das »Volk« als dem neuen Souverän.[20] Es liegt nahe, dass ein solches Ansinnen Konflikte auf den Plan rief, implizierte es doch politische Entscheidungen darüber, wer zu den »Helden« zählte – und wer eben nicht.

---

17 Mattenklott: »Denk ich an Deutschland«, a. a. O., hier S. 17f.
18 Maurice Agulhon: Die »Denkmalsmanie« und die Geschichtswissenschaft, in: Ders.: Der vagabundierende Blick. Für ein neues Verständnis politischer Geschichtsschreibung, Frankfurt am Main 1995, S. 51–99, hier S. 55.
19 Vgl. Mattenklott: »Denk ich an Deutschland«, a. a. O., hier S. 21.
20 Vgl. Helke Rausch: Kultfigur und Nation. Öffentliche Denkmäler in Paris, Berlin und London 1848–1914, München 2005, S. 15.

Angesichts der häufigen politischen Zäsuren im Frankreich des langen 19. Jahrhunderts fielen die denkmalspolitischen Auseinandersetzungen dort besonders heftig aus, wohingegen die Entwicklung in den neu begründeten Vereinigten Staaten zunächst eine ganz andere Richtung nahm, verbreitete sich doch die Idee des Nationaldenkmals hier mit einer insgesamt beträchtlichen Verzögerung. Ein wesentlicher Grund dafür bestand darin, dass in der Hochphase der territorialen, wirtschaftlichen und demografischen Expansion nach den Unabhängigkeitskriegen zunächst aktuelle Belange überwogen, während das Bedürfnis nach einer öffentlichen Würdigung der Verfechter der neuen nationalen Unabhängigkeit gering war. Offensichtlich benötigen demokratische Umbrüche – darauf deutete schon das amerikanische Beispiel hin – zunächst einige Zeit, bevor sie denkmalspolitisch einen Niederschlag finden.

In den USA dauerte es jedenfalls mehrere Jahrzehnte, bevor der Prozess einer »popular deification« der Gründerväter der amerikanischen Demokratie machtvoll einsetzte. Dazu passt der eher zögerliche Ruf der *Washington Monument Association* für eine Statue George Washingtons seit den 1820er Jahren, und ebenso, dass erst Mitte des 19. Jahrhunderts der Bau des »Washington Monument« in Gang kam, obwohl Vorschläge zur Würdigung des Revolutionshelden bis in die 1790er Jahre zurückreichen. Erst im Jahr 1885 aber konnte das Monument eingeweiht werden, und es dauerte dann noch drei weitere Jahre, bevor es der Öffentlichkeit zugänglich gemacht wurde. Ähnlich widerfuhr es den anderen Gründervätern der amerikanischen Demokratie.[21] Darüber hinaus fällt auf, dass die Regierung in Washington sich bei der Konstruktion einer nationalen Identität und deren Repräsentation durch Denkmäler anfangs eher zurückhielt und das Feld ausschließlich privaten Vereinigungen überließ. Die schon genannte *Washington Monument Association* ist hierfür nur ein Beispiel, der zahlreiche weitere Vereinigungen an die Seite gestellt werden könnten, darunter die 1851 begründete – man beachte die führende Rolle von Frauen in diesem Zusammenhang – *Mount Vernon Ladies' Association,* welche ebenfalls das Andenken an den ersten Präsidenten der Vereinigten Staaten wachhalten wollte. Die Frucht dieser Anstrengungen fiel jedoch sowohl im Blick auf die ästhetische Ausführung der Denkmalssetzungen als auch ihrer Positionierung im öffentlichen Raum eher konventionell aus.[22] In der Praxis blieben außerdem Finanzierungsschwierigkeiten und Planungsdifferenzen beherrschend, so dass die Arbeiten am nationalen Gedächtnis in den USA nur mühselig vorankamen.

---

21 Vgl. dazu Patricia West: Domestication of History. The Political Origins of America's House Museums, Washington 1999, S. 2.

22 Vgl. Ilene D. Lieberman: Sir Francis Chantrey's Monument to George Washington: Sculpture and Patronage in Post-Revolutionary America, in: *The Art Bulletin* 71 (1989), S. 254–268, hier S. 264.

Der Erste Weltkrieg markierte jedoch eine klare Zäsur. Die Umbauarbeiten an der Nationalpromenade, die mit dem zwischen 1914 und 1922 errichteten »Lincoln Monument« einsetzten sowie – um hier einen großen zeitlichen Sprung zu machen – mit dem »Vietnam Memorial«, dem »National World War II. Memorial«, dem »Martin Luther King Memorial« und dem »Korean Veterans War Memorial« das offizielle kollektive Gedächtnis der amerikanischen Nation an einem hervorgehobenen Erinnerungsort zusammenführten, fallen sämtlich in das 20. Jahrhundert.[23] Obwohl sie nicht im engeren Sinne in den Kontext politischer Systemwechsel fallen, sticht ins Auge, wie sehr nach den auch für Amerikaner blutigen Erfahrungen im Ersten Weltkrieg eine idealistische Deutung der nationalen Vergangenheit zum Durchbruch kam, die sich von der spaltenden Erinnerung an den amerikanischen Bürgerkrieg ablöste und an seine Stelle ein versöhnendes Gedenken rückte. Insgesamt bezeichnend dafür waren die Worte von William Howard Taft aus dem Jahr 1922, damals in der Funktion des obersten Richters, als das »Lincoln Memorial« der Öffentlichkeit übergeben wurde:

> »Here is a shrine at wich all can worship. Here an altar upon which the supreme sacrifice was made in the cause of Liberty. Here a sacred refuge in which those who love country and love God can find inspiration and repose.«[24]

Der innere Aufbau des Memorials, aber auch der glänzende weiße Marmor spiegelte diese zivilreligiöse Botschaft wider, welche Lincoln den Betrachtern als eine Christus-ähnliche Gestalt entrückte. Es ist nun alles andere als ein Zufall, dass sich die Anhänger der amerikanischen Demokratie im Gefolge der schleichenden demokratischen Umbrüche im eigenen Land genau an dieser Stelle immer wieder ihrer eigenen Ideale versicherten.

Die ausgesprochen patriotische und zugleich christliche Überformung des kollektiven Gedächtnisses des amerikanischen Modells war den Regierungen im postrevolutionären Frankreich – um nach Europa zurückzublenden – unmöglich, denn der chaotische Verlauf der Revolution bewirkte eine tiefe und sehr lang anhaltende Spaltung zwischen den politischen Lagern. Sie umspannt im Grunde das gesamte lange 19. Jahrhundert und prägt teilweise bis in die Gegenwart die Wahllandkarte Frankreichs. Das zwischen den Revolutionären und Gegenrevolutionären getrennte Gedächtnis stellte für die Idee,

---

23 Vgl. Cecilia Elizabeth O'Leary: To Die For. The Paradox of American Patriotism, Princeton 1999, S. 3–28; Richard Longstreth (Hg.): The Mall in Washington, 1891–1991, New Haven 2002; Sabine Schindler: Authentizität und Inszenierung. Die Vermittlung von Geschichte in amerikanischen »historic sites«, Heidelberg 2003, S. 31.

24 Hier zitiert nach Christopher A. Thomas: The Marble of the Lincoln Memorial. »Whitest, Prettiest, and …the Best«, in: *Washington History* 5 (1993/94), S. 42–63, S. 61.

über nationale Denkmäler an die gemeinsame Vergangenheit zu erinnern und
darüber die Zeitgenossen auf gemeinsame politische Werte zu verpflichten,
eine große, fast unüberwindliche Herausforderung dar.[25] Es kann daher kaum
verwundern, dass die von den Revolutionären und ihren Anhängern verfoch-
tene Idee, große Persönlichkeiten in einem nationalen Panthéon zu würdigen,
eine Serie fortlaufender erinnerungskultureller Konflikte heraufbeschworen
hatte, zumal deren Zweck – wie zuletzt Eveline G. Bouwers argumentiert hat
– von Beginn eher die Konsolidierung überkommener Machtstrukturen als die
Selbstinszenierung der demokratischen Nation war.[26]

Ein Hauptaustragungsort der damit verbundenen Konflikte wurde in Frankreich die Kirche Sainte-Geneviève in Paris, die schon vor der Revolution mit
den vorhandenen Anspielungen auf die Tempelarchitektur der Antike sowie der
Verehrung der Taten der Kirchenheiligen und der katholischen Tradition Frankreichs mehr als ein »Temple de Nation« denn als eine traditionelle katholische
Kirche verstanden worden war. Erst im Gefolge der Revolution nahm sie den
Charakter eines säkularen Begräbnisortes an. Schon am 4. April 1791 verordnete
die Pariser Nationalversammlung, die Kirche zum Denkmal der Großen Männer Frankreichs zu machen und wählte dafür die Aufschrift: »Aux grands hommes
– la Patrie Reconnaissante«. Danach setzte eine äußerst wechselvolle Geschichte
ein, bei der das Gebäude wiederholt umgewandelt wurde, was dann zu der so
skurrilen Panthéonisierung Mirabeaus und Marats sowie ihrer sich später daran
anschließenden Entpanthéonisierung führte.[27] Hierbei handelt es sich freilich
nur um ein Beispiel für unzählige Denkmalsumwidmungen bzw. die Verleihung
und Entziehung von Denkmalswürden, die seit dem 19. Jahrhundert in vielen
Ländern Europas nach politischen Umbrüchen auf die Tagesordnung rückten.

Frankreich zeichnete hierfür gewissermaßen den Weg vor, vor allem nach
der Gründung der Dritten Republik und ihrer Konsolidierung seit Mitte der
1870er Jahre. Seitdem setzte eine wahre Denkmalsmanie ein, für die an vorderster Stelle Gaston Doumergue verantwortlich zeichnete, Minister aus den
Reihen der Radikalsozialisten, der seine Kindheit unter der Herrschaft Napo-
leons III. in einem Haus verbracht hatte, das mit Plastiken von Marcus Ionius
Brutus und Mirabeau geschmückt war. Offensichtlich hatte dies auf ihn derart
inspirierend gewirkt, dass er in seinen vielen politischen Ämtern im Laufe der

---

25 Vgl. Mona Ozouf: Das Pantheon. Freiheit – Gleichheit – Brüderlichkeit, Berlin 1990,
    S. 8.

26 Vgl. Eveline G. Bouwers: Public Pantheons in Revolutionary Europe. Comparing
    Cultures of Remembrances, c. 1790–1840, London 2012, S. 6f. und 224f.

27 Vgl. Lars Völcker: Tempel für die Großen der Nation. Das kollektive Nationaldenkmal
    in Deutschland, Frankreich und Großbritannien im 18. und 19. Jahrhundert, Frankfurt
    am Main, Berlin 2000, S. 177–195.

Dritten Republik unzählige öffentliche Denkmäler politischen Charakters ein-
weihte. Die Denkmalsmanie der Dritten Republik aber war weit mehr als das
Projekt eines verantwortlichen Politikers. Ihr lag ein umfassendes Programm
zugrunde, das zum einen darauf zielte, das Selbstbewusstsein der Republikaner
gegenüber ihren innenpolitischen Gegnern zu stärken; zum anderen sollte die
Nation nach der militärischen Niederlage gegen das Deutsche Reich moralisch
wieder aufgerichtet werden. Aus dieser Konstellation heraus betrieben die
politischen Eliten Frankreichs seit den 1870er Jahren im Bewusstsein ihres
politischen Sieges konsequent die Demokratisierung der öffentlichen Ehrungen,
wovon bald auch einfachste Würdenträger erfasst wurden: »Die Pädagogik des
Beispiels ist die große Idee des Regimes; Mode und Nachahmung besorgen
den Rest«.[28] Im Zuge dieser Demokratisierung des Gedenkens rückten rasch
auch die heroischen Gestalten einer ferneren Vergangenheit wie Vercingetorix
und Jeanne d'Arc in den Mittelpunkt der inszenierten und durch Denkmäler
im öffentlichen Raum gestalteten Erinnerungskulturen. In ästhetischer Hinsicht
blieb das Formenarsenal jedoch eher beschränkt, ja die Republik drängte auf
Normierung, so dass das Bild der Liberté, ob nun als Republik oder Marianne,
in einer nur begrenzten Zahl von Varianten zur Ausführung kam. Von daher
kann es ebenfalls kaum verwundern, dass auch in Frankreich heftige Angriffe
gegen die offizielle Denkmalsmanie gerichtet worden sind.

Im Blick auf die Dritte Republik, noch mehr aber auf die anderen Staaten
Europas, können wir jedoch gleichzeitig festhalten, dass in dieser Phase kein
Monument als Nationaldenkmal unumstritten war und neue Denkmalssetzungen daher selten unangefochten blieben. Die offiziöse Erinnerungspolitik in
Denkmälern kollidierte immer wieder mit konkurrierenden Erinnerungsinte-
ressen. Das konnten die Erinnerungen von Familien und ein populäres Gedenken sein, oft aber prallten die geschichtspolitischen Denkmalssetzungen auch
an den Wällen einer dissentierenden Gruppenerinnerung ab, sei es die der Arbeiterbewegung, von religiösen Gemeinschaften oder den für das 19. Jahrhundert
neuen Erinnerungskollektiven der Parteien. Daran offenbarten sich in wach-
sendem Maße die Grenzen einer Geschichtsdeutung oder auch einer Traditi-
onserfindung über Denkmäler.[29] Gleichzeitig wird deutlich, dass die nationalen
Symbole der Denkmalssetzungen dieser Epoche keineswegs an bestimmte Staats-
formen gebunden waren und daher von den ikonografischen Formen nicht
unbesehen auf den ihnen zugrunde liegenden Mythos geschlossen werden kann.
Teilweise waren die nationalen Symbole sogar austauschbar.[30]

---

28 Agulhon: »Denkmalsmanie«, a.a.O., hier S. 75.
29 Vgl. Speitkamp: Nationale Denkmäler, a.a.O., hier S. 33.
30 Vgl. Charlotte Tacke: Denkmal im sozialen Raum. Nationale Symbole in Deutschland
    und Frankreich im 19. Jahrhundert, Göttingen 1995.

Gleichwohl, die zusätzliche Gegenüberstellung der später begründeten Nationalstaaten Deutschland und Italien vermag zu zeigen, dass in der Ikonologie des italienischen Nationalstaates weitaus mehr als im Deutschen Reich das personelle, das individuale Element im Vordergrund stand.[31] So beherrschte in Italien am Ende des 19. Jahrhunderts Viktor Emanuel, der monarchische Staatsgründer aus dem Hause Savoyen, die Bühne der monumentalen Repräsentation, aber er konkurrierte mit dem Revolutionär und Guerilla-Kämpfer Giuseppe Garibaldi. Das heißt, in Italien begegneten sich auf dem Feld der Denkmalspolitik nationalmonarchistische und nationalrevolutionäre Tradition, während in der deutschen Monumentalsymbolik das herrscherliche Attribut des Pferdes fast ausschließlich dem regierenden Fürsten vorbehalten blieb. Überhaupt blieb die italienische Denkmalskultur viel mehr als die deutsche dem Konkreten, der personalen Präsenz und der Rhetorik verpflichtet; außerdem verlässt sie nie den urbanen Raum.[32] Für die deutsche Tradition des Nationaldenkmals wurde hingegen im Laufe des 19. Jahrhunderts die Distanz zu den Städten charakteristisch. Die Reihe der Großdenkmäler vom Niederwalddenkmal bei Rüdesheim bis zu den zahlreichen Kaiser-Wilhelm-Denkmäler wurden im virtuell unendlichen Raum der Natur errichtet, welche die Beobachter mit ihrem Drang nach monumentaler Wucht und einer das menschliche Maß übersteigenden Wirkung geradezu überwältigten. Dahinter schien dann rasch auch ein Ruf zur Sammlung aller nationalen Kräfte auf.[33] Beunruhigender als die Exzesse der Dimension aber war in der deutschen Monumentalsymbolik der Rückgriff auf vormoderne, vorzivilisatorische oder vitalistische Deutungen, welche die Denkmäler gleichsam enthistorisierten. Diese Prozesse setzten schon lange vor der demokratischen Wende von 1918/19 ein, blieben aber auch noch danach stilprägend und boten sich für die Aneignung unter nicht demokratischen Vorzeichen durch spätere Regime an.

3.   Nationaldenkmäler in Europa nach den politischen Umbrüchen
       1918/19

Im Ersten Weltkrieg kollabierten vier multinationale Imperien und machten damit den Weg zu zahlreichen Nationalstaatsgründungen frei, deren Regie-

---

31 Vgl. Bauer: Gehalt und Gestalt, a. a. O., S. 37f.
32 Vgl. David Atkinson/Denis Cosgrove: Urban Rhetoric and Embodied Identities. City, Nation, and Empire and the Vittorio Emanuele II Monument in Rome, 1870–1945, in: *Annals of the Association of American Geographers* 88 (1998), S. 28–49.
33 Vgl. Bauer: Gehalt und Gestalt, a. a. O., S. 26.

rungen danach überall rasch Zeichen der neuen nationalen Selbstständigkeit setzen wollten. Im Zuge dieser Entwicklungen erlebten die Gesellschaften vor allem in Ostmitteleuropa mehrfach Brüche und spürbare Diskontinuitäten, die sowohl Elemente der Fremdbestimmungen aufweisen als auch von notorischen Nachbarschaftskonflikten markiert wurden. Fast nirgendwo konnten sich historische Erfahrungs- und Erinnerungsräume als stabile und selbstverständliche Referenzrahmen etablieren. Gleichzeitig wurde darüber ein hypertrophes Wuchern erinnerungspolitischer Initiativen begünstigt.[34]

Was das für die Idee nationaler Denkmäler bedeutete, kann an dieser Stelle nur andeutungsweise am Beispiel der Tschechoslowakischen Republik verdeutlicht werden. Hier wie auch in den anderen jetzt unabhängig gewordenen Territorien des untergegangenen Habsburger Reiches mündete die Lage seit 1918/19 zum einen in eine rapide »Entösterreicherung« sämtlicher staatlicher Symbole und damit all der Denkmäler, die mit der Habsburgerdynastie oder dem österreichischen Staat verbunden waren.[35] Bereits im November 1918 wurde die Mariensäule vom Prager Altstädter Ring entfernt, obwohl sie im Jahr 1648 zum Andenken an den Westfälischen Frieden errichtet worden war. Großen Teilen der Bevölkerung aber galt sie als ein Symbol der Gegenreformation und der Unterdrückung durch die Habsburger. Ähnliches widerfuhr den Statuen von Kaiser Franz, dem Radetzky-Denkmal oder auch den Statuen von Kaiser Joseph II.; meist wurden sie aus dem öffentlichen Raum entfernt und hinter die Mauern des Nationalmuseums verbracht, so manche auch zerstört. Zum anderen sah sich die Prager Regierung mit der Herausforderung konfrontiert, im Kampf gegen die befürchtete Revision der Versailler Friedensordnung neue nationale Traditionen zu bilden und dafür auch die Denkmalspolitik einzusetzen. Mit Hilfe der neuen Denkmäler sollten die Bürger einerseits für die Verteidigung der Republik gewonnen werden, andererseits sollte ihr politisches Selbstbewusstsein gestärkt werden. Der Bildhauer Josef Mařatka zählte zu denjenigen, die sich dieser Aufgabe an vorderster Stelle widmeten und dies mit dem nicht nur für ihn selbst bezeichnenden Appell verband: »Denkmäler des Schmerzes« gebe es bereits genug. »Jetzt müssen wir zeigen, daß wir auch stark sein, kämpfen und gegen alle siegen können«.[36]

---

34 Vgl. Rudolf Jaworski: Alte und neue Gedächtnisorte in Osteuropa nach dem Sturz des Kommunismus, in: Ders./Jan Kusber/Ludwig Steindorff (Hg.): Gedächtnisorte in Osteuropa. Vergangenheiten auf dem Prüfstand (= Kieler Werkstücke. Reihe F: Beiträge zur osteuropäischen Geschichte, Bd. 6), S. 11–25, hier S. 14.

35 Vgl. Jiři Pokorný: Tschechoslowakische Denkmäler im 20. Jahrhundert, in: Andreas Pribersky/Berthold Unfried (Hg.): Symbole und Rituale des Politischen. Ost- und Westeuropa im Vergleich, Frankfurt am Main u.a. 1999, S. 197–205, hier S. 198ff.

36 Mařatka zitiert nach: Ebd., S. 200.

Mařatka schuf zahlreiche »neue« Denkmäler, von denen das sogenannte Legionärsdenkmal unter dem Titel »Prag seinen siegreichen Söhnen« die engen Beziehungen der Tschechoslowakei zu Frankreich herausstellte und hierbei auch im sachlichen Stil den politischen Anforderungen der neuen Ära entsprach.[37] Fast alle diese »neuen« Denkmäler sollten dann während des Zweiten Weltkrieges und unter deutscher Besatzungsherrschaft zerstört werden.

Aber auch schon zuvor hatte sich die Instabilität der politischen Kultur in der neuen Republik auf die Diskussionen über die Setzung neuer nationaler Denkmäler ausgewirkt. Das verdeutlichen insbesondere die Konflikte um die Errichtung eines Denkmals in Erinnerung an einen der bedeutendsten Politiker der modernen tschechischen Geschichte – Tomáš Garrigue Masaryk. Bereits im Jahr 1919 wurde ihm ein erstes Denkmal in Mähren gewidmet, bald darauf folgten zahlreiche weitere. Ausgerechnet der Magistrat von Prag konnte sich jedoch auf keinen Entwurf einigen. Als dann Ende der 1930er Jahre das Prager Masaryk-Denkmal kurz vor der Verwirklichung stand, war es schon zu spät; während der deutschen Okkupation wurden viele bestehende Denkmäler Masaryks beseitigt. Nach der Befreiung wurden zwar viele davon erneuert, doch Prag erwies sich auch weiterhin als kein viel versprechender Ort für die Erinnerung an Masaryk, denn obwohl im Jahr 1947 ein Grundstein für ein Denkmal in Prag gelegt worden war, verhinderte die kommunistische Machtübernahme die Realisierung des Projektes; 1968 bemühte man sich erneut, aber wiederum erfolglos. Es gab somit in der Tschechoslowakei über einen Zeitraum von fünfzig Jahren insgesamt drei Wellen der Errichtung und zwei Wellen der Vernichtung von Masaryk-Denkmälern.

Man könnte diese Beispiele durch zahlreiche weitere Fallschilderungen ergänzen, zeigen doch die Zwischenkriegszeit und dann vor allem die Jahre des Zweiten Weltkrieges auf eine geradezu drastische Weise, dass Nationaldenkmäler eben nicht für die Ewigkeit gebaut sind. Soweit sie überhaupt stehen blieben, entzogen sie sich oftmals schnell der Verfügung der Denkmalsstifter, weil ihnen ganz andere Zwecksetzungen untergeschoben wurden. Anders verhält es sich mit dem politischen Totenkult der europäischen Nationen seit dem Ersten Weltkrieg, für den fast alle Regierungen an einem meist zentral gelegenen Ort eine Weihestätte begründeten. Die Totenmale für gefallene Krieger waren keineswegs eine neue Erfindung, reichen doch die Anfänge dieser Einrichtung bis zur Französischen Revolution und den Befreiungskriegen zurück. Nach 1918 entstanden jedoch rasch immer mehr dieser Stätten, und sie verließen immer öfter die Kirchen, wanderten auf die Plätze und in die weite Natur. Dahinter verbarg sich, wie Reinhart Koselleck wegweisend

---

37 Vgl. ebd., S. 202f.

herausgearbeitet hat, ein Funktionswandel des Totengedenkens, das immer stärker in einen politischen Dienst genommen wurde, indem das Kriegerdenkmal das Gedächtnis an die gefallenen Soldaten in einen innerweltlichen Funktionszusammenhang rückte, der nur noch auf die Zukunft der Überlebenden zielte. Gleichzeitig setzte eine Demokratisierung der Kriegerdenkmale ein, die ihrer überkommenen ständischen Unterschiede entkleidet wurden.[38]

In der Zwischenkriegszeit erklomm dieser Richtungswandel mit der feierlichen Beisetzung eines »unbekannten Soldaten« im Jahr 1920 sowohl in London als auch in Paris eine neue Stufe. Von nun an erklärte man dort den namenlosen, den einfachen Soldaten zur Symbolfigur des gerade zu Ende gegangenen Krieges. Die Beisetzung in London eines »unbekannten Soldaten« in der Westminster Abbey, wo vorher nur Adlige begraben worden waren, und in Paris unter dem Arc de Triomphe, sollte das Bild eines egalitären Kriegsopfers, in dem sich jeder vorbehaltlos für die eigene Nation eingesetzt habe, verbreiten.[39] Wie groß das gesellschaftliche Bedürfnis nach einem solchen Erinnerungsort war, zeigt sich daran, dass das im Juli 1919 in Whitehall errichtete Zenotaph noch im gleichen Monat von mehr als 500.000 Menschen aufgesucht wurde. In Italien kam der gleiche Vorgang sinnfällig in der Umbenennung des »Vittoriano« zum Ausdruck. Das 1911 zu Ehren des ersten Königs im geeinten Italien eröffnete Denkmal wurde nach der Beisetzung eines unbekannten Soldaten 1921 zum »Altar des Vaterlandes« umgewidmet. Und auch die tschechoslowakische Regierung weihte 1922 ein entsprechendes Grabmal ein. Im Jahr danach folgten Rumänien sowie mit Bulgarien ein erster Verliererstaat des Weltkrieges. Bis 1930 richteten ebenfalls Ungarn, Polen und Griechenland eine Weihestätte zur Erinnerung an den »Unbekannten Soldaten« ein, wobei die Regierung in Polen daran die Bedingung knüpfte, der unbekannte Soldat dürfe nicht aus einer Weltkriegsschlacht stammen, sondern solle in den nachfolgenden Unabhängigkeits- und Grenzkriegen gefallen sein. Denn nur so war gesichert, dass er ausschließlich für die polnische Sache gekämpft habe. Überall aber riefen die demokratischen Umbrüche von 1918/19 das Verlangen hervor, den Opfergang der Nationen in nationalen Denkmalen zu würdigen.

Im Deutschen Reich scheiterte das entsprechende Vorhaben trotz einer langen Debatte um ein »Reichsehrenmal«. Konrad Adenauer machte beispielsweise in den 1920er Jahren den Vorschlag, ein Grabmal des »Unbekannten Soldaten«

38 Vgl. Reinhart Koselleck: Einleitung, in: Ders./Michael Jeismann (Hg.): Der politische Totenkult. Kriegerdenkmäler in der Moderne, München 1994, S. 9–20.

39 Vgl. dazu die Beiträge von Antoine Prost, Aribert Reimann und Oliver Janz in: Jost Dülffer/Gerd Krumeich (Hg.): Der verlorene Frieden. Politik und Kriegskultur nach 1918, Essen 2002.

an der Südseite des Kölner Doms zu errichten, andere Vorschläge forderten
ein Ehrenzeichen auf den Weserbergen bei Bückeburg oder einen Ehrenhain
im thüringischen Bad Berka. Die Pläne sind sämtlich gescheitert, zum einen an
föderalen Auseinandersetzungen, zum anderen am Einspruch des »Bundes der
Frontsoldaten«. Denn dieser lehnte die Beisetzung eines unbekannten Soldaten
ab, weil es sich um die Idee »unserer einstigen Gegner« handele. Stattdessen
forderten die Frontkämpferverbände ein zentrales Totengedenken »draußen
in Gottes freier Natur«, eine Idee, die allerdings nie realisiert wurde.[40] Gleichwohl, das 1927 eingeweihte deutsche Nationaldenkmal bei Tannenberg enthielt
in einer Gruft zwanzig unbekannte Soldaten des Weltkrieges.
    Erst Ende der 1920er Jahre beschloss die preußische Staatsregierung unter
der Führung von Otto Braun, die »Neue Wache« zur Gedächtnisstätte für die
Gefallenen des Weltkrieges umzugestalten, was unter der Leitung Heinrich
Tessenows 1931 zum »Ehrenmal der Preußischen Staatsregierung« führte.[41]
Es ist aber insgesamt für die politische Kultur Weimars bezeichnend, dass der
demokratische Umbruch von 1918/19 keine neue Denkmalskonjunktur her-
vorbrachte, die den Verfassungswandel zur Republik thematisierte. Das nationale Denkmal dieser Jahre blieb vielmehr das Kriegerdenkmal.[42] Ansonsten
setzte sich die allgemeine politische Polarisierung denkmalpolitisch fort, wie
dies insbesondere das von Walter Gropius entworfene Denkmal für die gefallenen Arbeiter während des Kapp-Putsches im März 1920 verdeutlicht. Es
war im Auftrag des Weimarer Gewerkschaftskartells der sozialdemokratischen
Regierung entworfen worden und sollte als Sinnbild der Erhebung aller demokratischen Kräfte gegen die Bedrohung der jungen Republik dienen. Tatsächlich aber verschärfte es die Spannungen zwischen den politischen Lagern in
der noch jungen Republik.[43]

4. Nationaldenkmäler nach dem Zweiten Weltkrieg

Die demokratischen Umbrüche seit 1945 haben in vielen Ländern Europas
unzählige Denkmalsstürze, -umwidmungen und eben auch Neusetzungen

---

40 Vgl. Sabine Behrenbeck: Zwischen Trauer und Heroisierung. Vom Umgang mit Kriegs-
     tod und Niederlage nach 1918, in: Jörg Duppler/Gerhard P. Groß (Hg.): Kriegsende
     1918. Ereignis, Wirkung, Nachwirkung, München, 1999, S. 315–339, hier S. 330f.
41 Vgl. Laurenz Demps: Die Neue Wache. Vom königlichen Wachhaus zur Zentralen
     Gedenkstätte, Berlin 2011.
42 Vgl. Hardtwig: Der bezweifelte Patriotismus, a. a. O., hier S. 784.
43 Vgl. Mattenklott: Denk ich an Deutschland, a. a. O., hier S. 43.

nach sich gezogen. Allein einen Katalog hiervon zu erstellen, bildet eine Herausforderung, die bislang nicht angenommen worden ist. Es fehlt gewissermaßen ein »europäischer Nipperdey« für diese Phase, kurz: Es fehlt eine Geschichte des Nationaldenkmals im Kalten Krieg. Gewiss, im Blick auf ausgewählte Länder verfügen wir über zahlreiche Einzelstudien, und doch geben sie auf die grundsätzliche Frage nach dem Wechselverhältnis demokratischer Umbrüche und dem Wandel der Ideen des Nationaldenkmals nur beschränkt Auskunft. Mehrere Sachverhalte sind jedoch augenfällig, wobei wir an dieser Stelle die zahllosen Denkmalsstürze seit 1945/48 in den Ländern mit kommunistisch beherrschten Regierungen übergehen müssen.

Erstens wurden nach dem Zweiten Weltkrieg im »westlichen« Europa in der Regel nur die Denkmale gänzlich beseitigt, die eindeutig auf die faschistischen Diktaturen oder fremdnationalen Besatzungsregime zurückverwiesen. In Deutschland betraf das die Insignien des »Dritten Reiches«, die – zunächst unter alliierter Aufsicht – entfernt und auch zerstört wurden. Ähnliches war auch in Italien der Fall, was aber nicht heißt, dass beide Länder gleichermaßen entschieden vorgingen. Obwohl die Herrschaftsdauer des italienischen Faschismus die des Nationalsozialismus um einiges übertraf und der öffentliche Raum insgesamt wohl weit mehr von Denkmälern und anderen Insignien des faschistischen Regimes besetzt worden war, als dies im Deutschen Reich der Fall war, gingen die neuen Herrschaftsträger auf nationaler und lokaler Ebene in Italien weit zurückhaltender mit dem Denkmalserbe der Diktatur im eigenen Land um. Hierfür waren zahlreiche Gründe ausschlaggebend, nicht zuletzt aber die Tatsache, dass es in Italien sehr lange dauern sollte, bis der verbrecherische Charakter des Mussolini-Regimes in das Bewusstsein breiter sozialer Schichten rückte. In die gleiche Richtung wirkte hier wie dort, dass überall im öffentlichen Gedenken zunächst überkommene patriotische und christlich-religiöse Motive des Trauerns vorherrschten. Angesichts dieser Lage waren frühe Versuche, die Adreatinischen Höhlen bei Rom, der Schauplatz eines der berüchtigsten Massaker der Wehrmacht in Italien, zu einem neuen »Vittoriano« umzuwidmen, zum Scheitern verurteilt. Die Initiative des Trauergedenkens blieb in Italien, aber auch in anderen ehemals kriegsführenden Ländern, zunächst auf Familien, Gruppen und lokale Institutionen beschränkt. Für Nationaldenkmäler, denen in der Tradition des 19. Jahrhunderts eher die Visualisierung eines triumphalen nationalen Sieges oder die Erfüllung nationaler Träume oblag, bot sich daher zunächst kaum ein Raum.[44]

---

44 Vgl. Michele Nani: Die Gefallenen der »neuen Kriege«, in: Manfred Hettling/Jörg Echternkamp (Hg.): Gefallenengedenken im globalen Vergleich. Nationale Tradition,

Zweitens zeigt sich, dass denkmalspolitisch nach dem Zweiten Weltkrieg vieles aus anderen Epochen umgeschrieben, umgedeutet oder auch umgenutzt wurde. Besonders charakteristisch war hierfür der Umgang mit den Denkmälern des Ersten Weltkrieges, die meist um Inschriften mit den Gefallenen des Zweiten Weltkrieges ergänzt wurden, ohne dass sich die Verantwortlichen hinreichend Rechenschaft darüber gaben, welche Botschaften damit aus der Zwischenkriegszeit in die zweite Nachkriegszeit verlängert wurden. Derartige Umwidmungen blieben aber keineswegs auf Kriegerdenkmäler beschränkt, sondern bezogen auch andere Denkmalsgruppen, darunter beispielsweise die Kolonialdenkmäler der Zwischenkriegszeit, ein. In der ostdeutschen Geschichtspolitik führte diese Wende dazu, dass das Leipziger Völkerschlachtdenkmal nunmehr als Zeichen eines antiimperialistischen Befreiungskrieges und der deutsch-russischen Waffenbrüderschaft umgedeutet wurde; außerdem baute das SED-Regime den Kyffhäuser zu einer Geschichtslehrstätte um, die sowohl guten Zielen wie der »Einheit der Nation« als auch zur Mahnung an schlechte Ziele – Monarchismus und Militarismus – dienen sollte.[45]

Drittens ist im Blick auf die demokratischen Umbrüche seit 1945 augenfällig, wie sehr die Erinnerungskulturen in fast allen ehemals von deutschen Truppen besetzten Staaten regelmäßig einem nationalheroischen Mythennarrativ folgten, bei dem die Referenz auf die sogenannte »Nazibarbarei« als willkommene Ablenkung von den eigenen Verstrickungen fungierte.[46] Zwar war die reale Ausgangslage hierfür von Land zu Land sehr unterschiedlich, und doch mündete der erinnerungspolitische Diskurs häufig genug in eine überproportionale Wertschätzung der jeweiligen nationalen Widerstandsbewegungen, was in den Nationaldenkmälern sinnbildlich zum Vorschein trat. Das 1956 eingeweihte Nationaldenkmal der Niederlande in Amsterdam, an dem seither jährlich offiziell die Totenehrung begangen wird, ist hierfür nur ein prominentes Beispiel. Der Mythos der Einheit der Nation im Widerstand wurde hier wie auch in anderen Ländern nicht zuletzt deswegen so eifrig bedient, weil darüber die aktive Kollaboration derjenigen, die nach 1945 zu den Nachkriegseliten gehörten, mit einem Mantel des Schweigens überdeckt

---

politische Legitimation und Individualisierung der Erinnerung, München 2013, S. 281–299, hier S. 288.

45 Vgl. Speitkamp: Nationale Denkmäler, a. a. O., hier S. 34.

46 Museum für Hamburgische Geschichte (Hg.): Steine des Anstoßes. Nationalsozialismus und Zweiter Weltkrieg in Denkmalen 1945–1985, Hamburg 1985, S. 34. Vgl. zum weiteren Rahmen: Christoph Cornelißen: »Vergangenheitsbewältigung« – ein deutscher Sonderweg?, in: Katrin Hammerstein u. a. (Hg.): Aufarbeitung der Diktatur, Diktat der Aufarbeitung? Normierungsprozesse beim Umgang mit diktatorischer Vergangenheit, Göttingen 2009, S. 21–36.

werden konnte.[47] Überall aber stellte sich die Lage in den ehemals von deutschen Truppen besetzten Ländern auch deswegen ausgesprochen kompliziert dar, weil auf der einen Seite die aktiven Kämpfer der Résistance ihre Leistungen gewürdigt sehen wollten, auf der anderen Seite aber auch diejenigen einen Platz im Denkmalskult beanspruchten, die von den Deutschen deportiert worden waren. In Frankreich führte dies unter der politischen Führung von Charles de Gaulle im Jahr 1960 am Mont Valérien zur Einweihung eines nationalen Denkmals für die Résistance, während im gleichen Zeitraum zwei Denkmäler – das »Mémorial Île de la Cité« (1962) sowie die Gedenkstätte des ehemaligen Konzentrationslagers Natzweiler-Struthof (1962) an die Deportation und das Leiden in den Konzentrationslagern erinnerten.[48]

In der Bundesrepublik entwickelte sich die Denkmalspolitik, *viertens,* aus vielerlei Gründen in eine andere Richtung und leitete darüber einen denkmalspolitischen Sonderweg ein, der im Grunde die gesamte Phase der Republik bis 1989 überdauerte. So erinnerten die Denkmale dieser Phase, wie Peter Schuster konstatiert hat, vorwiegend an die Opfer und nicht mehr an die Gestalter der Nation. Sie vermittelten außerdem den Eindruck, als ob die Geschichte von der Freude zur Trauer, vom Aufbruch zum Niedergang gewandert sei.[49] In der Tat lässt sich beobachten, dass nach dem Zivilisationsbruch des Holocaust jegliche Heroisierung des nationalen Opfers und die Überhöhung des gewaltsamen Todes sich scheinbar von selbst verboten. Fast zwangsläufig entwickelten sich daher die Denkmale zu Mahnmalen, die des Massentodes auf den Schlachtfeldern, in den nationalsozialistischen Vernichtungslagern oder auch der Opfer des Bombenkrieges gemahnten. Weiterhin kann es kaum verwundern, dass nun Bescheidenheit, Zurückhaltung, aber auch ein beredtes Schweigen zu charakteristischen Elementen der bundesrepublikanischen Erinnerungskultur aufstiegen.

Aus dieser Konstellation heraus stellte sich in der Bundesrepublik seit den 1950er Jahren ein bezeichnendes Nebeneinander des Opfergedenkens ein. Das führte dazu, dass sich hier das Gefallenengedenken parallel zur Erinnerung an die Opfer der nationalsozialistischen und bald auch der sozialistischen Verbrechen entwickelte. Sprachlich fand dies darin einen Ausdruck, dass die unmittelbar nach 1945 in Westdeutschland errichteten Gedenk- und Mahnmale

---

47 Vgl. Piet H. Kamphuis: »Damit wir nicht vergessen«. Kriegsdenkmäler und Gedenkkultur seit 1945, in: Hettling/ Echternkamp (Hg.): Gefallenengedenken, a.a.O., S. 357–368, hier S. 362f.

48 Vgl. Mechthild Gilzmer: »A nos morts«. Wandlungen im Totenkult vom 19. Jahrhundert bis heute, in: Hettling/Echternkamp (Hg.): Gefallenengedenken, a.a.O., S. 175–198, hier S. 185.

49 Vgl. Peter Schuster: Die Nation und ihre Toten. Denkmale des 20. Jahrhunderts, in: Deutsche Nationaldenkmale, a.a.O., S. 115–128, hier S. 115.

sich auf die Formulierung pazifistischer Allgemeinplätze beschränkten, hieß es doch meistens nur »Den Opfern der Gewalt«. Außerdem überwog der besänftigende Wunsch, die Überlebenden zu Frieden und Menschlichkeit zu verpflichten, ohne dass es zu einer Präzisierung der Inhalte gekommen wäre.[50]

Die Erinnerung an den Holocaust setzte, *fünftens*, überall in Europa erst im Laufe der 1960er Jahre ein. Die Niederlande widmeten ihm 1962 ein erstes großes Denkmal, und auch in Paris wurde noch im gleichen Jahr das »Mémorial des Martyrs de la Déportation« eingeweiht. Ähnlich stellte sich die Lage in der Bundesrepublik dar, wo im gleichen Jahrzehnt ein Bewusstseinswandel einsetzte, nachdem zuvor Orte und Gebäude des NS-Regimes entweder verfielen, umgewidmet oder abgerissen worden waren. In Dachau wurde 1965 die erste KZ-Gedenkstätte eröffnet, die Gedenkstätte in Bergen-Belsen folgte kurze Zeit später. In diesem Zusammenhang ist bemerkenswert, dass zunächst meist nicht der Staat oder die Parteien die eigentlichen Motoren der Wende waren, sondern häufig private Initiativen – oft sogar eher aus den Reihen von Häftlingsgemeinschaften, von denen die Mehrheit aus dem Ausland stammte.[51] Im Grunde aber hat es vor allem des seit den 1970er Jahren aufkommenden bürgerschaftlichen Engagements bedurft, welches von den neu gegründeten Geschichtswerkstätten, lokalen Bürgerinitiativen und ortsansässigen Künstlern getragen wurde, um der Hinwendung zum Denkmal einen breiteren gesellschaftlichen Resonanzboden zu geben. Darüber hinaus kam in allen größeren westdeutschen Städten ein Denkmalsboom in Gang, der sich besonders gut in Westberlin beobachten lässt, aber eben auch in zahlreichen anderen Städten und Gemeinden. Erstmals erinnerten nun Tafeln an zerstörte Synagogen und Deportationsbahnhöfe, während gleichzeitig die Inszenierung der lokalen Erinnerungskultur die Täter und Opfer der NS-Gewaltherrschaft sehr viel konkreter benannte als dies zuvor der Fall gewesen war.

Aber nicht nur die kleinen Nationaldenkmäler, sondern auch die großen – die Umgestaltung der »Wannsee-Villa« zu dem heutigen Internationalen Dokumentations- und Begegnungszentrum oder auch der spätere Aufbau der Gedenkstätte »Topographie des Terrors« deuten darauf hin, dass sich im Gefolge des Wandels der politischen Kultur das Nachdenken und die Entscheidungsprozesse über nationale Denkmalslösungen änderten. Überall, auch in Frankreich, lag dem Wandel ein wachsendes Interesse an der jünge-

---

50 Vgl. Meinhold Lurz: Kriegerdenkmäler in Deutschland. Bd. 6: Bundesrepublik, Heidelberg 1987.

51 Vgl. Peter Reichel: Politik mit der Erinnerung. Gedächtnisorte im Streit um die nationalsozialistische Vergangenheit, München 1995, S. 48ff.; Habbo Knoch: Die Tat als Bild. Fotografien des Holocaust in der deutschen Erinnerungskultur, Hamburg 2001.

ren Vergangenheit der eigenen Nation zugrunde, was Politiker dann rasch
für ihre Zwecke zu nutzen wussten. Bezeichnend dafür ist, dass François
Mitterrand direkt nach seinem Sieg bei den Präsidentschaftswahlen im Jahr
1981 den Weg zum Panthéon suchte und dort den Widerstandskämpfer Jean
Moulin würdigte. Im Unterschied zu seinen beiden Vorgängern machte er
den Widerstand zu einem zentralen diskursiven Element seiner Amtszeit
und knüpfte damit an die Gaullistische Geschichtspolitik an.[52] Ähnliches
lässt sich in der Bundesrepublik beobachten, wo die ehemaligen Konzentrationslager oder auch andere Stätten der NS-Gewaltherrschaft seit den
1980er Jahren zu Orten umfunktioniert wurden, an denen sich die westdeutsche, später die gesamtdeutsche Nation denkmalspolitisch inszenierte und
darüber eine neue Kultur von »Nationaldenkmälern« begründete.

5. Das Nationaldenkmal seit den politischen Umbrüchen 1989/90

Die Wende seit den 1990er Jahren mündete vor allem im früheren »Ostblock«
in eine neuerliche Welle von Denkmalsstürzen. Überall führte das Ende der
hegemonialen Geschichtsinterpretation kommunistischer Provenienz zum
allmählichen Wiedererwachen älterer, lange unterdrückter Gedächtnisse von
Individuen und Kollektiven. Gleichzeitig setzte an vielen Orten ein Denkmalsboom für zuvor offiziell geächtete Personen und Ereignisse ein, wobei
durchaus nicht immer ein demokratischer Geist handlungsleitend war. Auch
in ästhetischer Hinsicht fielen zahlreiche Produkte der öffentlichen Memori-
alpolitik aus der Wendezeit nicht unbedingt wertvoller aus als die nun verach-
teten sozialistischen Vorgänger.[53] Es ist jedoch ohnehin fraglich, wie Jiří
Pokorný festgestellt hat, ob viele Statuen und andere Erinnerungszeichen der
kommunistischen Regime überhaupt als Nationaldenkmäler eingestuft werden
können. Denn die kommunistischen Parteien und Regierungen errichteten
diese als Zeichen ihrer Macht und Herrschaft, während große Teile der Gesellschaft sie eher als Zeichen der Unterdrückung wahrnahmen. Teilweise hatten
sogar die regierenden Kommunisten für sie keine Verwendung gefunden, weil
sie sich im Spannungsfeld zwischen internationalem, letztlich sowjetisch
beherrschtem Kommunismus, und nationaler Eigenständigkeit zu einer denkmalspolitischen Gratwanderung gezwungen sahen. Die bekannten »kommunistischen Helden« boten sich daher eher nicht als Ort für politische Mani-

---

52 Vgl. Gilzmer: »A nos morts«, a. a. O., hier S. 188.
53 Vgl. Jaworski: Vergangenheiten auf dem Prüfstand, a. a. O., hier S. 19.

festationen an. »Diese Statuen waren einfach tot und erst ihre Vernichtung, erst die Negation hat sie zu einem gewissen Denkmalleben erweckt«.[54]

Die Lage änderte sich seit den 1990er Jahren radikal. Denn erstmals bot sich nun für lange unterdrückte Gesellschaften die Chance, ihrem nationalen Selbstbehauptungswillen auch denkmalspolitisch einen neuen Ausdruck zu verleihen. Dass hierbei rasch die Orte der »Samtenen Revolutionen« in den Vordergrund rückten und diese dann denkmalspolitisch zur Bekräftigung des demokratischen Umbruchs umgestaltet wurden, lag nahe, hat aber aus einer ästhetischen Perspektive nicht immer zu glücklichen Lösungen geführt. Im Überschuss des neuen Hochgefühls ist zudem an verschiedenen Orten vor allem im Baltikum oder auch in Ungarn ein neuer, sich nach außen abgrenzender Nationalismus zum Durchbruch gekommen, der kaum als Bekenntnis zu einer demokratischen und pluralen Erinnerungskultur verstanden werden kann.[55] Gleichzeitig aber sorgte das Bestreben nach einem Beitritt in die Europäische Union dafür, dass das Bekenntnis zum Anteil der eigenen Nation am Holocaust jedenfalls zeitweilig so etwas wie ein denkmalspolitisches *entrée-billet* (Tony Judt) werden konnte. Während der Holocaust über Jahre bzw. Jahrzehnte allein dem »Westen« überantwortet blieb, setzte nun auch denkmalspolitisch eine Wende ein, welche an die Massenverbrechen unter Beteiligung einheimischer Kollaborateure im öffentlichen Raum erinnerte.

Dieses Phänomen beschränkte sich seit den 1990er Jahren keineswegs auf die ehemaligen »Ostblock«-Staaten. Denn auch im Westen Europas kamen im öffentlichen Erinnerungsraum nun erstmals Differenzierungen im Opfergedächtnis zum Ausdruck, die von vielen Gruppen seit Jahren oder sogar Jahrzehnten eingefordert, von den hegemonialen nationalen Diskursen aber immer wieder an den Rand gedrängt worden waren.

Die Wende der 1990er Jahre markierte jedoch auch hier eine klare Zäsur. So wurde die Erinnerung an die Shoa in Paris im Jahr 1994 mit der Errichtung eines nationalen Denkmals für die deportierten und ermordeten Juden im französischen Erinnerungsraum nun weitaus sichtbarer als noch im Jahr 1962 im Pariser Stadtraum verankert. Und im gleichen Jahrzehnt waren außerdem Initiativen erfolgreich, welche die bedeutendsten nationalen französischen Denkmäler und Erinnerungsorte so veränderten, erweiterten oder auch korrigierten, dass das Opfergedenken sehr viel konkreter ausfiel als in den Jahrzehnten zuvor.[56] Das heißt, erstmals wurden nun die jüdischen Opfer namentlich aufgelistet und

---

54 Pokorný: Tschechoslowakische Denkmäler, a. a. O., hier S. 203.

55 Vgl. zu den Grundlagen: Sven Ekdahl (Hg.): Das Denkmal im nördlichen Ostmittel-europa im 20. Jahrhundert, Lüneburg 1997.

56 Vgl. Gilzmer: »A nos morts«, a. a. O., hier S. 189.

getrennt von anderen Opfern angeführt, wodurch ihnen ein Teil der Würde zurückgegeben wurde, welche vorherige holistische Opferzuschreibungen ihnen lange genommen hatten. Ähnliches fand in Österreich statt, wo im Jahr 1988 im Gefolge der polemischen Debatten um die Rolle Kurt Waldheims während des Zweiten Weltkrieges ein Mahnmal in unmittelbarer Nähe des Stephansdoms gegen Krieg und Faschismus errichtet worden war, das aber vor allem wegen der Figur eines die Straßen waschenden Juden provokativ wirkte, nicht zuletzt auch auf Mitglieder der jüdischen Gemeinde.[57] Im Oktober 2000 folgte auf dem Judenplatz ein Holocaust-Denkmal, bei dem von einer figuralen Darstellung Abstand genommen wurde, aber eben auch von einer Deutung, die Österreich direkt nach dem Krieg als erstes Opfer des NS-Regimes stilisiert hatte.

Die konkrete Entwicklung in der Bundesrepublik bis zur Errichtung des zentralen Holocaust-Mahnmals in Berlin darf hier als bekannt vorausgesetzt werden.[58] Was diesbezüglich hier abschließend festgehalten werden soll, ist, dass die Errichtung des Mahnmals von vielen Beobachtern gerade auch im Ausland als ein wichtiges Zeichen begriffen wurde und wird, dass Deutschland in der Euphorie über die Vereinigung der beiden deutschen Staaten die Erinnerung an den Nationalsozialismus und dessen Verbrechen gerade nicht abstreifen wollte. Im Zuge der praktischen Aneignung des Holocaust-Mahnmals trat dann jedoch rasch ein weiteres Phänomen zutage. Denn das Berliner Erinnerungszeichen entwickelte sich nicht nur zu einem deutschen Nationaldenkmal, sondern zu einem globalen Erinnerungsort, von dem seitdem die allgemeine Mahnung zu einer aktiven Menschenrechtspolitik ausgeht, jedoch sich kaum noch konkrete historische Bezüge erkennen lassen.[59] Vielleicht verweist dies insgesamt auf die Tendenz vieler Nationaldenkmäler in einer stärker postnational gestimmten Atmosphäre. Während die Nationalbekenntnisse früherer Tage auf viele Beobachter heute nur noch als ein Anachronismus wirken, sind

---

57 Vgl. Heidemarie Uhl: Denkmäler als Medien gesellschaftlicher Erinnerung. Die Denkmalslandschaft der Zweiten Republik und die Transformationen des österreichischen Gedächtnisses, in: Regina Fritz u.a. (Hg.): Nationen und ihre Selbstbilder. Postdiktatorische Gesellschaften in Europa, Göttingen 2008, S. 62–89, hier S. 80–85.

58 Vgl. Jan-Holger Kirsch: Nationaler Mythos oder historische Trauer? Der Streit um ein zentrales »Holocaust-Mahnmal« für die Berliner Republik, Köln 2003.

59 Vgl. Daniel Levy/Natan Sznaider: Erinnerung im globalen Zeitalter: Der Holocaust, Frankfurt am Main 2001; Michael Jeismann: Auf Wiedersehen Gestern. Die deutsche Vergangenheit und die Politik von morgen, Stuttgart 2002. Vgl. auch Andreas Wirsching: 8. Mai und 27. Januar 1945 – Zwei Tage der Befreiung?, in: Eckart Conze/Thomas Nicklas (Hg.): Tage deutscher Geschichte. Von der Reformation bis zur Wiedervereinigung. München 2004, S. 239–255.

die neuen Denk- und Mahnmale als Träger universaler, eben über die Nation hinausreichender Botschaften umso willkommener geworden.

6. Schlussbemerkungen

Bis in unsere Tage haben sich viele überkommene Herausforderungen von Nationaldenkmälern und Symbolpolitiken erhalten, worauf nicht zuletzt die Beharrungskraft nationaler Interpretationen und Nutzungen politischer Denkmäler verweist. Außerdem hat sich im Gegenüber des öffentlichen Gedenkens an die Opfer der faschistischen Diktaturen auf der einen Seite sowie die der sowjetisch-kommunistischen Vorherrschaft im Kalten Krieg auf der anderen Seite seit den 1990er Jahren eine erinnerungspolitische Konkurrenz eingestellt, die zuweilen klare politische Parteigrenzen und gelegentlich ebenso ethnisch-nationale Merkmale aufweist. Eine solche Lage muss insgesamt, zumal angesichts der Erfahrungen der Zwischenkriegszeit, nachdenklich stimmen. Aus geschichtswissenschaftlicher Sicht ist hierbei entscheidend, dass in der Diskussion von Nationaldenkmälern die Pluralität von Erinnerungskulturen stärker in das öffentliche Bewusstsein gerückt werden muss, um über das Trennende gerade auch die Berührungs- und Verbindungslinien zwischen unterschiedlichen Erinnerungskollektiven sichtbar zu machen. Nationale Denkmäler werden im modernen Europa nur dann Bestand haben, wenn ungeachtet der Konflikte bei ihrer Planung, Setzung und Inszenierung eine Verständigung über »Differenzen« erreicht wird. Daran können alle mitwirken, denn »Denkmäler der Nation – das sind wir selbst«, hat Gert Mattenklott dazu festgehalten.[60] Vielleicht nimmt dies ein bisschen von der Aufregung, die den einschlägigen Auseinandersetzungen ansonsten oft innewohnt.

---

60 Mattenklott: »Denk ich an Deutschland«, a. a. O., hier S. 46; Vgl. Speitkamp: Nationale Denkmäler, a. a. O., hier S. 40.

Stefanie Endlich

Denkmäler und Mahnmale zur NS-Diktatur

*Abb. 1   Gedenkveranstaltung in der Werner-Seelenbinder-Kampfbahn Berlin-Neukölln am
9. September 1945*

Am 9. September 1945 fand eine »Gedenkveranstaltung für die Opfer des
faschistischen Terrors« im Werner-Seelenbinder-Stadion in Berlin-Neukölln
statt, veranstaltet vom Hauptausschuss »Opfer des Faschismus« des Berliner
Magistrats. Dieses Gremium war bis zur Teilung der Stadt für alle vier Sek-
toren zuständig, so wie auch der kurz nach Kriegsende gebildete Magistrat
von Berlin selbst bis ins Jahr 1948 den gesamten Berliner Stadtbereich ver-
waltete, trotz sich damals schon abzeichnender Ost-West-Konflikte. Dem
Hauptausschuss »Opfer des Faschismus« gehörten Vertreter aller Parteien
und Richtungen an; den Vorsitz hatte der Kommunist Ottomar Geschke,
der wegen seiner Widerstandstätigkeit fast die gesamte NS-Zeit in Konzentrationslagern verbracht hatte. Vermutlich war diese Kundgebung die erste
große öffentliche Manifestation zum Gedenken an die Opfer des Nationalsozialismus in Berlin. Das Foto, das damals in der *Neuen Berliner Illustrier-
ten* erschien, ist für die Situation der Nachkriegszeit in mehrfacher Hinsicht
aufschlussreich (Abb. 1).

Zunächst gibt es uns einen Eindruck vom lebendigen Gedenken unmittelbar nach Kriegsende. Die persönliche Erinnerung war noch ganz frisch, die Erlebnisse in der NS-Zeit weder verarbeitet noch bewältigt, sondern unmittelbar präsent. Die Trauer um die Toten verursachte seelischen Schmerz. Jeder einzelne Anwesende hatte seine eigenen Erfahrungen und seine individuellen Vorstellungen zum historischen Geschehen. Hier und an anderen Orten der Stadt – zum Beispiel am Lustgarten in Berlin-Mitte, der zuvor Schauplatz zahlreicher Massenkundgebungen des NS-Regimes gewesen war – kam man zusammen, um gemeinsam aller Opfer zu gedenken, auch wenn sie unterschiedlichen politischen und weltanschaulichen Gruppen angehört hatten. In den frühen Manifestationen waren kommunistische, sozialdemokratische, christliche, jüdische und andere Überlebende der Verfolgung und des Widerstandes in gegenseitiger Achtung vereint. Erste gemeinsame Gedenktafeln entstanden, und gemeinsame Ehrengräber für Angehörige unterschiedlicher politischer Richtungen wurden geschaffen.

Zum zweiten geben die Aufbauten im Hintergrund Auskunft über eine spezielle Etappe des Nachkriegsgedenkens. Sie können als temporäre Denkmalssetzung gedeutet werden. Die Inschrift »Die Toten mahnen die Lebenden« und das rote Dreiecksemblem, das an die Kennzeichnung der politischen KZ-Häftlinge erinnern soll, wurden später in der DDR zu vorherrschenden, teils sogar offiziell verordneten Denkmalsattributen. Hier verweist das rote Dreieck mit den schräg gestellten »KZ«-Buchstaben auf die zum Zeitpunkt dieses Fotos noch gar nicht als offizieller Verband existierende frühe VVN, die »Vereinigung der Verfolgten des Naziregimes – Bund der Antifaschisten«, die nach ihrer Gründung 1947 sehr schnell unter die Räder des Kalten Krieges kam – aber das ist eine eigene Geschichte.[1]

Ein dritter Aspekt betrifft die Namensgebung des Stadions, in der diese Kundgebung stattfand. Sie war gewissermaßen eine immaterielle Denkmalssetzung. Der Sportler Werner Seelenbinder war KPD-Mitglied, populärer Deutscher Meister im Ringkampf und Teilnehmer der Olympischen Spiele. Wegen seiner Beteiligung an Widerstandsaktionen wurde er 1942 verhaftet, kam in verschiedene Konzentrationslager und wurde 1944 hingerichtet. Gleich nach Kriegsende setzte man seine Urne im Neuköllner Stadion bei und gab der Sportanlage den Namen »Werner-Seelenbinder-Kampfbahn«.

---

1   Vgl. Annette Leo: Antifaschismus und Kalter Krieg. Eine Geschichte von Einengung, Verdrängung und Erstarrung, in: Ministerium für Wissenschaft, Forschung und Kultur des Landes Brandenburg in Zusammenarbeit mit der Brandenburgischen Landeszentrale für politische Bildung (Hg.): Brandenburgische Gedenkstätten für die Verfolgten des NS-Regimes, Berlin 1992, S. 74–80.

1950 wurde dies rückgängig gemacht. Neukölln ist ein Westberliner Bezirk, und im Westteil der Stadt waren Ehrungen für Kommunisten nun politisch unerwünscht oder auch verboten. In der DDR hingegen wurde Seelenbinder hoch geehrt und der Jugend als Vorbild hingestellt. Hier im Neuköllner Stadion durfte man ab 1950 für lange Zeit nur zweimal im Jahr Blumen an seinem Grab niederlegen, an seinem Geburtstag und an seinem Todestag. Erst im Jahr 2004, zu seinem sechzigsten Todestag, kam der Name »Werner-Seelenbinder-Sportpark« schließlich ganz offiziell an diesen Ort in Neukölln zurück.

Denkmäler sind vor allem materielle Dokumente ihrer jeweiligen Entstehungszeit. So ist auch die Unmittelbarkeit der Erinnerungskultur der frühen Nachkriegszeit in den später entstandenen Denkmälern kaum mehr enthalten. Im Rückblick können wir – auf der Grundlage zeithistorischer und kunsthistorischer Kenntnisse – die politischen und gesellschaftlichen Rahmenbedingungen nachvollziehen, auch die Intentionen der Denkmalssetzer, seien es private Gruppen oder öffentliche Auftraggeber. Oft sind Denkmäler das Resultat einer schwierigen Konsensfindung, oft auch eines langen, konfliktreichen Entstehungsprozesses. Ihre Formen spiegeln den jeweiligen Stand der Denkmalskunst, sei es als Rückgriff auf traditionelle Formen der Totenehrung, sei es als Ergebnis eines künstlerisch eigenständigen Schaffensprozesses, der wiederum von der Entwicklung der bildenden Kunst zum jeweiligen Zeitpunkt geprägt ist. Hilfreich zum Verständnis ist zudem die Frage, welche Aspekte des historischen Geschehens in einem Denkmal thematisiert und welche wiederum außer Acht gelassen oder verschwiegen wurden.

Der folgende Beitrag zeichnet die Entwicklungslinien der Denkmalssetzungen für die Opfer des NS-Terrors in knappen Thesen nach und veranschaulicht sie mit einer Reihe von Beispielen. Dabei wird zunächst die Nachkriegszeit in beiden deutschen Staaten betrachtet, als zweites die Entwicklung seit den frühen 1980er Jahren, erst ebenfalls in der DDR und in der Bundesrepublik und Westberlin, dann auch über den Fall der Mauer und den politischen Umbruch hinweg bis in die Gegenwart. Im dritten Teil geht es um die nationalen Denkmalssetzungen nach der deutsch-deutschen Vereinigung und um den gegenwärtigen Paradigmenwechsel in der deutschen Gedenkkultur.

Nachkriegszeit West

Abb. 2   Denkmal »Charons-Nachen« von Gerhard Marcks, Hamburg

Im Zentrum der frühen bundesrepublikanischen und Westberliner Erinnerungskultur standen nicht die Opfer des NS-Regimes, sondern die toten
Soldaten und Zivilisten des Zweiten Weltkrieges und das durch Krieg und
Vertreibung erlittene Leid der Bevölkerung. Die Opfergruppen des nationalsozialistischen Regimes und die Angehörigen des Widerstandes wurden
erst später und meist widerstrebend einbezogen. Traditionsverbände, Kirchen
und Kommunen errichteten den Kriegstoten Denkmäler, die vor allem stille
Trauer und Schicksalsergebenheit zum Ausdruck bringen. Vorherrschend
waren Motive aus der traditionellen Grabeskunst, aus der christlichen Ikonografie, zuweilen auch aus Antike und Mythologie.

Ein aufschlussreiches Denkmal ist der »Charons-Nachen« des Bildhauers
Gerhard Marcks auf dem Ohlsdorfer Friedhof in Hamburg (Abb. 2), eingeweiht im Jahr 1952.[2] Es trägt auch den Titel »Fahrt über den Styx«, benannt

---

2   Vgl. Beate Manske: Auftrag und Botschaft. Mahnmale von Gerhard Marcks, in: Martina
    Rudloff im Auftrag der Gerhard-Marcks-Stiftung (Hg.): Gerhard Marcks 1889–1981.
    Retrospektive. Katalog zur Ausstellung, München 1989, S. 271–291.

nach dem mythologischen Fluss, der die Lebenden von den Toten trennt. Das Totenmal ist den 37.000 Opfern der alliierten Luftangriffe auf Hamburg gewidmet. Es wurde am Ort eines großen Sammelgrabes errichtet, als Zentrum einer monumentalen architektonischen Anlage, die übrigens schon 1944 nach dem Hamburger Feuersturm gebaut wurde. Das Boot mit dem Fährmann Charon fährt die Toten in das Schattenreich hinüber, eine harmonische Komposition stummer Figuren aller Lebensalter. Der Kriegstod erscheint hier als Schicksalsschlag. Ein Bezug zum NS-Regime wird nicht dargestellt.

Abb. 3   Einweihung des Mahnmals für die Opfer des NS-Regimes auf dem Ohlsdorfer Friedhof in Hamburg am 8. Mai 1949

Abb. 4   Denkmal »Sterbender Häftling« von Françoise Salmon in der KZ-Gedenkstätte Neuengamme

Wie schwierig es war, den NS-Opfern ein Denkmal im Zentrum der Stadt zu setzen, zeigt das Beispiel des Mahnmals der Stadt Hamburg für die Opfer nationalsozialistischer Verfolgung (Abb. 3). Hier wie in vielen anderen Städten wurde das Gedenken an die NS-Opfer auf den Friedhof verbannt. Der von den Verfolgtenverbänden erhoffte Standort vor dem Hamburger Rathaus kam nicht zustande. Stattdessen wurde das Mahnmal im Jahr 1949 ebenfalls auf dem Ohlsdorfer Friedhof errichtet. Ein 16 Meter hoher symbolischer »Turm der Aschen-Urnen« mit Erde von Konzentrationslagern wurde gegenüber dem Krematorium angelegt, wo mehrere tausend Opfer des NS-Regimes eingeäschert worden waren. Die Inschrift enthält eine Formulierung im Sinne einer abwehrenden Beschwörung: »1933–1945. Unrecht brachte uns den Tod. Lebende erkennt Eure Pflicht.«[3] Die Einweihung war durch den beginnenden Kalten Krieg geprägt. Kommunisten waren von der offiziellen Feier bereits ausgeschlossen, obwohl das Denkmal von ihrer Seite initiiert worden war.[4]

Das Gelände des KZ Neuengamme bei Hamburg, des großen Konzentrationslagers im norddeutschen Raum, war damals nicht begehbar. Es diente 1945 bis 1948 als britisches Internierungslager.

Nach dessen Schließung baute dort die Stadt ein Gefängnis. Am Rande, außerhalb des eigentlichen Lagerareals, entstanden 1953 auf Drängen französischer Überlebender und auf deren eigene Kosten eine Gedenksäule und 1965 eine Denkmalsanlage, mit einer Ehrenwand und der Bronzeskulptur »Sterbender Häftling«, die von der Künstlerin und Auschwitz-Überlebenden Françoise Salmon geschaffen wurde (Abb. 4). Erst im Jahr 2005 übergab die Stadt Hamburg das historische Lagergelände an die KZ-Gedenkstätte, nachdem sie den jahrzehntelangen Forderungen von Überlebenden und Bürgergruppen nachgegeben und den Gefängnisbau wieder abgerissen hatte. Die außerordentlichen Schwierigkeiten der frühen westdeutschen Gesellschaft mit der Errichtung von KZ-Gedenkstätten sind ein eigenes Kapitel, das hier nicht vertieft werden kann.[5]

Obwohl in der bundesrepublikanischen Nachkriegszeit die Kriegstoten im Zentrum des öffentlichen Gedenkens standen, waren neu errichtete Gefallenen-Denkmäler selten. Soldatengedenken vollzog sich in der Regel durch Zusatztafeln auf der Vielzahl der Denkmäler für die Toten des Ersten Weltkrieges oder für die Toten der Befreiungskriege (Abb. 5). Durch diese einfache Hinzufügung wurden allerdings die Interpretationsangebote der historischen Kriegerdenkmäler, vor allem Heldenverklärung und Opfermythologie, ganz ungefragt übernommen. Ein Beispiel sind die Schriftplatten aus den 1950er Jahren an dem besonders umstrittenen monumentalen Kriegerdenkmal am Dammtor in Hamburg (Tafel 1). Der »Kriegsklotz«, wie er oft genannt wird, stammt aus dem Jahr 1936. Er zeigt ein Relief von stereotyp gestalteten Sol-

---

3   Vgl. Peter Reichel: Politik mit der Erinnerung. Gedächtnisorte im Streit um die nationalsozialistische Vergangenheit, München, Wien 1995; darin der Abschnitt »Das Dritte Reich auf dem Friedhof: Hamburg-Ohlsdorf«, S. 88–97.

4   Vgl. Carmen Lange: Die Bedrohung der freiheitlich-demokratischen Grundordnung durch Hammer und Zirkel auf einer Kranzschleife, in: Günter Morsch (Hg.): Von der Erinnerung zum Monument. Die Entstehungsgeschichte der Nationalen Mahn- und Gedenkstätte Sachsenhausen, Berlin 1996, S. 114–124.

5   Vgl. Stefanie Endlich: Mahnmale und Gedenkstätten, in: Peter Reichel/Harald Schmid/ Peter Steinbach (Hg.): Der Nationalsozialismus – Die zweite Geschichte, München 2009, S. 350–377.

Abb. 5 »Gruftplatte« für die Gefallenen des Zweiten Weltkrieges am Hamburger Kriegerdenkmal, 1958 gestaltet von Richard Kuöhl selbst, dem Bildhauer des NS-Ehrenmals, und platziert direkt vor der NS-Schrifttafel »Großtaten der Vergangenheit sind Brückenpfeiler für die Zukunft«

daten, die im Gleichschritt in den Kampf marschieren, und trägt die kriegs-verherrlichende Inschrift »Deutschland muss leben, und wenn wir sterben müssen«. 2012 beschloss die Hamburger Bürgerschaft in unmittelbarer Nach-barschaft des »Kriegsklotzes« ein Denkmal für die Opfer der NS-Wehrmachts-justiz zu errichten.[6]

Angesichts der hohen Zahl der NS-Opfer und Kriegstoten verwundert es, dass in der Nachkriegszeit in beiden Teilen Deutschlands nur sehr wenige Denkmäler errichtet wurden, die den Krieg anprangerten und zum Frieden aufriefen. In den frühen Jahren der Bundesrepublik und Westberlins entstand stattdessen eine Fülle von Darstellungen trauernder oder gequälter Figuren mit meist recht vage formulierten Widmungen.

---

6 Zur Auseinandersetzung um das Kriegerdenkmal des Bildhauers Richard Kuöhl und zum »Gegendenkmal« von Alfred Hrdlicka 1985/86 vgl. Hans Walden: Das Schweigen der Denkmäler. Wie sich Hamburg des Krieges entsinnt, in: Peter Reichel (Hg.): Das Gedächtnis der Stadt. Hamburg im Umgang mit seiner nationalsozialistischen Vergan-genheit, Hamburg 1997, S. 29–46.

*Abb. 6 »Mahnmal der Gewalt« im Rathaus-
park von Berlin-Reinickendorf*

Ein Beispiel ist das »Mahnmal der Gewalt« neben dem Rathaus Berlin-Reinickendorf von Lidy von Lüttwitz aus dem Jahr 1955 (Abb. 6). Eine menschliche Figur ist an ein Rad geschnürt, dessen Form an ein Hakenkreuz erinnern könnte. Die Bildhauerin hatte sich hierbei an ein Motiv des Fotomontage-Künstlers John Heartfield angelehnt, das Hakenkreuz jedoch abstrahiert und verfremdet. In der Inschrift des Sockels kommt nicht zum Ausdruck, dass die nationalsozialistische Gewaltherrschaft gemeint ist: »Jede Weltanschauung / die sich auf Gewalt gründet / rädert den Menschen / auf ihren Symbolen«. Gewaltherrschaft wird hier aufgefasst als anonyme Kraft, die »den Menschen« als Opfer unterdrückt. Erst im Jahr 1988 wurde eine ergänzende Bodenplatte hinzugefügt, die die Widmung konkretisiert: »Zum Gedenken an die unter der nationalsozialistischen Gewaltherrschaft 1933–1945 verfolgten, deportierten und ermordeten Mitbürger«.[7]

Besonders in Westberlin entstanden Denkmäler für NS-Opfer gewissermaßen in Konkurrenz zu Denkmälern für Stalinismus-Opfer. Das vermutlich früheste Denkmal im Jahr 1953 in Berlin-Charlottenburg (Abb. 7) wurde nicht vom Senat, sondern vom Bund der Verfolgten des Naziregimes errichtet, also als bürgerschaftliche Initiative, auch das ein Hinweis auf die mangelnde Wertschätzung des Themas in der offiziellen Erinnerungskultur der Stadt.[8] Tatsächlich war dieses kleine Denkmal als Antwort auf das zwei Jahre zuvor, nur wenige Schritte entfernt erbaute Denkmal für die Opfer des Stalinismus angelegt, in architektonischer Korrespondenz. Für diese Korrespondenzen – oder eher Konkurrenzen – lassen sich zahlreiche Beispiele finden. Denkmäler für NS-Opfer

---

7 Vgl. Stefanie Endlich: Wege zur Erinnerung. Gedenkstätten und -orte für die Opfer des Nationalsozialismus in Berlin und Brandenburg, Berlin 2007, S. 359–361.

8 Das erste groß dimensionierte Denkmal des Landes Berlin war 1951 das Luftbrückendenkmal vor dem Flughafen Tempelhof. Es erinnert an den Airlift der Westalliierten und die dabei ums Leben gekommenen Piloten und steht als Symbol für den Durchhaltewillen der Westberliner während der Blockade durch die Sowjetunion.

Abb. 7   Denkmal für die Opfer des Nationalsozialismus an der Südwest-Ecke des Steinplatzes in Berlin-Charlottenburg

kamen entweder als Reaktion auf bereits existierende Denkmäler für Stalinismus-Opfer zustande oder hatten ihrerseits die benachbarte Aufstellung eines Antistalinismus-Denkmals oder nach 1961 eines Denkmals für die Opfer der Berliner Grenzmauer zur Folge. So entstand in Berlin-Steglitz in Nachbarschaft zu dem Denkmal für die Opfer des NS-Regimes aus dem Jahr 1960 – eine trauernde Figur mit Fesseln an den Handgelenken – nach dem Mauerbau ein Denkmal mit der Widmung: »Leid an der Mauer«, die Figur eines nackten Mannes, der vor einer Mauer zusammenbricht, die er offensichtlich nicht zu überwinden vermag. Solche Konstellationen weisen darauf hin, wie stark die Ost-West-Konfrontation auf die Erinnerung an die NS-Opfer einwirkte.

Zusammenfassend lässt sich sagen, dass in der Bundesrepublik und Westberlin Denkmäler für die Opfer des NS-Regimes erst spät und nach langjährigen Debatten zustande kamen. Überlebende und Bürgerinitiativen mussten sie mühsam gegen eine Politik des Verschweigens durchsetzen. Ihre Gestaltung und ihre pauschalen Inschriften waren oft so gehalten, dass alle Bürgerinnen und Bürger ihre eigenen Kriegsverluste und Kriegsentbehrungen mit betrauern konnten. NS-Gedenken war in Form und Ritual vor allem Friedhofsgedenken. Nur wenige Beispiele gibt es für Denkmäler an stadtzentralen Stand-

orten und für die Markierung konkreter historischer Ereignisorte; dies sollte
der nächsten Zeitetappe vorbehalten bleiben. Eine solche Ausnahme, gewissermaßen als Vorläufer der zukünftigen Entwicklung, war das Mahnmal für
die Opfer der Konzentrationslager an der Paulskirche in Frankfurt am Main,
von Hans Wimmer 1964 gestaltet, eine kniende, gefesselte Figur, die Arme in
Abwehr über den Kopf erhoben. Im Sockel sind die Namen von 53 Konzentrationslagern eingemeißelt. Eine andere Ausnahme war das Mahnmal in
Dortmund-Bittermark aus dem Jahr 1960, das an Massenerschießungen hier
in diesem Park durch die Gestapo unmittelbar vor Kriegsende erinnert. Gestaltet wurde es von Will Schwarz und Karel Niestrath. Eine Art Hochbunker
mit vergitterten Fenstern trägt Reliefdarstellungen von Häftlingen und Zwangs-
arbeitern; eine überlebensgroße Figur an der Stirnseite soll den Widerstand
der Ermordeten verkörpern.[9]

Nachkriegszeit Ost

Abb. 8   Temporäres Buchenwald-Denkmal auf dem Weimarer Goetheplatz, 1947

---

9   Vgl. Ulrike Puvogel/Martin Stankowski/Ursula Graf: Gedenkstätte für die Opfer des
    Nationalsozialismus. Eine Dokumentation, 2. überarb. und erw. Aufl., Bonn 1995,
    S. 290f. (Frankfurt am Main Paulskirche) und S. 519f. (Dortmund Bittermark).

DEN TOTEN ZUR
EHRE
DEN LEBENDEN
ZUR ERMAHNUNG
UND PFLICHT

*Abb. 9   Denkmal für die Opfer des
Faschismus in Eberswalde*

Die Entwicklung des DDR-Geden-
kens, nicht nur in der Nachkriegszeit,
sondern bis zum Ende der DDR, wird
am Beispiel von Weimar und Buchenwald mit ihren verschiedenen Denkmalssetzungen anschaulich deutlich. Die Entstehungsgeschichte der
großen Denkmalsanlage der KZ-
Gedenkstätte Buchenwald ist – wie
auch die von Sachsenhausen – zugleich
eine Geschichte der politischen Ein-
griffe in künstlerische Entwurfspro-
zesse. Das provisorische Buchenwald-
Denkmal auf dem Goetheplatz in
Weimar (Abb. 8) gibt einen Einblick
in die Gedenkpolitik der frühen Nachkriegszeit. Zum Jahrestag der Befreiung des Lagers wurde es im Jahr 1947
und dann wieder in den Folgejahren
bis zu Beginn der 1950er Jahre aufge-
stellt, also in jener Zeit, als das Areal des ehemaligen Konzentrationslagers als
Sowjetisches Internierungslager genutzt wurde, worüber allerdings strenges
Schweigegebot verhängt war. Das von dem Architekten Hermann Henselmann
entworfene temporäre Denkmal, ein auf Holzgerüst montiertes riesiges rotes
Dreieckstuch, zitiert den roten Winkel, die Kennzeichnung der politischen
KZ-Häftlinge, und deutet bereits die folgende Entwicklung der DDR-Gedenk-
kultur an, als der rote Winkel zum Symbol allein für den kommunistischen
Widerstand gemacht wurde und damit auch zur Ein- und Ausgrenzung der
ganz unterschiedlichen Häftlingsgruppen diente.[10]

Die Entwicklung der Gedenkkultur in der DDR kann jedoch nicht allein
als Prozess der Reglementierung und Zentralisierung interpretiert werden. In
bemerkenswertem Gegensatz zur Entwicklung in der Bundesrepublik und
Westberlin entstanden gerade in den frühen Nachkriegsjahren Denkmäler in
großer Zahl.[11] Keine Stadt und kaum eine größere Ortschaft blieben ohne ein

---

10 Vgl. Volkhard Knigge: Opfer, Tat, Aufstieg. Vom Konzentrationslager Buchenwald zur
    Nationalen Mahn- und Gedenkstätte der DDR, in: Ders./Jürgen Maria Pietsch/Thomas
    A. Seidel (Hg.): Versteinertes Gedenken – Das Buchenwalder Mahnmal von 1958, Spröda
    1997, Bd. 1, S. 20ff. und S. 54ff.
11 Vgl. Stefanie Endlich: Gelenkte Erinnerung? Mahnmale im Land Brandenburg, in: Orte
    der Erinnerung 1945–1995 (= Dachauer Hefte, H. 11), S. 32–49.

antifaschistisches Mahnmal, oft auf Friedhöfen und an Wohnhäusern ehemals
Verfolgter, meist jedoch an stadtzentraler, repräsentativer Stelle. So errichtete
die VVN im Jahr 1949 mit Hilfe privater Spenden auf dem zentralen Platz im
brandenburgischen Eberswalde ein Denkmal, dessen Dreiecksemblem mit
VVN-Zeichen in eine aufgehende Sonne eingebettet ist (Abb. 9).

Abb. 10   Denkmal in Glöwen für die Opfer des KZ-Außenlagers Sachsenhausen

Darüber hinaus wurde eine große Zahl von kleineren Gedenkzeichen, Steinen,
Tafeln an authentischen Orten von NS-Verbrechen gesetzt. Ein Beispiel ist
das Denkmal im brandenburgischen Glöwen aus dem Jahr 1947 (Abb. 10). Es
ist den jüdischen KZ-Häftlingen gewidmet, die hier, in einem Außenlager des
KZ Sachsenhausen, unter schlimmen Bedingungen in einer Munitionsfabrik
eingesetzt waren. Bürger von Glöwen haben dieses Denkmal in Form einer
Klinkerwand mit Flammenschale errichtet, mit einem »Dach« aus Betonbruch-
steinen jener Straße, die die Häftlinge entlang gehen mussten. Gerade in der
frühen Nachkriegszeit gingen die Initiativen vor allem von unten aus, von
Menschen, die die Opfer ehren und ein Zeichen für den Anbruch einer neuen
Zeit setzen wollten. Die Mahnmals-Typologie lehnte sich zwar, ähnlich wie
im Westteil Deutschlands, meist an traditionelle Grabmalskunst an. Dennoch
erstaunt gerade in der frühen DDR-Zeit die Vielfalt der Formensprache, mit
unkonventionellen, oft phantasievollen künstlerischen Mitteln.

Ein Beispiel ist das von Kurt Schulze gestaltete Denkmal aus dem Jahr 1947
in Bad Saarow (Abb. 11), wo sich ebenfalls ein Außenlager von Sachsenhausen

Abb. 11   Denkmal in Bad Saarow, nach 1989
aus dem Ortszentrum entfernt und auf dem
Waldfriedhof versetzt

Abb. 12   Gedenkstele in Jüterbog, gestaltet
wie ein Gefängnisraum

befunden hatte. Die Buchstaben »KZ«, die wie ein Stacheldrahthemd den Hals eines jungen Mannes umschließen, formen ein Dreieck, unterlegt von einem Lorbeerkranz. Nach dem Ende der DDR wurde das Denkmal vom Bahnhofsplatz entfernt, auf einen entfernten Friedhof gebracht und von zwei neuen Kriegsopferdenkmälern flankiert.

Ein weiteres Beispiel für ungewöhnliche Gestaltung ist das Denkmal, das der Bildhauer Otto Seehaus 1957 im Zentrum der brandenburgischen Stadt Jüterbog errichtete (Abb. 12). Es ist, wie die Inschrift besagt, vier Widerstandskämpfern der Stadt gewidmet, die im KZ starben, einer von ihnen KP-Mitglied, einer von ihnen Jude; es ist also Menschen gewidmet, die unterschiedlichen Opfergruppen angehörten. Künstlerisch ungewöhnlich ist, dass die Stele mit dem Gitterwerk des Stacheldrahtes gewissermaßen selbst zum Gefängnis wird.

Die Pflege der Denkmäler war fester Bestandteil der offiziellen DDR-Alltagskultur. Die anfängliche Lebendigkeit des Gedenkens wurde allerdings immer stärker eingeschränkt durch Vorgaben und Reglementierung. Diese beinhalteten inhaltlich die Fokussierung auf den »kommunistischen Widerstandskämpfer«, den »Sieger der Geschichte«, und die zunehmende Ausgrenzung aller anderen Verfolgten- und Widerstandsgruppen – oder eben ihre Vereinnahmung unter dem Idealbild des heldenhaften antifaschistischen Kämpfers, der oft sogar »im

Kampf gegen den Faschismus gefallen« sei. Unter diesen im Laufe der Zeit immer
stärker reglementierten Inschriften wurden sogar Zwangsarbeiterinnen und
Zwangsarbeiter sowie »Euthanasie«-Opfer subsumiert, die vermutlich niemals
kämpferischen Widerstand geleistet hatten. Auf formaler Ebene wurde ein zunehmend strenger gefasstes, obrigkeitsstaatlich eingesetztes Regelwerk entwickelt,
das zum Beispiel den »Roten Winkel« verpflichtend vorschrieb und Embleme
anderer Art untersagte. Seit 1960 war hierfür das Institut für Denkmalpflege
beim Ministerium für Kultur zuständig, das auch die Planungen für die drei
großen »Nationalen Mahn- und Gedenkstätten« der DDR begleitete und kon-
trollierte, ein Thema, das hier nicht vertieft werden kann.[12] Das 1961 erlassene
»Statut der Nationalen Mahn- und Gedenkstätten« gab auch generell die Leit-
linien für die Konzeption von antifaschistischen Denkmälern vor. In einer Neu-
fassung von 1979 wurden diese Richtlinien nochmals strikt als verpflichtende
Vorgaben formuliert. Geregelt wurde neben der Gestaltung des Denkmals auch
das gesamte Umfeld mit der Ausbildung der Flammenschale, der Treppen und
Wege sowie des Gedenkplateaus mit Material- und Pflanzhinweisen sowie der
Anzahl der anzubringenden Fahnen.[13]

Die zunehmende Ritualisierung, vor allem in Form der vorgeschriebenen
Trauer- und Ehrerbietungszeremonien, schrieb noch bis zum Ende der DDR
ein traditionelles Verhältnis von Mahnmal und Betrachter fest, das im Laufe
der Jahre immer stärker erstarrte.

Der damit verbundene pädagogische Ansatz zur Schaffung einer sozialistischen Persönlichkeit kam insbesondere in jenen Denkmalsanlagen zum Ausdruck, in denen Kontinuitätslinien vom antifaschistischen Widerstand gegen
das NS-Regime zum DDR-Staat und zur DDR-Gesellschaft zum Ausdruck
kommen sollten, eine Aufgabe, die ebenfalls schon im Statut der Nationalen
Mahn- und Gedenkstätten von 1961 formuliert wurde. Ein interessantes Beispiel ist der Ehrenhain für Opfer des Faschismus in Strausberg (Abb. 13), jener
brandenburgischen Garnisonsstadt, die Sitz des Ministeriums für Nationale
Verteidigung und wichtiger Standort der Nationalen Volksarmee war. Der
Gedenkstein stammt aus dem Jahr 1969 und wurde 1980 durch eine von Josef
Rogmann gestaltete Bildwand ergänzt. Diese zeichnet eine direkte Verbindung
vom KZ zur etablierten DDR-Gesellschaft: zur Linken Szenen von Tod und
Widerstand im Lager, zur Rechten, vor dem Hintergrund von Plattenbauten,

12 Vgl. Günter Morsch (Hg.): Von der Erinnerung zum Monument. Die Entstehungsge-
    schichte der Nationalen Mahn- und Gedenkstätte Sachsenhausen, Berlin 1996.
13 Vgl. Institut für Denkmalpflege im Auftrag des Ministeriums für Kultur der DDR:
    Denkmalpflege in der Deutschen Demokratischen Republik. Zur Gestaltung und Pflege
    politischer Gedenkstätten, Berlin o.J. (1979).

Abb. 13 Mahnmalsanlage in Strausberg

Männer der Nationalen Volksarmee, offensichtlich als Schutz für eine glückliche sozialistische Familie. Der militärisch verteidigte DDR-Alltag erscheint
so als glückliche Erfüllung des historischen Auftrages der Märtyrer.[14]

Entwicklung seit den 1980er Jahren

Seit Ende der 1970er Jahre veränderte sich die bundesdeutsche und Westberliner Denkmalskultur tiefgreifend. Unterschiedliche Entwicklungen und
Anstöße führten dazu, dass das Gedenken an die NS-Opfer ins Zentrum der
Erinnerungskultur rückte: auf politischer Ebene zum Beispiel schon 1970 der
Kniefall von Willy Brandt vor dem Ehrenmal des jüdischen Ghettos in Warschau, 1985 dann die Rede des Bundespräsidenten Richard von Weizsäcker,
der den Tag des Kriegsendes erstmals als Tag der Befreiung bezeichnete; auf
gesellschaftlicher Ebene Studentenunruhen und die Entstehung von Bürgerinitiativen und Basisgruppen; auf der Ebene der Medien zum Beispiel die
Ausstrahlung der US-amerikanischen Fernsehserie »Holocaust« im Jahr 1979.

---

14 Zu den brandenburgischen Beispielen vgl. Stefanie Endlich: Gedenkstätten in Brandenburg, in: Bundeszentrale für politische Bildung (Hg.): Gedenkstätten für die Opfer
des Nationalsozialismus. Eine Dokumentation, Band II: Berlin, Brandenburg, Meck-
lenburg-Vorpommern, Sachsen-Anhalt, Sachsen, Thüringen, Berlin 1998, S. 229–378.

Für die 1980er und 1990er Jahre wird oft von einem regelrechten »Denkmalsboom« gesprochen. Allmählich entwickelte sich ein kommunikatives Netz
von Jugendverbänden, Geschichtswerkstätten, gewerkschaftlichen und kirchlichen Gruppen, die gemeinsam mit Überlebenden und Verfolgtenverbänden
die NS-Geschichte an ihren konkreten Heimatorten recherchierten – Stichwort
»Spurensuche«. Sie initiierten Denkmalssetzungen am speziellen Ort, um auf
das historische Geschehen aufmerksam zu machen. Dabei ging es auch um
Fragen von Täterschaft, Mittäterschaft und Mitverantwortung, um die Gründe
von Vergessen und Verdrängen und um die Frage, welche und wie viele historische Informationen zum Verständnis notwendig sind – gemeinsam mit der
Denkmalskunst oder auch an ihrer Stelle.

Oft war dies mit störenden Fragen oder auch konfliktreichen Auseinandersetzungen bis hin zu Demonstrationen verbunden. Ein bekanntes Beispiel ist
die Gedenkstätte Neuer Börneplatz in Frankfurt am Main, wo aus dem Versuch,
historische Mauerreste des ehemaligen jüdischen Ghettos zu bewahren, im Jahr
1986 schließlich ein umfassendes Denkmalsensemble von Nikolaus Hirsch, Wolfgang Lorch und Andrea Wandel entstand zur Erinnerung an die Deportation
und Ermordung der Frankfurter Juden. Zeigt diese Anlage in Frankfurt am
Main noch manche traditionellen Züge mit symbolhaften Elementen wie Kubus,
Platanenhain und Grundrissmarkie-
rungen, wird bei vielen anderen
Projekten deutlich, dass sich in jenen
Jahren auch die Formen der Denkmalskunst, die bisher eher als konservative
Kunstsparte galt, ganz wesentlich
verändert haben. Zeitgenössische Entwicklungen der bildenden Kunst
prägten viele der nun entstehenden
Denkmäler, wobei der Einfluss der
Konzeptkunst hier besonders ein-
schneidend war, denn bei dieser Kunst-
form ging und geht es auch um eine
grundsätzlich andere Haltung zum
Thema, um die Abkehr von Ritualen
und um kritische, reflektierende, eher
irritierende als bestätigende Formen
des Erinnerns. Mit einer solchen neuen
Grundhaltung entstanden bereits Mitte
der 1980er Jahre künstlerisch eigenwil-
lige und inhaltlich wegweisende Denk-

*Abb. 14   Mahnmal gegen den Faschismus in
Hamburg-Harburg*

malsprojekte, die mit dem herkömmlichen Denkmalsverständnis nichts mehr gemein haben. Sie wurden auch als »Gedenkdenkmäler« charakterisiert. Der US-amerikanische Judaist James E. Young hatte 1992 diesen Begriff geprägt und einige damit charakterisierte deutsche Projekte international bekannt gemacht.[15]

Dazu gehört zum Beispiel das »Mahnmal gegen den Faschismus« in Hamburg-Harburg aus dem Jahr 1986 von Jochen Gerz und Esther Shalev-Gerz, eine Bleisäule, die mit Inschriften versehen werden kann und immer mehr im Boden verschwindet, bis sie unsichtbar ist (Abb. 14). Im besten Fall, so könnte die Grundidee beschrieben werden, wird das Denkmal zunächst zum Spiegel des gesellschaftlichen Umgangs mit Geschichte und Erinnerung, beansprucht jedoch keinen Ewigkeitswert, sondern macht sich selbst im Laufe der Zeit überflüssig.[16]

Abb. 15   Aschrottbrunnen in Kassel, als Negativform in den Boden versenkt

15 Vgl.: James E. Young: The Counter-Monument: Memory against Itself in Germany Today, in: *Critical Inquiry*, 18 (1992), H. 2, S. 267–299.

16 Vgl. Monika Steinhauser: Erinnerungsarbeit. Zu Jochen Gerz' Mahnmalen, in: *Daidalos*, Nr. 49/1993, S. 104–113; Stephan Schmidt-Wulffen: Ein Mahnmal versinkt. Ein Gespräch mit Esther und Jochen Gerz, 1987, in: James E. Young (Hg.): Mahnmale des Holocaust. Motive, Rituale und Stätten des Gedenkens, München 1993, S. 43–50.

*Abb. 16   »Mahnen und Gedenken« im Bayerischen Viertel, Berlin-Schöneberg, Vorderseite eines
der achtzig Doppelschilder an Lampenmasten*

Ein weiteres Beispiel ist die »umgekehrte Wiederherstellung« des Aschrott-
brunnens in Kassel im Jahr 1987 (Abb. 15). Die historische Brunnenanlage
hatten die Nationalsozialisten zerstört, weil sie von einem jüdischen Unter-
nehmer gestiftet war. Der Künstler Horst Hoheisel wollte den Verlust des
Brunnens nicht kompensieren, sondern als unwiederbringlich bewusst machen.
So versetzte er den Brunnen als Negativform spiegelbildlich in die Tiefe, in
die das Wasser zum Kontrapunkt der historischen Brunnenpyramidenspitze
zwölf Meter hinabstürzt.[17]

Die veränderte Sprache jener Denkmalskunst, in den 1980er Jahren noch
als Provokation empfunden, hat eine große Fülle weiterer Projekte beeinflusst.
Während der Begriff »Mahnmal« eigentlich in der Nachkriegszeit verortet und
heute weitgehend verschwunden ist, überlegt man seit den 1990er Jahren immer

---

17 Vgl. Horst Hoheisel: Aschrottbrunnen, Frankfurt am Main 1998; Stefanie Endlich:
»Damit sind Sie Teil eines Kunstwerks geworden…«. Zu den Arbeiten von Horst Hoheisel und Andreas Knitz, in: Andreas Schmauder/Paul-Otto Schmidt-Michel/Franz
Schwarzbauer (Hg.): Erinnern und Gedenken. Das Mahnmal Weißenau und die Erinnerungskultur in Ravensburg, Konstanz 2007, S. 51–68.

Abb. 17   »Mahnen und Gedenken« im Bayerischen Viertel, Berlin-Schöneberg, Rückseite eines der achtzig Doppelschilder an Lampenmasten

wieder, ob man überhaupt noch von »Denkmälern« reden sollte, ob nicht Begriffe wie »Denkzeichen« oder »Erinnerungszeichen« eigentlich angemessener wären. Oft haben die Denkmäler die Form begehbarer Installationen oder Environments; manche arbeiten mit Schrift, mit akustischen Mitteln, mit computergesteuerten Programmen oder mit Elementen der Alltagsästhetik; manche verwenden dokumentarische Mittel und verzichten bewusst auf eine originäre künstlerische Form.

Ein auch international bekannt gewordenes Beispiel, das diesen konzeptuellen Ansatz auf bemerkenswerte Weise verkörpert, ist das Projekt »Orte des Erinnerns im Bayerischen Viertel«, 1993 von Renata Stih und Frieder Schnock in Berlin-Schöneberg realisiert.[18] Es erinnert an Vertreibung und Deportation der jüdischen Anwohner, als stadträumliche Installation im gesamten Quartier, die im Umhergehen entdeckt werden kann, wie bei einem Suchspiel. Achtzig Doppelschilder an achtzig Lampenmasten sind ausgewählten Häusern, Läden, öffentlichen Einrichtungen zugeordnet. Sie zeigen jeweils

---

18 Vgl. Renata Stih/Frieder Schnock: Orte des Erinnerns/Places of Remembrance in Berlin, Berlin 2009.

auf der einen Seite harmlos erscheinende Bildmotive, die in ihrer piktogramm-
artigen Gestaltung nostalgische Gefühle wecken (Abb. 16), und auf der anderen Seite, im Kontrast, Verordnungen der Nationalsozialisten oder Auszüge
aus Dokumenten und Briefen zu den einzelnen Schritten der Entrechtung und
Vertreibung ab 1933 (Abb. 17).

Das Künstlerteam stellt nicht Deportation und Völkermord ins Zentrum
des Denkmals, sondern richtet den Blick auf die Anfänge der Vertreibung, die
tief im Alltagsleben der Stadt verwurzelt war. Damit wird auch die Frage in
den Raum gestellt, wie sich Nachbarn und Passanten damals verhalten haben
– und wie man selbst gehandelt oder reagiert hätte.

Parallele Entwicklungen in der DDR gab es durchaus, denn auch hier
bewegte sich viel in Kunst und Gesellschaft der 1980er Jahre. Die politischen
Kontrollen und Reglementierungen der SED-offiziellen Gedenkpolitik ließen jedoch im öffentlichen Raum wie auch in den Gedenkstätten für solche
Ansätze kaum Spielraum. Ein frühes Beispiel eines innovativen gesellschafts-
kritischen Ansatzes war die temporäre Installation am Sowjetischen Ehrenmal
in Berlin-Treptow von Anatol Erdmann, Stefan Reichmann und Hans-
Jürgen Scheib im Jahr 1982. Sie befand sich am Fuße des Denkmals für die
im Kampf um Berlin getöteten Angehörigen der Roten Armee aus dem Jahr
1949, eine riesige Bronzeskulptur, die sich über einem Mausoleum erhebt.
In der Bodeninstallation ragen realistisch gestaltete Körperteile und Klei-
derfetzen aus der Gras- und Schotterfläche heraus oder sinken in sie hinein.
Die Künstler vermittelten kein heldenhaftes Bild des soldatischen Todes,
sondern eines, das Angst und Elend spiegelt. Damit verweigerten sie jene
Sinngebung, die für politische Skulpturen in der DDR als verpflichtend galt.
In den Katalog der Rahmenausstellung »Plastik und Blumen« wurde diese
Arbeit nicht aufgenommen.[19]

Eine erstaunliche Ausnahme kurz vor dem Mauerfall stellte das Ergebnis
eines großen Denkmalswettbewerbs dar, den der Ostberliner Magistrat anlässlich des fünfzigsten Jahrestages der Pogromnacht 1988 zum Gedenken an die
Vertreibung und Ermordung der Juden ausgeschrieben hatte. Der Preisträger
Karl Biedermann entwarf für den Koppenplatz in Berlin-Mitte, einst ein Zentrum des jüdischen Lebens, eine begehbare Rauminstallation in Form eines
Zimmers ohne Wände, mit Parkettboden, Tisch und zwei Stühlen, einer davon
umgestürzt (Abb. 18). »Der verlassene Raum«, so der Titel des Denkmals,
trägt keine politische oder pädagogische Botschaft in den Stadtraum, sondern

---

19 Vgl. Michael Kioscha: Der Geist von Treptow. Zur Situation der DDR-Plastik anlässlich der Ausstellung »Plastik und Blumen« im Treptower Park, in: Absage – Ansage
   (= Schriftenreihe DDR-Kultur, Bd. 2), Berlin 1982, S. 6–16.

ist eine Metapher für Verlust, Gewalt
und Erinnerung. Künstlerisch kann
diese für die damalige DDR-Memo-
rialkunst höchst ungewöhnliche
Arbeit als Brückenschlag zwischen
Ost und West, aber auch zwischen der
Zeit vor und nach 1989 gesehen werden; realisiert wurde sie erst acht Jahre
später. Hintergrund des Wettbewerbs
im Jahr 1988 war die erstmalige Einbeziehung der Erinnerung an den Völkermord an den Juden in die großen
Jahrestagzeremonien für die Opfer des
Faschismus; die Einbeziehung hing
damals, im Jahr vor dem Mauerfall,
mit außenpolitischen Kursänderungen

zusammen, vor allem mit dem Streben
nach besseren Handelsbeziehungen
zu den USA und der dadurch veränderten politischen Haltung zu Israel.[20]

*Abb. 18   »Der verlassene Raum« auf dem
Koppenplatz in Berlin-Mitte*

Die nationalen Projekte

In der DDR stellten die die drei großen »Nationalen Mahn- und Gedenkstätten« die bedeutendsten Manifestationen des staatsoffiziellen Antifaschismus
dar. In der alten Bundesrepublik hingegen setzte der Staat keine Denkmäler.
Aufgrund des föderalen Staatsverständnisses waren kulturelle Aufgaben weitgehend Sache der Bundesländer. Dies änderte sich nach dem Einigungsvertrag.
Der Bund beteiligte sich nicht nur an der Erhaltung und Neukonzeption der
ehemaligen »Nationalen Mahn- und Gedenkstätten«, er übernahm auch schritt-
weise die Förderung von NS-Gedenkstätten in den alten Bundesländern und
Westberlin.

20 Vgl. Endlich: Wege zur Erinnerung, a. a. O., S. 220f.

Abb. 19   Die Neue Wache Unter den Linden in Berlin-Mitte

Nach der Rückkehr Berlins in die Hauptstadtrolle begann die Bundesregierung darüber hinaus, für Themen mit hohem Symbolwert staatliche Denkmalsvorhaben mit hohem Repräsentationsanspruch an Berliner Standorten selbst in die Wege zu leiten. Am Anfang stand die Neue Wache Unter den Linden, das bauhistorisch bedeutende klassizistische Wachlokal des Architekten Karl Friedrich Schinkel, seit 1931 Ehrenmal für die Gefallenen des Ersten Weltkrieges, zur DDR-Zeit zentrales »Mahnmal für die Opfer von Faschismus und Militarismus«. 1993 wurde dieses Bauwerk nach Vorstellungen des damaligen Bundeskanzlers Helmut Kohl, allein auf der Basis eines Kabinettsbeschlusses, ohne Einbeziehung von Parlament und Öffentlichkeit, zur »Zentralen Gedenkstätte der Bundesrepublik Deutschland für die Opfer von Krieg und Gewaltherrschaft« umgewidmet und umgestaltet (Abb. 19). Die Einweihung ging mit Bürgerprotesten einher. Ein zentraler Kritikpunkt war, gerade im Blick auf die jüdischen Opfer des Nationalsozialismus, die pauschale Widmung »für die Opfer von Krieg und Gewaltherrschaft«, die den Denkmalsinschriften der bundesrepublikanischen Nachkriegszeit ähnelt. In ihr sahen viele Menschen eine unzulässige Gleichsetzung der Opfer von NS-Herrschaft mit Kriegsopfern, zu denen auch NS-Täter gehörten, und mit Opfern des DDR-Regimes. Ein zweiter wesentlicher

Abb. 20   Denkmal für die ermordeten Juden Europas

Kritikpunkt, der ebenso dazu beitrug, dass Vertreter des jüdischen Lebens diese Gedenkstätte ablehnten, war die vergrößerte Replik der Käthe-Koll-witz-Skulptur »Mutter mit totem Sohn (Pietà, 1937)« mit ihrer christlichen Leidens- und Opferikonografie (Tafel 2).[21]

Ergebnis der Auseinandersetzung war das Versprechen des Bundeskanz-lers, ein gesondertes nationales Denkmal für die ermordeten Juden Europas zu errichten. Nach einem langen schwierigen Findungsverfahren wurde im Jahr 2005 das Stelenfeld des Architekten Peter Eisenman eingeweiht (Abb. 20).[22]

---

21 Vgl. Christoph Stölzl (Hg.): Die Neue Wache Unter den Linden. Ein deutsches Denk-mal im Wandel der Geschichte, Berlin 1993; Akademie der Künste (Hg.): Streit um die Neue Wache. Zur Gestaltung einer zentralen Gedenkstätte, Berlin 1993.

22 Vgl. Ute Heimrod/Günter Schlusche/Horst Seferens (Hg.): Der Denkmalstreit – das Denkmal? Die Debatte um das »Denkmal für die ermordeten Juden Europas«. Eine Dokumentation, Berlin 1999.

Abb. 21   Gang durch das Stelenfeld des »Holocaust«-Denkmals

Es ist als emotional hoch wirksames begehbares Raumkunstwerk konzipiert
und legt eine stark identifikatorische Haltung des Erinnerns und Gedenkens
nahe: Der Besucher möge sich in die Situation der damaligen Opfer hinein-
versetzen und deren Ängste nachempfinden (Abb. 21). Der Bundestag hatte
in seinem Beschluss 1999 ausdrücklich festgelegt, dass das Denkmal ausschließlich den ermordeten Juden gewidmet sein soll und nicht zugleich, wie viele es
forderten, auch den anderen NS-Opfern. Konsequenz dieser Entscheidung
war die Entstehung weiterer Denkmäler für andere Verfolgtengruppen in
Nachbarschaft zum »Holocaust«-Denkmal.

Der »Gedenkort für die im Nationalsozialismus verfolgten Homosexuellen« kam 2008 auf Drängen der »Initiative Schwulen-Denkmal« zustande
(Tafel 3). Der von Michael Elmgreen und Ingar Dragset ganz im Geist der
aktuellen Kunst entworfene Betonkubus zitiert in Material, Form und Proportionen auf ironische Weise die Stelen des gegenüber liegenden »Holocaust«-
Denkmals. Beim Blick ins Innere kann man die Videoprojektion eines sich
küssenden Paares sehen.[23] Der landschaftskünstlerische Entwurf »Homage to

---

23 Vgl. Stefanie Endlich: Das Berliner Homosexuellen-Denkmal: Kontext, Erwartungen
    und die Debatte um den Video-Film, in: Insa Eschebach (Hg.): Homophobie und
    Devianz. Weibliche und männliche Homosexualität im Nationalsozialismus, Berlin
    2012, S. 167–186

the Sinti and Roma« von Dani Karavan konnte nach langjährigem Streit um
die Inschrift im Jahr 2012 realisiert werden. Ein Stein mit einer immer wieder
frischen Blume bildet die Mitte eines kreisrunden kleinen Sees, in dem sich
die Besucher und das Reichstagsgebäude spiegeln (Tafel 4).[24]

Der nationale »Gedenk- und Informationsort Tiergartenstraße« für die
Opfer der »Euthanasie«-Morde und Zwangssterilisationen wird im Herbst
2014 auf dem Vorplatz der Berliner Philharmonie eingeweiht (Abb. 22). Er ist
im Ensemble der nationalen NS-Denkmäler der einzige an einem authentischen
Ort des Geschehens: Hier, in der Tiergartenstraße 4, genau am Ort der heutigen Philharmonie, stand jene historische Villa, in der die Planungsbehörde
für die »Euthanasie«-Aktion Quartier bezog. Nach dieser Adresse gab man
der Mordaktion auch den Decknamen »T4«. Ursula Wilms, Nikolaus Koliu-
sis und Heinz W. Hallmann entwarfen eine große, hellblaue Glaswand auf
schwarzem Boden, schräg zum Grundriss der damaligen Villa positioniert,
parallel dazu ein langgestrecktes Pult als Informationsträger für eine Open-
Air-Ausstellung mit Medienstationen.[25]

Erst kürzlich begonnen hat die Diskussion um einen nationalen Erinnerungsort für die Opfer des nationalsozialistischen Eroberungs- und Vernich-
tungskrieges in Osteuropa. Mit 25 bis dreißig Millionen Toten, davon etwa
15 Millionen Zivilisten, hat die Sowjetunion die höchsten Verluste im Zweiten
Weltkrieg erlitten, eine Tatsache, die im öffentlichen Bewusstsein der Deutschen kaum präsent ist: Fast sechs Millionen Kriegstote wurden für Polen
ermittelt. Eine Initiativgruppe engagiert sich für einen kleinen Neubau mit
einer ständigen Dokumentation im Berliner Tiergarten, gegenüber dem Sowjetischen Ehrenmal (Abb. 23). Dieses war unmittelbar nach Kriegsende zusammen mit großen Sammelgräbern für die im Kampf um Berlin gefallenen Soldaten errichtet worden. Die notwendige Auseinandersetzung mit dem
historischen Geschehen wird durch die stalinistische Formensprache des Denkmals und durch die fehlenden Informationen vor Ort erschwert.[26]

So entstand und entsteht noch weiterhin im Zentrum Berlins eine kompakte
Erinnerungslandschaft zur NS-Geschichte, die auch ganz besondere touristi-
sche und inszenatorische Momente aufweist. Die nationalen Denkmalsprojekte
sind Ergebnis eines langen und oft konfliktreichen Diskussionsprozesses. Hier
ist es besonders schwer, einen Konsens über das künstlerische oder baukünst-

---

24 Vgl. Dies.: »Homage to the Sinti and Roma«, in: *kunststadt stadtkunst*, Nr. 60/2013,
   S. 24f.
25 Vgl. Dies.: Gedenk- und Informationsort Tiergartenstraße 4, in: Ebd., S. 20f.; Dies./
   Sigrid Falkenstein/Helga Lieser/Ralf Sroka: Tiergartenstraße 4 – Geschichte eines
   schwierigen Ortes, Berlin 2014.
26 Vgl. Museum Karlshorst e.V. (Hg.): Erinnerung an einen Krieg, Berlin 1997.

Abb. 22   Entwurf für den Gedenk- und Informationsort Tiergartenstraße 4

Abb. 23   Sowjetisches Ehrenmal an der Straße des 17. Juni in Berlin-Mitte

lerische Konzept zu finden, das ja immer auch eine spezielle Haltung zum Thema und eine spezielle Interpretation beinhaltet. Mit den nationalen Orten wird – auch gegenüber dem Ausland – bekräftigt, dass Deutschland als wiedervereinigte Nation seine Erinnerungsaufgaben in Bezug auf das schlimmste Kapitel seiner Geschichte erfolgreich bewältigt hat. Die Denkmäler sollen zeigen, wie die Gesellschaft mit Gedenken und Erinnern umgeht, welches Selbstverständnis diesen Umgang bestimmt und welches Geschichtsverständnis ihm zugrunde liegt. Bei den nationalen Denkmälern geht es nicht mehr, wie bei den dezentralen Projekten, um eine jeweils spezifische Sichtweise auf einen bestimmten Ort und ein Thema, sondern um die Verallgemeinerung bestimmter Geschichtsbilder und Deutungen.

Mit dem in der Gedenkkonzeption des Bundes seit einigen Jahren enthaltenen zweiten Schwerpunkt einer durch die »Friedliche Revolution« überwundenen DDR-Geschichte wird nun eine positive Traditionsbildung angestrebt. Wesentliches und auch erklärtes Ziel für diese Gruppe von Denkmälern ist es, mit den nationalen Projekten, die an die Überwindung der DDR-Diktatur erinnern, zur Identitätsstärkung der Bürgerinnen und Bürger in Deutschland beizutragen. »Eine Nation braucht Erinnerung – auch an ihre Erfolge«, hieß es in der Urkunde zum Nationalpreis der Deutschen Nationalstiftung, die den Initiatoren des Berliner Freiheits- und Einheitsdenkmals verliehen wurde.[27] Mit diesem zweiten Schwerpunkt wurde auch die brisante Frage, wie das Verhältnis von nationalsozialistischen und kommunistischen Verbrechen zu bewerten sei, aus der Geschichtswissenschaft heraus in die Politik eingebracht.

Für die Denkmalskunst zur NS-Geschichte seit den 1990er Jahren hatte der Historiker Reinhart Koselleck den Begriff des »negativen Gedächtnisses« geprägt.[28] Dass ein Land die eigene Schuld, die eigenen Verbrechen selbstkritisch in seine Erinnerungskultur einbezieht und somit den Wunsch nach einer heilen nationalen Identität zurücksteckt, bezeichnete er als ein bis dahin wohl einzigartiges Phänomen. Bemerkenswert ist nun, dass dieser Begriff des »negativen Gedächtnisses«, damals im Sinne eines Lobes für aufgeklärte Gedenkkultur gemeint, im Zusammenhang der Diskussionen um die neuen Projekte zu Demokratie und Friedlicher Revolution immer häufiger im Sinne von »unerwünscht« verwendet wird. Den traurigen, niederdrückenden »negativen« Denkmälern, von denen es jetzt genug gebe, wird das Konzept einer frohen

---

27 Vgl. Elisabeth Binder: Ausgezeichnete Idee: »Nationalpreis« für Initiatoren von Einheitsdenkmal, in: *Der Tagesspiegel* vom 18. Juni 2008.

28 Reinhart Koselleck: Formen und Traditionen des negativen Gedächtnisses, in: Volkhard Knigge/Norbert Frei (Hg.): Verbrechen erinnern. Die Auseinandersetzung mit Holocaust und Völkermord, Bonn 2005, S. 21–32.

»positiven« Denkmalssetzung gegenübergestellt.[29] Diese Interpretation basiert nicht nur auf einem Missverständnis des zuvor beschriebenen kritischen Ansatzes, sondern verweist auch auf einen Paradigmenwechsel in der deutschen Gedenkkultur.

Das von Reinhart Koselleck beschriebene »negative Gedächtnis« beinhaltet eine suchende, fragende, reflektierende Haltung im Umgang mit der Geschichte. Volkhard Knigge, der Leiter der Gedenkstätte Buchenwald, hat einmal darauf hingewiesen, wie problematisch es sei, Erinnerung immer stärker als »vollbrachte Leistung« aufzufassen und immer weniger als gegenwartsbezogene kritische Auseinandersetzung.[30] Zu wünschen ist, dass das differenzierte und grundsätzlich kritische Geschichtsverständnis, das seit den 1980er Jahren viele der innovativen, künstlerisch interessanten Denkmäler zur NS-Geschichte geprägt hat, bei den Projekten in Gegenwart und Zukunft nicht verloren geht.

---

29 Der Entwurf des Berliner Freiheits- und Einheitsdenkmals von Milla & Partner mit Sasha Waltz, ein begehbares und bespielbares Objekt gegenüber dem rekonstruierten Berliner Stadtschloss in Form einer riesigen goldenen Wippe, die durch gemeinsame Gewichtsverlagerung der Besucher bewegt werden kann (»Einheit macht stark«), wurde vermutlich deshalb zur Realisierung ausgewählt, weil es besonders deutlich den erklärten Wunsch der Denkmalsinitiatoren nach einem »Denkmal der Freude« zum Ausdruck bringt. Einen fröhlichen Ansatz verfolgt auch der erste Preis im Wettbewerb für das ebenfalls als nationales Projekt angelegte Leipziger Freiheits- und Einheitsdenkmal: Marc Weis und Marin de Mattia (M+M) mit der Gruppe Annabau schlagen ein spielerisches Partizipationsprojekt mit einer dauerhaft bunten Farbfeldgestaltung und 70.000 farbenfrohen Hocker-Objekten vor, die in die Stadt und in die Welt getragen werden sollen. Vgl. hierzu auch die Beiträge von Rainer Eckert und Andreas H. Apelt in diesem Band.

30 Vgl. Volkhard Knigge in seinem Vortrag »Die aktuelle geschichtspolitische Debatte und die Perspektiven der Gedenkstätten in Deutschland« auf dem 48. Gedenkstättenseminar in der KZ-Gedenkstätte Sachsenhausen am 28. September 2007.

Denkmäler und Erinnerungsorte der Demokratie in
Ostmitteleuropa nach 1989/90

Valters Nollendorfs

Denkmäler zum Nachdenken: Lettland während und nach der Singenden Revolution

Das Freiheitsdenkmal als Symbol des Lettischen Staates

Abb. 1 Freiheitsdenkmal in Riga: »Für Vaterland und Freiheit«

»Demokratie«, sagte mein amerikanischer Kollege, als wir in einem Sommercafé in der Nähe des Freiheitsdenkmals in Riga saßen, »Für Demokratie und Freiheit‹ sollte es heißen, anstatt ›Für Vaterland und Freiheit‹«, sagte er. Er meinte die vom lettischen Schriftsteller Kārlis Skalbe (1879–1945) verfasste Inschrift, die auf dem während der ersten Unabhängigkeitsperiode gebauten Monument des Bildhauers Kārlis Zāle (1888–1942) steht (Abb. 1).[1]

Das war etwa zehn Jahre nachdem das Denkmal in den späten 1980er Jahren zum Symbol und Zentrum der sogenannten »Singenden Revolution«, des lettischen Aufbruchs geworden war. Unter Letten verbreitete sich die Bezeichnung »Drittes Volkserwachen«. Damit wurde rückbesinnend die Reihenfolge »Erstes Volkserwachen« in der zweiten Hälfte des 19. Jahrhunderts (Entwicklung eines nationalen Bewusstseins) und »Zweites Volkserwachen« (Prozesse der Staatsgründung im frühen

---

1 Vgl. Māra Caune: Brīvības piemineklis: tautas celts un aprūpēts [Das Freiheitsdenkmal: vom Volk erbaut und betreut], Riga 2002. Eine gute und ausführliche Beschreibung ist in der englischsprachigen Wikipedia zu finden, online abrufbar unter: http://en.wikipedia.org/wiki/Freedom_Monument [10.01.2014]. Die deutschsprachige Version ist hingegen leider sehr dürftig. Vgl. auch Valters Nollendorfs: Achse der Erinnerung. Krieg und Okkupation in lettischen Denkmälern, in: *Osteuropa*, 58 (2008), H. 6, S. 267–283, hier S. 269–271.

20. Jahrhundert) fortgesetzt.[2] Das Freiheitsdenkmal symbolisiert bestens diesen Werdegang der lettischen nationalen Identität und deren Verkörperung
als staatstragende Nation. Es ist mit symbolischen, legendären und historischen
Figuren umringt, die sowohl an die Vorstellungen der nationalen Romantik
des 19. Jahrhunderts als auch an konkrete neuere historische Ereignisse erinnern – etwa an die Revolution von 1905,[3] den Freiheitskrieg – und repräsentative Volksgruppen darstellen (Tafel 5).

Wenn man das Schicksal vieler anderer Denkmäler aus der ersten Unabhängigkeitsperiode betrachtet, ist es ein Wunder, dass dieses Denkmal drei
Machtwechsel überdauern konnte, die jeweils als »Befreiungen« bezeichnet
wurden: die sowjetische Besatzung 1940, die Besatzung durch Nazi-Deutsch-
land 1941 und wiederum eine sowjetische 1944, die bis ins Jahr 1991 dauern
sollte. Die im Denkmal verkörperte Vaterlands- und Freiheitsideologie wurde
durch die sowjetische Okkupation 1940 jäh unterbrochen. Die Nazi-Besatzer
handelten in den Jahren von 1941 bis 1944/45 in Hinsicht auf das Denkmal
und die nationale Gesinnung umso pragmatischer und nachgiebiger, je schlim-
mer die Lage an der Ostfront wurde. Die Rückkehr der Sowjets 1944 besiegelte
endgültig jeglichen Ausdruck dessen, was man als »bürgerlichen Nationalismus« oder – schlichter und schlagender – als »lettischen Faschismus« bezeichnete. Aber je mehr das sowjetkommunistische Regime versuchte, die Errun-
genschaften und Erfolge des unabhängigen Lettland zu verschmähen oder zu
verachten, und je mehr die massenhafte Einwanderung Russisch sprechender
Sowjetbürger aus anderen sowjetischen Republiken und die damit verknüpfte
Russifizierungspolitik die einheimische lettischsprachige Bevölkerung bedrohte,
desto fester verankerte sich unter den Letten die Nostalgie der nationalen
Vergangenheit, die nicht nur den verlorenen Staat sich geistig als das verlorene
Paradies ausmalte, sondern auch das im Freiheitsdenkmal dargestellte natio-

---

2   Vgl. Valdis Blūzma: The Period of the Awakening and Non-Violent Resistance
    (1986–4 May 1990), in: Tālavs Jundzis (Hg.): Regaining Independence: Non-Violent
    Resistance in Latvia 1945–199, Riga 2009, S. 229–400, hier S. 231–236.
3   Allgemein bekannt als die Russische Revolution. In Lettland brach die Revolution am
    13. Januar 1905, vier Tage nach der blutigen Niederschlagung der Protestdemonstration
    in St. Petersburg aus. In Riga wurde eine Arbeiterdemonstration ebenso gewaltsam
    niedergeschlagen mit einigen Dutzend Toten und zahlreichen Verwundeten. Die Revo-
    lution weitete sich auf dem Land aus und betraf insbesondere den deutschen Landadel.
    Mehr als einhundert Gutshäuser und Schlösser wurden niedergebrannt. In der lettischen
    Historiographie wird die Revolution neben allen anderen Aspekten auch aus dem Gesichts-
    punkt eines nationalen Aufstandes als Vorbote des im Volk herrschenden Verlangens
    nach Autonomie betrachtet.

nalromantische Stammerbe des Staates.⁴ Dass die sowjetischen Machthaber es erwägt haben, das Denkmal zu entfernen, ist gewiss; ungewiss ist lediglich, warum diese Erwägungen nicht verwirklicht wurden.⁵ Der lettischen Öffentlichkeit allerdings galt das Denkmal jahrelang als ideologische Sperrzone.

Dass das Freiheitsdenkmal zu einem Symbol und einer Stätte der Wiedererneuerung werden würde, zeichnete sich schon 1987 ab, als eine kleine Gruppe von national gesinnten Letten (der sogenannten »Helsinki-86«) am 14. Juni, dem Tag der großen Deportation von 1941, sich erdreistete, dort Blumen niederzulegen (Abb. 2).⁶

Abb. 2   Erste Demonstration des Umbruchs am Freiheitsdenkmal, 14. Juni 1987

---

4   Vgl. Ilze Boldāne: »Labo Ulmaņlaiku« mīta vitalitāte Latvijas iedzīvotāju apziņā [Die Vitalität des Mythos der »guten Ulmanis-Zeiten«], in: Kaspars Zellis (Hg.): Mīti Latvijas vēsturē [Mythen in der Geschichte Lettlands], Riga 2006, S. 65–72.

5   Vgl. Wikipedia, a. a. O. und Nollendorfs: Achse der Erinnerung, a. a. O.

6   Nach neuesten Recherchen wurden insgesamt 15.424 Menschen in allen Altersgruppen deportiert, darunter waren 81,27 Prozent Letten, 11,7 Prozent Juden und 5,29 Prozent Russen. Vgl. Elmārs Pelkaus (Hg.): Aizvestie. 1941. gada 14. jūnijs [Die Deportierten. Der 14. Juni 1941], Riga 2001; Jānis Riekstiņš: »The 14 June 1941 Deportation in Latvia«, in: Valters Nollendorfs/Erwin Oberländer (Hg.): The Hidden and Forbidden History of Latvia under Soviet and Nazi Occupations 1940–1991 (= Symposium of the Commission of the Historians of Latvia, Bd. 14), Riga 2005, S. 62–74, auch online abrufbar unter: http://www.president.lv/images/modules/items/PDF/item_1619_Vesturnieku_komisijas_raksti_14_sejums.pdf [24.04.2014].

Das war ein Protest gegen die sowjetische Gewaltherrschaft einerseits, aber zugleich auch eine politische Herausforderung. Mehrere Tausende nahmen an der Gedenkveranstaltung teil. Die Regierenden waren offensichtlich überrascht und unvorbereitet; die Bevölkerung dagegen ermutigt.

Die nächste Demonstration war schon gezielt politisch. Sie fand am 23. August 1987 statt, dem 48. Jahrestag des Hitler-Stalin-Paktes und seiner »vertraulichen Zusatzprotokolle«, die Lettland der sogenannten »Interessensphäre« der Sowjetunion zuteilten und zur Annexion durch die Sowjetunion führten. Diesmal hatten die Behörden das Denkmal umringt. Nur wenigen gelang es, Blumen niederzulegen. Am 18. November, dem 69. Jahrestag der Unabhängigkeitsdeklaration, war eine weitere Demonstration vorgesehen, die aber abgesagt wurde, um eine durch die Handlungen der regierenden Behörden drohende Konfrontation und mögliches Blutvergießen zu vermeiden.[7] Das waren die Anfänge der sogenannten »Kalenderunruhen«, die an markanten Gedenktagen stattfanden und die sowohl an den verlorenen Staat als auch an die Opfer der sowjetischen Deportationen gedachten.[8]

Ein Jahr später und ein Jahr vor dem Mauerfall in Berlin war das Bild total verändert (Abb. 3).

In der Zwischenzeit hatten die lettischen kulturellen und intellektuellen Eliten, die unter der sowjetischen Herrschaft weitgehend ein gewagtes Doppelleben geführt hatten, zuerst abtastend und zögernd, die politische Führung übernommen.[9] Durch die Beschlüsse der 19. Allunionskonferenz der KPdSU im Juni 1988, die das Ende des Einparteiensystems bedeu-

Abb. 3   Feier des Unabhängigkeitstages am Freiheitsdenkmal, 18. November 1988

---

7   Die Bekanntmachung der Gruppe Helsinki-86 appellierte weiterhin an die Bevölkerung, auf keine Provokationen einzugehen und antwortete ihren offiziellen Kritikern, dass die Anerkennung des 18. November nicht zugleich die Ablehnung des Sozialismus bedeute. Vgl. Latvijas grupas Helsinki-86 paziņojums sakarā ar Latvijas neatkarības dienas atzīmēšanu 1987.gada 18.novembrī [Erklärung der Lettischen Gruppe Helsinki-86 betreffs Anerkennung des lettischen Unabhängigkeitstages am 18. November 1987], online abrufbar unter: http://www.historia.lv/alfabets/H/he/helsinki_86/dok/1987.10.20.htm [10.01.2014].

8   Vgl. Valdis Blūzma: The Period of the Awakening and Non-Violent Resistance (1986– 4May 1990), in: Jundzis (Hg.): Regaining Independence, a.a.O., hier S. 299f.

9   Vgl. ebd, hier S. 316–329 sowie Ieva Heimane (Hg.): Radošo savienību plenums 1. un 2. Jūnijs [Das Plenum der kunstschaffenden Verbände], Riga 2010.

teten, wurden diese in ihrem Handeln bestärkt. Die Volksfront (*Latvijas Tautas fronte*) wurde gegründet und entwickelte sich schnell zu einer Volksbewegung, die trotz der Versuche von Seiten der Kommunistischen Partei (*Latvijas Komunistiskā partija*, LKP) diese zu steuern, schon im Mai 1989 nach völliger Unabhängigkeit des Landes strebte.[10]

Der Titel dieses Tagungsbandes »Denkmäler demokratischer Umbrüche« zu der im Jahr 2013 von der Stiftung Ettersberg veranstalteten gleichnamigen Konferenz hat mich an das Gespräch mit meinem Kollegen erinnert und zugleich nachdenklich gemacht. Inwieweit kann man die »Wende«, die »Singende Revolution« oder das »Volkserwachen« als *demokratischen* Umbruch bezeichnen? Es steht außer Zweifel, dass alle Umbrüche in Osteuropa sich als demokratisch erwiesen und eine Befreiung von der doppeldeutig verschönernden »Volksdemokratie« oder der – schon eindeutig brutalen – »Diktatur des Proletariats« bedeuteten. Ist aber dieser demokratische Umbruch in allen Ländern Osteuropas gleichbedeutend? Die sogenannten Satellitenstaaten der Sowjetunion hatten ihren Status als Nationalstaaten nicht verloren. Das Baltikum war ein Sonderfall. Die drei baltischen Staaten wurden 1940 von der Sowjetunion annektiert. Für die Bevölkerungen der baltischen Staaten ging es also vorerst und vor allem um die Befreiung von langer Fremdherrschaft und um die Wiederherstellung unabhängiger Nationalstaaten.

Die Letten als Titularnation fühlten sich besonders gefährdet. Infolge der langen sowjetischen Herrschaft, der Massendeportationen und -arreste und nicht minder durch die viel kürzere Zeit der NS-Besatzung und der Kriegshandlungen der Jahre 1941 bis 1944/45, hatte Lettland große Bevölkerungseinbußen und gesellschaftliche Strukturveränderungen erlebt, sodass am Ende der sowjetischen Herrschaft die Titularnation von ehemals 75,5 auf 52 Prozent herabgesunken war. Die Anzahl der ethnischen Russen in Lettland war während der sowjetischen Ära von 10,6 auf 34 Prozent angestiegen. Den Letten drohte der Minderheitsstatus in ihrem eigenen Land. In den großen Städten war das schon geschehen.[11] Es ging deshalb den Letten vor allem darum, ihre nationale Integrität, ihre Kultur und Identität zu wahren, was nur bedingt durch eine weitgehende Autonomie innerhalb der Sowjetunion, oder aber und letzten Endes nur durch die Wiedererneuerung eines nationalen Staates und die Loslösung von der Sowjetunion möglich war – Demokratie war viel eher ein Mittel dazu als das eigentliche Ziel.

Das Freiheitsdenkmal ist ein perfektes Wahrzeichen dieser nationalen Wiedererneuerung. Seine demokratische Strahlkraft ist dagegen viel weniger aus-

---

10 Vgl. Blūzma: The Period of the Awakening, a. a. O., hier S. 329–349.

11 Die Zahlen stammen vom Staatlichen Komitee für Statistik der LSSR und sind online abrufbar unter: http://www.csb.gov.lv/sites/default/files/1989_tautas_skaitisana.pdf [20.01.2014].

geprägt. Schon die Entstehungsgeschichte wirft Fragen auf. Nach langen Debatten und mehreren Wettbewerben wurde das Freiheitsdenkmal durch Volksspenden finanziert und kann in dieser und anderer Hinsicht durchaus als »demokratisch« gelten. Mit dem Bau wurde am 18. November 1931, dem Unabhängigkeitstag, begonnen, als Lettland noch eine parlamentarische Demokratie war. Die feierliche Enthüllung fand vier Jahre später statt – am 18. November 1935, als Lettland nicht mehr demokratisch war.[12] Es herrschte eine als »autoritativ« bezeichnete Diktatur von Kārlis Ulmanis (1877–1942), die wegen ihrer Überbetonung der Letten als führende Nation wohl von der Mehrheit der lettischen Bevölkerung willkommen geheißen wurde.[13] Er hatte gegen das Denkmal nichts einzuwenden, wozu auch? Der demokratisch gesinnte Dichter Skalbe hat vielleicht nicht an diese Wende gedacht, als er den Spruch »Für Vaterland und Freiheit« verfasste. Ob er unter »Freiheit« nicht nur nationale Selbstbestimmung (also »Freiheit von«), sondern auch demokratische Selbstbestimmung (»Freiheit zu«) verstanden hat?

Die Singende Revolution verstand sich selbst als demokratisch. Die erste Unabhängigkeitsdeklaration vom 4. Mai 1990 setzte die Verfassung von 1922 wieder in Kraft. Ulmanis hatte sie seinerzeit verworfen. Der Staat Lettland sollte keine Neugründung, sondern ein Fortsetzungsstaat sein – nach mehr als fünfzig Jahren Fremdherrschaft.[14] Der Restaurierungswille setzte sich jedoch viel stärker durch als die Erkenntnis, dass vieles nach einem neuen Anfang verlangte. Just als die Restaurierung des anfänglichen demokratischen Staates in vollem Gange war, machte sich in Teilen der Bevölkerung Nostalgie nach den autokratischen, aber nationalen »Ulmanis-Zeiten« breit. Diese Periode wurde als die Blütezeit des nationalen Staates empfunden.[15] Dass der Großneffe von Karlis Ulmanis, Guntis Ulmanis,[16] 1993 zum ersten Präsidenten der Republik Lettland seit der erneuten Unabhängigkeit gewählt wurde, ist auf diese Nostalgie zurückzuführen, obgleich er während seiner Amtszeit keiner-

---

12 Siehe Fußnote 1.

13 Offizieller Lebenslauf auf Lettisch online abrufbar unter: http://www.president.lv/ pk/content/?cat_id=910 [13.05.2014]. Eine den Fakten entsprechende Kurzfassung seines Lebenslaufes findet sich für den deutschsprachigen Leser in der Wikipedia-Enzyklopädie unter: http://de.wikipedia.org/wiki/K%C4%81rlis_Ulmanis [15.02.2014].

14 Vgl. Blūzma: The Period of the Awakening, a. a. O., hier S. 252–256.

15 Vgl. Boldāne: »Labo Ulmaņlaiku«, a. a. O.

16 Die offizielle Biografie auf Lettisch ist online abrufbar unter: http://www.president.lv/ pk/content/?cat_id=916 [13.05.2014]. Eine den Fakten entsprechende Kurzbiografie zu Guntis Ulmanis ist in englischer Sprache online abrufbar unter: http://readtiger.com/ wkp/en/Guntis_Ulmanis [15.02.2014].

lei Tendenzen zum Autoritarismus offenbarte. Das Bekenntnis zur Demokratie hat auch nicht bedeutet, dass die Gesellschaft Lettlands nach rund 55 unde-
mokratischen Jahren, davon fünfzig unter totalitärer Fremdherrschaft, gleich
bereit gewesen wäre, die schwere Kunst der parlamentarischen Demokratie
zu üben. Wie schwer es noch immer ist, geht nicht nur aus Umfragen hervor.[17]
Seit 1991 hat der Staat schon 18 Regierungen erlebt.

Es ist vielleicht gewagt zu fragen, ob ein Denkmal die geistige Haltung
eines Volkes beeinflussen kann und ob diese Vergangenheitsfixierung nicht
zugleich eine mögliche Belastung bedeutet, die sich noch immer in der politischen und gesellschaftlichen Kultur des heutigen Lettland bemerkbar macht.
Die symbolische Rolle des Denkmals während der Singenden Revolution ist
unbestreitbar. Das Denkmal war zugleich Erinnerung an den verlorenen Staat,
Gedenkstätte des geschehenen Unrechts und Leidens und Bestätigung des
Wiedererwachens. Als standhaftes Symbol des lettischen Staates und seiner
Kontinuität dient es noch heute – es ist der Ort offizieller staatlicher Veran-
staltungen. Seine symbolische und zeremonielle Rolle war und ist so stark,
dass es unmöglich ist, sich ein gleichwertiges Denkmal zur Verkörperung der
Singenden Revolution vorzustellen. So ist es bei der Vergangenheit geblieben.

Auch Denkmäler, die während des Umbruchs und der wiedererlangten
Unabhängigkeit in Lettland errichtet wurden, sind vor allem vergangenheits-
gerichtet. Sie zeugen insbesondere vom Restaurierungswillen und von der
Notwendigkeit der Opfer der erlebten Unterdrückung und des Widerstandes
zu gedenken. Da der Staat keine aktive Denkmalspolitik betreibt, sind die
Denkmäler in vieler Hinsicht ein Ausdruck der in der Gesellschaft herrschenden Erinnerungs- und Ausdrucksnotwendigkeit.

Restaurierte Denkmäler der Unabhängigkeit 1918–1940

Viele Denkmäler der ersten Unabhängigkeitsperiode, vorwiegend den Freiheits-
kämpfen gewidmet, waren von den sowjetischen Behörden zerstört worden.

---

17 »According to the Eurobarometer 79 data of Spring 2013, only 15 % of respondents
   tend to trust in the parliament of Latvia, and 20 % of respondents have tend to trust
   in national government. The gap between the society and political power has grown
   considerably.« Lilita Seimuksane/Maija Vorslava: Citizens' Trust in Public Authori-
   ties of Latvia and Participation Paradigm, in: *European Scientific Journal*, 9 (2013),
   H.. 35, S. 44–59, hier S. 44. Vgl. auch die Resultate der Umfragen, die vom 10. bis 26.
   Mai 2013 von der Europäischen Kommission durchgeführt wurden, online abrufbar
   unter: http://ec.europa.eu/public_opinion/archives/eb/eb79/eb79_fact_lv_en.pdf
   [21.01.2014].

Abb. 4   Restauriertes Befreiungsdenkmal in Cēsis

Oft wurden an ihrer Stelle Lenin-Denkmäler errichtet. Die vielen Lenin-Statuen und -bilder verschwanden gleich nach der Wiedererlangung der staatlichen Unabhängigkeit. Vielerorts wurden die zerstörten Denkmäler restauriert. Zwei Beispiele verdeutlichen dies:

Als eines der ersten wurde das Denkmal in Rēzekne (Rositten) 1993 wieder aufgerichtet (Tafel 6). Es war der Befreiung Letgallens (Ostlettland) im Jahr 1920 von der Roten Armee gewidmet. Nach dem Entwurf von Leons Tomašicks wurde das Denkmal vom Bildhauer Kārlis Jansons verfertigt und 1939 eingeweiht. Die Inschrift lautet »Vereint für Lettland«. Letgallen war historisch lange von anderen Teilen Lettlands (Kurland, Livland) getrennt und stark katholisch geprägt. Das Denkmal, im Volksmund »Latgales Māra« (Letgallens Maria) genannt, vereint nationale (Volkstracht) und christliche (Kreuz) Elemente. Schon 1940, nach dem Einmarsch der sowjetischen Armee, wurde es gestürzt. Während der deutschen Besatzung wurde es 1943 wieder errichtet und 1950 von den sowjetischen Machthabern wieder zerstört. Von 1965 bis 1991 stand dort ein Lenin-Denkmal.

Das Befreiungsdenkmal in Cēsis (Wenden) wurde 1998 restauriert (Abb. 4). Die lettische und estnische Inschrift lautet »Vom Schwerte stieg die Sonne auf 1919–1920«. Obgleich das Denkmal dem gesamten Befreiungskrieg gewidmet ist, erinnert es in besonderer Weise an die Schlacht bei Cēsis vom 19. bis 22. Juni 1919, in der die estnischen und lettischen Truppen die Baltische Landeswehr und Freikorps besiegten. Das Denkmal wurde 1924 eingeweiht und 1951 von den sowjetischen Behörden gesprengt. Zwischen 1959 und 1990 stand dort ein Lenin-Denkmal.

Denkmäler den Opfern sowjetischer Unterdrückung gewidmet

Die Erwähnung sowjetischer Verbrechen war während der Zeit der kommunistischen Herrschaft strengstens untersagt. Erst in den späten 1980er Jahren konnte mit der Aufarbeitung von politischen Prozessen, Deportationen, Verhaftungen und anderen Verbrechen gegen die Menschlichkeit begonnen werden. Gedenkstätten zur Erinnerung an sowjetische Verbrechen sind überall in Lettland verstreut, die meisten davon in bescheidener Form und von Gemeinden, Organisationen, Opferverbänden (in Lettland verschonend als »Repressiertenverbände« bezeichnet) oder Einzelpersonen errichtet – anfangs mehr dem empfundenen Bedürfnis als bedachter Planung und Ästhetik folgend.[18]

Die Gedenkstätte für die Deportierten am Bahnhof Torņakalns in Riga ist ein gutes Beispiel für die ungeplante Entwicklung eines Erinnerungsortes. Der Bildhauer Ojārs Feldbergs setzte 1990 als Erster einen Gedenkstein am Bahnsteig, wo 1941 Letten für ihre Deportation in den Zug verladen wurden. Die Abbildung (Tafel 7) zeigt einen Eisenbahnwaggon, der 1996 vom Lettischen Okkupationsmuseum in Zusammenarbeit mit der Lettischen Bahn eingerichtet wurde. Neuerdings kam eine im Nachhinein gestiftete Gedenktafel mit Zahlen der Deportierten[19] hinzu. Für einen bescheidenen Vorortsbahnhof wäre das fast genug gewesen, aber dann wurde das schon vorhandene Gedenkangebot noch erweitert.

Das »Memorial für die Opfer des kommunistischen Terrors« am Bahnhof Torņakalns (Tafel 8), das sich 2001 den schon existierenden Gedenkobjekten zugesellte, ist ein Beispiel dafür, wie kompliziert, widersprüchlich und von politischen Kompromissen begleitet die Errichtung von Gedenkstätten ist und wie groß angelegte Pläne während der Phase ihrer Verwirklichung an Bedeutung verlieren.

Schon in den 1990er Jahren hatten Vertreter der lettischen Opferverbände angeregt, ein den Opfern der kommunistischen Gewaltherrschaft dediziertes zentral gelegenes und entsprechend monumentales Memorial zu errichten. Das heutige, 2012 mit Namen der Gulag-Lager und Informationstafeln versehene Statuen-Ensemble war von Anfang an umstritten. Der Bildhauer Pauls Jaunzems und der Architekt Juris Poga nannten es »Im Schneesturm«. Die grob gemeißelten Steine sollen eine im sibirischen Schnee verirrte lettische Familie darstellen.[20] Seine Gestaltung (entweder zu abstrakt oder zu konkret),

---

18 Das Lettische Okkupationsmuseum hat im Jahr 2007 damit begonnen, eine Liste von Gedenkstätten zu Ehren der Opfer und Widerstandskämpfer zu erstellen. In ihr sind 311 dieser Gedenkstätten in Riga und Vidzeme (Livland) verzeichet mit der Bitte, die Liste zu vervollständigen. Sie ist online abrufbar unter: http://okupacijasmuzejs.lv/sites/default/files/Pieminas%20vietu%20saraksts.pdf [21.01.2014].

19 So wurden am 14. Juni 1941 15.424 Letten von den Sowjets nach Sibirien deportiert und am 25. März 1949 42.125.

20 Vgl. Atklāts memoriāls komunistiskā terora upuru pieminai Torņakalnā [Den Opfern kommunistischen Terrors gewidmetes Memorial in Torņakalns enthüllt], in: *Diena* vom 3. Dezember 2012, online abrufbar unter: http://www.diena.lv/latvija/zinas/atklats-memorials-komunistiska-terora-upuru-pieminai-tornakalna-13981378 [23.01.2014].

*Abb. 5   Mahnmal »Die schwarze Schwelle«
am ehemaligen NKWD/KGB-Gebäude in
Riga*

sein Ausmaß (eher zu bescheiden) und
auch sein vorgesehener Standort (der
frühere Exerzierplatz im Zentrum von
Riga) wurden aus mannigfaltigen
Gründen sowohl von den Betroffenen
als auch von gesellschaftlichen und
künstlerischen Organisationen heftig
kritisiert.[21] So wurde dieses Denkmal
einfach nach Torņakalns umgesiedelt.
Wegen seines entlegenen Standortes
und der nachhallenden Kritik wurde
das Memorial – die großen Gedenk-
tage ausgenommen – nie zu einem
regelmäßigen Wallfahrtsort und einer
zentralen Gedenkstätte.[22]

Nachdem das KGB das vom Volk
als »Das Haus an der Ecke« benannte und gefürchtete Gebäude am
21. August 1991 verlassen musste, hauste dort bis 2007 die Lettische Staats-
polizei. Da vom Staat nichts unternommen wurde, der dort Inhaftierten,
Gefolterten und Getöteten zu gedenken, hat das Lettische Okkupationsmuseum mit gespendeten Mitteln ein Mahnmal eingerichtet (Abb. 5). Es
stammt vom Bildhauer Gļebs Panteļejevs und ist ein markantes, künstlerisch
anerkanntes Beispiel für solche Mahnmale, die ehemalige Orte der repres-
siven sowjetischen Einrichtungen kennzeichnen.

Weiße Kreuze wurden vielerorts angebracht, an diejenigen Stellen, an denen
Opfer der sowjetischen Machtorgane verscharrt wurden. Die »Weißen Kreuze«

---

21 Vgl. Nepieciešams Piemiņas memoriāls [Notwendige Gedenkstätte], in: *Diena* vom
    25. April 2001, online abrufbar unter: http://www.diena.lv/arhivs/nepieciesams-piemi-
    nas-memorials-11006554 [22.01.2014].

22 Um dem Verlangen nach einem zentral gelegenen und bedeutsamen Memorial entgegen-
    zukommen, hatte das Kultusministerium 2007 einen internationalen Wettbewerb ausge-
    schrieben, der 2008 beendet wurde. Die offizielle und auch in englischer Sprache verfüg-
    bare Hompage ist online abrufbar unter: http://www.taktila.lv/en/ [21.01.2014]. Trotz
    wiederholter Kritik hat die Regierung den Beschluss gefasst, das Memorial in der Nähe
    des Lettischen Okkupationsmuseums zu bauen. Wegen der wirtschaftlichen Krise wurde
    das Projekt zunächst eingestellt. Momentan ist aber vorgesehen, das Memorial bis 2017
    zu errichten. Vgl. Memoriāls Strēlnieku laukumā [Gedenkstätte am Platz der Lettischen
    Schützen], online abrufbar unter: http://gulags.wordpress.com/2007/12/19/memorials-
    strelnieku-laukuma/ [25.01.2014].

Abb. 6   Ehemalige Grabstätte »Weiße Kreuze« auf dem Waldfriedhof in Riga

Abb. 7   Gedenkstätte »Die zerspaltene Familie« in Smiltene

auf dem Rigaer Waldfriedhof markieren die Grabstätten von mindestens 120 NKWD-Opfern des Jahres 1941 (Abb. 6). Von den kommunistischen Machthabern wurde die Grabstätte 1969 eingeebnet und für Bestattungen freigegeben. Erst 1990 wurden die Kreuze wieder aufgestellt, ohne die Gräber der später Begrabenen zu stören. Im Jahr 2006 wurde die Grabstätte durch den Rigaer Stadtrat neu hergerichtet und ein Obelisk mit den Namen der Opfer errichtet.[23]

23 Vgl. Uldis Neiburgs: Par un pret mobilizāciju [Das Für und Wider gegen eine Mobilisierung], online abrufbar unter: http://www.tvnet.lv/zinas/latvija/186648-baltie_krusti_cekas_upuriem [24.02.2014].

»Die zerspaltene Familie« vom Bildhauer Indulis Ranka in Smiltene (Smilten) ist tatsächlich ein Denkmal des Umbruchs 1990 (Abb. 7). Es ist künstlerisch gelungen, symbolisch und emotionell ansprechend. Die Gedenkstätte ist den Opfern des sowjetischen Regimes gewidmet und spricht insbesondere die Deportation von 1941 an, als Familienväter von ihren Angehörigen getrennt wurden und in den meisten Fällen in Gulag-Lagern umkamen.[24]

Abb. 8   Gedenktafeln auf dem Friedhof in Lizums

Das ungewöhnliche Gedenktriptychon auf dem Friedhof in Lizums wurde 1998 errichtet und gedenkt namentlich aller drei Opfergruppen dieser Ortschaft, deren Anerkennung während der sowjetischen Herrschaft verboten war: den »Legionären 1943–1945«, den »Opfern des kommunistischen Terrors 1941–1961« und den »Nationalen Partisanen 1946–1951« (Abb. 8).

Gedenken an lettische SS-Legionäre und Widerstandskämpfer

Im Zweiten Weltkrieg deklarierte Lettland seine Neutralität. Trotzdem mussten um die 200.000 Letten sowohl auf sowjetischer als auch auf deutscher Seite kämpfen. Es gibt keine zuverlässigen Daten; aus den Einzelberichten über Kampf-

---

24 Siehe Fußnote 6.

handlungen auf beiden Seiten geht hervor, dass die Todesrate sehr hoch war und auf bis zu fünfzig Prozent geschätzt wird. Es gab Freiwillige, aber die meisten wurden rekrutiert. Die Widerstandskämpfer haben sowohl gegen die Deutschen als auch gegen die Sowjets gekämpft. Nach Kriegsende dauerte der bewaffnete Widerstand gegen die sowjetische Besatzungsmacht bis in die 1950er Jahre.

Wegen der langen sowjetischen Okkupation ist der Status, insbesondere der einst auf deutscher Seite kämpfenden lettischen Legionäre, aber auch der sogenannten »Waldbrüder« umstritten. Letztere sind als Widerstandskämpfer vom Staat anerkannt, werden aber von Teilen der Bevölkerung, die das kommunistische Regime unterstützten und von ihr oft gegen die Partisanen als »Zerstörer« eingesetzt wurden, noch immer als »Banditen« angesehen. Auf Grund gezielter sowjetischer, heute russischer Propaganda, und insbesondere wegen der in ihrem Kampfverband geführten Bezeichnung »SS« noch umstrittener sind die Legionäre.

Die von Hitler 1943 gegründete »Lettische SS-Freiwilligenlegion« hatte fast nichts mit Freiwilligkeit zu tun – die meisten Legionäre wurden einberufen. Die Legion war auch keine geschlossene Kampfeinheit: Ihre Divisionen und anderen Einheiten wurden auch nur als der Waffen-SS »angehörig« betrachtet; sie war eine von vielen fremdländischen Legionen unter der Ägide der Waffen-SS. Viele Letten, darunter die Legionäre selbst, betrachten die Legionäre als Kämpfer gegen den sowjetischen Feind, was wegen der Gräueltaten von 1940/41 und der nachfolgenden langen sowjetischen Besatzungs- und Repressionszeit durchaus glaubwürdig ist.[25]

Der Soldatenfriedhof lettischer Legionäre in Lestene (Abb. 9) wird von lettischen Veteranenverbänden mit staatlicher Unterstützung betreut. Viele lettische Gefallene liegen auch in deutschen Kriegsfriedhöfen in Lettland begraben, die von der Deutschen Kriegsgräberfürsorge betreut werden. Lettische Soldaten in sowjetischem Dienst liegen in sowjetischen Kriegsgräbern, deren Instandsetzung laut Staatsvertrag zwischen der Republik Lettland und der Russischen Föderation von lettischer Seite gewährleistet wird.[26]

---

25 Meine im Jahr 2008 in der Zeitschrift *Osteuropa* getätigten Überlegungen und Referenzen zu diesem Thema gelten noch heute. Vgl. Nollendorfs: Achse der Erinnerung, a. a. O., hier S. 277.

26 Dieses Abkommen ist Teil des am 30. April 1994 unterzeichneten Staatsvertrages über den Abzug russischer Truppen aus Lettland, online abrufbar unter: http://likumi.lv/doc.php?id=58917 [24.02.2014].

Abb. 9   Soldatenfriedhof lettischer Legionäre in Lestene

Abb. 10   Gefallenen Widerstandskämpfern gewidmete Gedenkstätte in Abrupe

Viele den etwa 15.000 Widerstandskämpfern gewidmete Gedenkorte oder
Denkmäler befinden sich abseits der
bewohnten Ortschaften, oft in Wäldern
und Sumpfgebieten, wo sie ihre Bunker
bauten und die meisten Kämpfe stattfanden sowie die Gefallenen begraben
wurden. In manchen Fällen wurden
jedoch die getöteten »Waldbrüder« als
Abschreckung zur Schau gestellt. In
Abrupe (Vidzeme, Lievland) ist für die
Gefallenen eine Gedenkstätte (Abb. 10)
errichtet worden mit ihren Namen und
der Aufschrift: »Im Kampf gegen das
kommunistische Regime gefallene nationale Partisanen [...][27]. Hier wurden die
Opfer von den Besatzern zur Abschreckung liegen gelassen.«

Prozesse gegen Widerständler wurden bis in die 1980er Jahre geführt.

Abb. 11   Gedenktafel für Gunārs Astra am Rigaer Gerichtshof

Gunārs Astra (1931–1989) gilt als Vor-
bild des unbeugsamen unbewaffneten geistigen Widerstandes. Er wurde zuerst
1961 wegen Spionage, Hochverrats und antisowjetischer Propaganda zu 15 Jahren Haft verurteilt. Im Jahr 1983 wurde er erneut wegen des Besitzes und der
Verbreitung antisowjetischer Literatur (darunter George Orwells *1984*) angeklagt und zu sieben Jahren Haft verurteilt. Sein *Letztes Wort* vor dem Gericht
wurde geheim aufgenommen und stellt eine eloquente Anklage gegen das
repressive kommunistische Regime dar, dessen Schlussworte an Martin Luthers
legendären Satz »Hier stehe ich und kann nicht anders« erinnern. Die Tafel
ist am Gerichtshof in Riga angebracht und informiert: »In diesem Haus wurde
am 15. Dezember 1983 der Freiheitskämpfer des lettischen Volkes Gunārs
Astra verurteilt.« Zusätzlich ziert die Gedenktafel ein Zitat aus Astras *Letztem
Wort*: »Ich glaube, dass diese Zeit wie ein Alptraum dahinschwinden wird. Das
gibt mir die Kraft hier zu stehen und zu atmen.« Nach Astra ist auch eine der
Hauptstraßen Rigas benannt.[28]

---

27 Die Auslassung bezeichnet die Namen der Getöteten.
28 Eine gute Kurzbiografie findet sich auch bei der Wikipedia Enzyklopädie, online abruf-
    bar unter: http://en.wikipedia.org/wiki/Gun%C4%81rs_Astra [24.02.2014].

Das schwere Erbe des Holocaust

Der Holocaust war das größte Massenverbrechen auf lettischem Boden während der ganzen Besatzungszeit. Etwa 70.000 von den fast 94.000 in Lettland lebenden lettischen Staatsbürgern jüdischer Abstammung wurden in der zweiten Jahreshälfte 1941 ermordet. Es wurden weiterhin um die 25.000 Juden aus dem Reich und den okkupierten Gebieten nach Lettland deportiert, von denen 20.000 ermordet wurden. Es bestehen keine Zweifel, dass der Holocaust von den Nazi-Besatzern geplant und durchgeführt wurde. Es ist ebenfalls unbestritten, dass Letten, insbesondere lettische SD-Hilfskräfte, Hilfspolizisten und Mitglieder des sogenannten Selbstschutzes an der Ermordung von Juden teilgenommen haben.[29] Der Holocaust als Thema der Erinnerung wurde jedoch in der Gesellschaft Lettlands weitgehend verdrängt. Es gibt einige Erklärungen dafür, darunter die Vertuschung des Holocaust in der sowjetischen Geschichtsdeutung des Zweiten Weltkrieges, sowie gezielte (inzwischen sich als unbegründet erwiesene) Desinformationen über das Ausmaß der Beteiligung Einheimischer. Die Errichtung von Holocaust-Gedenkstätten und -Mahnmalen vollzog sich zögerlich und wurde vorwiegend mit Spenden ausländischer Wohltäter finanziert.[30]

Die Holocaust-Gedenkstätte Rumbula (Abb. 12) bezeichnet den Ort – ein Kiefernwald im gleichnamigen Stadtteil von Riga – des sogenannten Rumbula-Massakers am 30. November und 8. Dezember 1941, an dem etwa 25.000 Juden des Rigaer Ghettos ermordet wurden. Ähnliche Gedenkstätten wurden im Rigarer Biķernieki-Wald und am Šķēde-Strand in der Nähe von Liepāja (Libau) errichtet.

Ebenso zögerlich geschah die öffentliche Anerkennung der lettischen Judenretter. Erst im Jahr 2007 wurde an der am 4. Juli 1941 niedergebrannten Ruine der Großen Synagoge in Riga eine aus öffentlichen Mitteln finanzierte, den

---

29 Vgl. Andrew Ezergailis: The Holocaust in Latvia 1941–1944: The Missing Center, Riga 1996; Aivars Stranga: The Holocaust in Nazi-Occupied Latvia, in: Valters Nollendorfs/ Erwin Oberländer (Hg.): The Hidden and Forbidden History of Latvia under Soviet and Nazi Occupations in Latvia 1940–1991, Riga 2005, S. 161–174.

30 Vgl. Nollendorfs: Achse der Erinnerung, a. a. O., hier S. 278; Ders.: Das große Schweigen und Verschweigen: Der Holocaust im (Unter-)Bewusstsein der Exilletten im Westen, in: Stefan Karner/Philipp Lesiak/Heinrihs Strods (Hg.): Österreichische Juden in Lettland. Flucht – Asyl – Internierung, Innsbruck/Wien/Bozen 2010, S. 223–248.

Abb. 12   Holocaust-Gedenkstätte Rumbula bei Riga

Abb. 13   Lettischen Judenrettern gewidmete Gedenkstätte an der Ruine der Großen Synagoge in Riga

Judenrettern gewidmete Gedenkstätte eingerichtet (Abb. 13). Hier findet jedes Jahr eine offizielle Trauerveranstaltung statt.[31]

Denkmäler des Umbruchs

Es ist überraschend, wie bescheiden die wenigen Denkmäler der Singenden Revolution an sich sind. Jährlich wird an die wichtigsten Ereignisse während des lettischen Aufstandes erinnert, insbesondere an den 4. Mai 1990 als dem Tag der Wiederherstellung der Unabhängigkeit der Republik Lettland, aber auch an den »Baltischen Weg« von 1989 und an die Rigaer »Barrikadentage« vom Januar 1991. Im Hauptquartier der Lettischen Volksfront in der Rigaer Altstadt ist ein Museum eingerichtet worden, ein anderes Museum erinnert an die Barrikaden von 1991.[32] Aber in der breiten Öffentlichkeit gibt es kaum spürbare Anzeichen für das Geschehene.

So war der »Baltische Weg« ein weltweit Aufsehen erregendes Ereignis, als am 23. August 1989, dem fünfzigsten Jahrestag des Hitler-Stalin-Paktes, zwei Millionen Balten sich an den Händen hielten und eine Menschenkette von Tallinn über Riga bis nach Vilnius bildeten. Obgleich in Riga die Menschenkette die ganze Stadt durchquerte, gab es bis in die jüngste Gegenwart hinein keine sichtbaren Zeichen der Erinnerung an dieses Ereignis, bis ein kleiner Stolperstein des litauischen Künstlers Gitenis Umbrasas am 30. August 2013 als Geschenk des Bürgermeisters von Vilnius an seinen Rigaer Kollegen verlegt wurde (Abb. 14).[33]

---

31 Ausführliche Informationen zu dieser Gedenkstätte enthält die Datenbank zu Lettland der Homepage der Stiftung Denkmal für die ermordeten Juden Europas, diese ist online abrufbar unter: http://www.memorialmuseums.org/laender/view/13/Lettland [28.01.2014]. Eine eindrucksvolle, von der Architektin Zaiga Gaile geplante Gedenkstätte für den berühmtesten Judenretter Lettlands, den Hafenarbeiter Žanis Lipke, wurde 2013 vom israelischen Staatspräsidenten Shimon Perez eröffnet.

32 Die offiziellen englischsprachigen Internetpräsenzen der Museen sind online abrufbar unter: http://www.muzeji.lv/en/museums/the-museum-of-the-popular-front/ [08.05.2014.]; http://barikades.lv/ [28.01.2014].

33 Vgl. Rīgā atklāta Baltijas ceļam veltīta piemiņas plāksne [Dem Baltischen Weg gewidmete Gedenktafel in Riga enthüllt], in: *Puaro* vom 30. August 2013, online abrufbar unter: http://www.puaro.lv/lv/puaro/riga-atklata-baltijas-celam-veltita-pieminas-plaksne [28.01.2014]. Im Gegensatz dazu haben die Litauer 2010 zu Ehren des »Baltischen Weges« in Vilnius eine in ihren Nationalfarben und durch gespendete Ziegel gestaltete Memorialwand errichtet. Vgl. Nathan Greenhalgh: Baltic Way monument unveiled in Vilnius, in: *Baltic Reports* vom 24. August 2010, online abrufbar unter: http://balticreports.com/2010/08/24/baltic-way-monument-unveiled-in-vilnius/ [28.01.2014].

Abb. 14   Stolperstein »Der Baltische Weg« in Riga

Abb. 15   Barrikadendenkmal am Parlamentsgebäude in Riga

Mit Litauen verbindet Lettland auch das blutigste Ereignis des sonst fried-
lichen Aufstandes. Als am 13. Januar 1991, dem »Vilniusser Blutsonntag«, die
sowjetischen Militäreinheiten den Fernsehturm in Vilnius stürmten, um einen
Staatsstreich gegen die nationale Regierung vorzubereiten, errichteten die
Letten in der Altstadt in Riga Barrikaden, um Angriffen auf die wichtigsten
Gebäude vorzubeugen. Nach den Ereignissen wurden Gedenksteine und ein
Kreuz mit nationaler Symbolik errichtet, die an die sieben Gefallenen erinnern.
Eine kleine Pyramide, erst 2007 gebaut, erinnert an die Barrikaden am Parla-
mentsgebäude (Abb. 15).

Denkmäler der Zukunft?

Lettland tut sich schwer mit seinen Denkmälern. Es ist einerseits begrüßens-
wert, dass der demokratische Staat keine ideologische Denkmalspolitik betreibt.
Sie ist, wie viele Beispiele zeigen, zivilgesellschaftlichen Initiativen überlassen.
Andererseits, wie das Beispiel des Memorials von Torņakalns darlegt, ist auf
solche Weise kein gesellschaftlicher Konsens erreichbar, der zur gezielten
öffentlichen Aufarbeitung des schweren geschichtlichen Erbes, seiner Überwindung und einer zukunftsweisenden gesellschaflichen Einigung führen
könnte. Aber vielleicht braucht man dazu keine Denkmäler oder Gedenkstätten herkömmlicher Art.

  Ich habe oben die gewagte Frage gestellt, ob das Freiheitsdenkmal als standhaftes Symbol der Staatsgründung den wieder hergestellten Staat nicht daran
hindert, sich selbst neu umzudenken.

  Es dürfte auch als gewagt gelten, zu fragen, ob es dennoch nicht mit anderen Mitteln als des Denkmalsbaus möglich sei, zukunftsweisende Stätten zu
errichten, die eine sich auf gesellschaftlichen Konsens beruhende und sowohl
der Vergangenheit als auch der Zukunft dienende Funktion erfüllen könnten.

  Andererseits werden dadurch keine klaren Zeichen gesetzt, die der öffentlichen Aufarbeitung und Überwindung des schweren geschichtlichen Erbes
und einer zukunftsweisenden gesellschaftlichen Einigung dienen könnten.

  Diese Fragen sollen hier anhand von zwei wichtigen öffentlichen und
zugleich symbolischen Gebäuden diskutiert werden, die vom Staat Lettland
finanziert werden. Beide werden nach den Plänen des weltweit anerkannten
und im Exil lebenden Architekten Gunnar Birkerts gebaut und sollen bald
ihre Funktionen – als Museum und Bibliothek – erfüllen.

  Das Lettische Okkupationsmuseum am linken Ufer des lettischen Schick-
salsflusses Daugava (Düna) wurde während der sowjetischen Besatzung als
ein Museum für die Roten Lettischen Schützen (*Latviešu strēlnieki*) gebaut,

Abb. 16   Geplanter Umbau des Lettischen Okkupationsmuseums in Riga

Abb. 17   Geplante Projektion »Der singende Baltische Weg« in der neuen Dauerausstellung des Lettischen Okkupationsmuseums

die einst die bolschewistische Revolution unterstützten (Abb. 16). Seit 1993 wird dort die neuere Geschichte aufgearbeitet. Den anfangs kupferroten, jetzt als den »schwarzen Klotz« bezeichneten Bau will Birkerts durch einen weißen Anbau verlängern, der mit einer Glaswand abgeschlossen wird. Er beschreibt seine Vision metaphorisch als den Übergang von der dunklen Vergangenheit zur hellen Gegenwart, zur aufgeklärten Zukunft. Die Planung ist fast abgeschlossen; das Gebäude soll 2015 fertig sein.[34]

Seiner Metapher folgend, wird die neue Dauerausstellung die Geschichte der Okkupation als eine Epoche einer langen und tragischen, durch militärische Übermacht vollzogene Unterbrechung der lettischen Unabhängigkeit darstellen, die durch Verbrechen gegen die Menschlichkeit, durch Unterdrückung, Ausbeutung, Kolonisierung, Widerstand und Kollaboration gekenn-

---

34 Das Okkupationsmuseum (http://www.occupationmuseum.lv) ist ein gutes Beispiel staatlicher und gesellschaftlicher Zusammenarbeit. Das Gebäude wurde vom Staat erbaut; das Museum gehört einem eingetragenen Verein und wird vorwiegend durch Spenden finanziert.

zeichnet ist. Als zentrales Symbol der Okkupation wird ein Wachturm im Ausstellungsraum hervorragen. Inmitten der Singenden Revolution gelangt der Besucher, während er den an die Wand projizierten »Baltischen Weg« betrachtet, mittels einer »Treppe zur Freiheit« nach oben zu einem Balkon, der die Befreiung, die Aufarbeitung der Vergangenheit und somit die bessere Zukunft symbolisiert (Abb. 17).

Abb. 18   »Lichtschloss« – die neue Nationalbibliothek Lettlands

Am anderen Ufer der Daugava ist der schon während der ganzen zweiten Unabhängigkeitsperiode begonnene Neubau der 1919 gegründeten Lettischen Nationalbibliothek fertiggestellt worden (Abb. 18). Das neue Gebäude ist metaphernreicher als das Okkupationsmuseum. Der Form nach ist es dem folkloristischen Glasberg nachempfunden, auf dessen Spitze die bezauberte Prinzessin schlafend auf ihren Retter wartet. Im Drama des lettischen Dichters Rainis (1865–1929) ist es der herzensreine dritte Sohn, der mit dem magischen goldenen Pferd den Gipfel erreicht und die Prinzessin befreit. Das 1910 entstandene Stück wurde als Gestaltungssymbol der Befreiung aufgefasst. Eine andere Metapher, die sich durchgesetzt hat, ist die vom »Lichtschloss« (*Gaismas pils*), das im Gedicht des nationalromantischen Dichters Auseklis (1850–1879) als das Symbol der im Mittelalter verlorenen aber wieder auferstandenen Freiheit besungen wird. Vom Großmeister der lettischen Musik Jāzeps Vītols (1863–1948) komponiert, wurde das Lied zum Symbol des Widerstandes gegen die sowjetische Besatzung schlechthin. Das Wort »Licht« hat aber in der lettischen Sprache auch die Bedeutung von Weisheit, Lehre und Aufklärung. Somit verbindet das gewagte modernistische Gebäude von Birkerts die nationale Romantik des 19. Jahrhunderts mit der Gegenwart und der Zukunft.[35] Die Bibliothek soll zum kulturellen und geistigen Zentrum Lettlands werden, die ihr Licht in das ganze Land verbreitet – heutzutage schon mit Hilfe modernster Elektronik. Bücher sollen freilich noch immer eine wichtige Rolle spielen, wie schon während der Zeit des »Ersten Volkserwachens«, als die Letten sich zu einer eigenständigen Nation bekannten, und während des »Zweiten Volkserwachens«, als sie wieder auf die Kraft der Bildung setzten, um ihren jungen Staat aufzubauen. Dass das »Lichtschloss« nach langen Streitigkeiten endlich entstanden ist, beweist, dass es auch den Vertretern des »Dritten Volkserwachens« darum geht, die Letten zu einer aufgeklärten Gesellschaft als feste Grundlage des Staates zu erziehen.

Das Freiheitsdenkmal war und ist ein Denkmal der lang ersehnten und endlich erfochtenen Souveränität der lettischen Nation. So wird es bleiben. Das »Lichtschloss« wird aber – es ist zu erhoffen – darüber hinaus auch zur wirklichen Erleuchtung und somit zur Freiheit aufgeklärter Menschen führen. Dann wird man den Wörtern der Inschrift des Freiheitsdenkmals »Für Vaterland und Freiheit« das Wort »Demokratie« hinzufügen können.

---

35 Auf der offiziellen Homepage der Nationalbibliothek (http://www.lnb.lv) kann man sich auch einen optischen Eindruck von dem Neubau verschaffen.

Alvydas Nikžentaitis/Rasa Čepaitienė

Über die Brüchigkeit homogener Erinnerungskultur:
Der Fall Litauen

1. Theoretische Vorbemerkungen

Die Transformationsprozesse in Ostmitteleuropa von 1989 bis 1991 wurden vom Sturz alter und dem Bau neuer Denkmäler begleitet.[1] Dies war nicht nur ein Zeichen für die wirtschaftlichen und ideologischen Umwälzungen in der Region, sondern auch ein Symbol für das Sterben einer alten Erinnerungskultur und die Geburt einer neuen. Das Zusammenspiel von Ideologie und Erinnerungskultur bei Denkmälern darzustellen, scheint eine besonders wichtige Aufgabe zu sein, da ein Denkmal ohne breiteren Kontext nicht per se für oder gegen Demokratie stehen kann. Die Bedeutung eines Denkmals kann erst im weiteren Rahmen der Erinnerungskultur verstanden werden.

Eine solche Behauptung führt bereits zu einem Konflikt, denn nach weit verbreitetem Verständnis gilt es den Begriff Erinnerungskultur »als einen formalen Oberbegriff für alle denkbaren Formen der bewussten Erinnerung an historische Ereignisse, Persönlichkeiten und Prozesse zu verstehen«[2]. Eine so starke Fokussierung auf »konkurrierende Erinnerungskulturen« ist aus der Perspektive der ersten Jahre des 21. Jahrhunderts auch verständlich. Vor allem nach dem Zusammenbruch des Kommunismus entstand anstelle staatlich gesteuerter »hegemonialer Erinnerungskulturen« eine Reihe konkurrierender. Diese Entwicklung konnte man in allen postkommunistischen Ländern beobachten, aber besonders stark ausgeprägt war dieser Prozess in Russland bis zirka ins Jahr 2000. Hier wurden die wichtigsten Träger der sowjetischen »hegemonialen Erinnerungskultur« – Mythen der Oktoberrevolution, des

---

1 Vgl. Günter Riederer über Speitkamp, Winfried (Hg.): Denkmalsturz. Zur Konfliktgeschichte politischer Symbolik, Göttingen 1997, in: *H-Soz-u-Kult* vom 9. Februar 1998, online abrufbar unter: http://hsozkult.geschichte.hu-berlin.de/rezensionen/452.pdf [02.04.2014].

2 Christoph Cornelißen: Erinnerungskulturen, Version: 2.0, in: *Docupedia-Zeitgeschichte* vom 22. Oktober 2012, online abrufbar unter: https://docupedia.de/zg/Erinnerungs-kulturen_Version_2.0_Christoph_Corneli.C3.9Fen?oldid=84892 [02.04.2014].

großen Sieges im »Großen Vaterländischen Krieg« – delegitimiert, und an ihrer Stelle entstand eine Reihe von neuen.[3]

Heutzutage deuten empirische Forschungen auf eine andere Tendenz hin: In Russland etabliert sich wieder eine neue vom Staat gesteuerte hegemoniale Erinnerungskultur[4], ab 2004/05 kam es zur Wende in der erinnerungskulturellen Landschaft Polens, wo als Folge neuer Prozesse eine hegemoniale Erinnerungskultur mit dem Warschauer Aufstand von 1944 als Symbol die dominierende Position eingenommen hat.[5] Auch in Litauen ist derzeit die Vorherrschaft des Topos auf den »Hitler-Stalin-Pakt« kaum zu übersehen.[6] In Deutschland ist dagegen zu der früheren hegemonialen Erinnerungskultur die den Holocaust akzentuierte, eine neue als eine mit allen Vorzeichen der Hegemonie versehene und die Betonung der deutschen Opfer in den Fokus rückende Erinnerungskultur im Entstehen.[7] Sicherlich bedeutet die Neuetablierung von hegemonialen Erinnerungskulturen noch nicht, dass die alten am Verschwinden sind. Auch in Russland existieren neben der staatlich gesteuerten auch andere Erinnerungskulturen weiter, die aber kaum oder nur sehr begrenzten

---

3   Vgl. Isabelle de Keghel: Abschied vom sowjetischen Gründungsmythos – Die Oktoberrevolution im Vergangenheitsdiskurs des spät- und postsowjetischen Russland, in: Bernd Faulenbach/Franz Josef Jelich (Hg.): »Transformationen« der Erinnerungskulturen in Europa nach 1989, Essen 2006, S. 227–252; Andreas Langenohl: Erinnerung und Modernisierung. Die öffentliche Rekonstruktion politischer Kollektivität am Beispiel des neuen Russland, Göttingen 2000, S. 166–168.

4   Vgl. Jutta Scherrer: Erinnern und Vergessen: Russlands Umgang mit (seiner) Geschichte in einer europäische Perspektive, in: Lars Karl/Igor Polianski (Hg.): Geschichtspolitik und Erinnerungskultur im neuen Russland, Göttingen 2009, S. 23–40, hier S. 39.

5   Vgl. Stefan Garsztecki: Warschauer Aufstand und Zweiter Weltkrieg. Polnische Gedächtnispolitik zwischen nationaler Kanonbildung und europäischen Ansätzen, in: Peter Oliver Loew/Christian Prunitsch (Hg.): Polen. Jubiläen und Debatten. Beiträge zur Erinnerungskultur, Wiesbaden 2012, S. 134–156, hier S. 141–144 und 146–148.

6   Vgl. Alvydas Nikžentaitis: Atminties ir atminimo kultūrų modeliai: Lietuva, Lenkija, Rusija ir Vokietija [Modelle von Erinnerungs- und Gedächtniskulturen: Litauen, Polen, Russland und Deutschland], in: Ders. (Hg.): Nuo Basanavičiaus, Vytauto Didžiojo iki Molotovo ir Ribbentropo. Atminties ir atminimo kultūrų transformacijos XX-XXI a. [Von Basanavičius, Vytautas der Große bis Molotov und Ribbentropp. Transformationen von Gedächtnis- und Erinnerungskulturen im 20.–21. Jahrhundert], Vilnius 2011, S. 439–458.

7   Vgl. Aleida Assmann: Trauma und Tabu. Schattierungen zwischen Täter- und Opfergedächtnis, in: Joachim Landkammer/Thomas Noetzel/Walter Ch. Zimmerli (Hg.): Erinnerungsmanagement. Systemtransformation und Vergangenheitspolitik im internationalen Vergleich, München 2006, S. 235–256.

Platz im öffentlichen Raum finden. Andererseits ist die hegemoniale Erinnerungskultur nicht sehr stabil. Um sozial wirksam zu bleiben, muss sie immer
wieder aktualisiert werden. Aleida Assmann hat dies sehr deutlich anhand des
»Crescendos der Holocaust-Erinnerung« festgestellt.[8] Die Stabilisierung der
Elemente von Erinnerungskultur ist gleichzeitig eine Bedrohung für sie selbst.
Assmann beschreibt sehr eindrucksvoll eine solche Situation, wenn sie die
endgültige Etablierung der Holocaust-Problematik nach dem Bau des Holocaust-Mahnmals als das Dilemma des Sieges in der Niederlage bezeichnet.[9]

Die These der kontinuierlichen Aktualisierung der Erinnerungskultur soll
am Beispiel Litauens überprüft werden. Vor allem wird untersucht, ob Denkmäler als Erinnerungsorte auch ihre Gestalt im Laufe der Zeit verändern. Des
Weiteren sollen auch parallele Erinnerungskulturen und ihre entsprechenden
Denkmäler unter die Lupe genommen werden.

Bei der Fokussierung auf Denkmäler soll deren breiterer Kontext berücksichtigt bleiben, und gleichzeitig darf nicht vergessen werden, dass neben dem
Denkmal als wichtigem Bestandteil von hegemonialer Erinnerungskultur weitere wichtige Merkmale existieren. Wenn man einen Blick auf Ost- und Mit-
teleuropa mit Deutschland wirft, sieht man deutlich, dass bei der Etablierung
einer neuen Erinnerungskultur neben dem Bau neuer Denkmäler auch die
folgenden Merkmale als zentrale Erinnerungsorte zu berücksichtigen sind:
— Gesetzgebung,
— große gesellschaftliche Debatten,
— teilweise mediale und kommerzielle Interessen,
— Schulbücher.
Diese Merkmale werden in diesem Text jedoch nicht speziell analysiert und
nur am Rande berücksichtigt.

2. Denkmal als Erinnerungsort

2.1 Der Palast der Großfürsten in Vilnius

Die Transformationsprozesse in Ostmitteleuropa könnte man als Sieg des
Nationalismus über den Kommunismus bezeichnen. Laut Peter Niedermüllers
Konzept von der Rückkehr in die Normalität wollten alle postkommunis-
tischen Länder bei ihrer Neuentwicklung an die »normale« Zeit vor dem

---

8   Vgl. Dies.: Das neue Unbehagen an der Erinnerungskultur. Eine Intervention, München
    2013, S.56ff.
9   Vgl. ebd., S.68f.

Kommunismus anknüpfen.[10] Für fast alle diese Länder war die vorgestellte
Normalität mit der Epoche der Nationalstaaten verbunden. Der Wandel vom
Kommunismus zum Nationalismus bedeutete für fast alle postkommunistischen
Länder, mit Ausnahme Polens[11], auch die Rückkehr zu ihren vorkommunis-
tischen Erinnerungskulturen. In Ländern wie Deutschland, das mit dem Jahr
1945 eine Stunde Null erlebte, assoziieren die Erinnerungskulturen mit ganz
aktuellen Ereignissen des 20. Jahrhunderts. Dabei übersieht man oft, dass sich
inhaltlich Erinnerungskulturen auch auf frühere historische Ereignisse konzentrieren können. Das war der Fall in Litauen während der Zwischenkriegszeit und auch nach dem Zusammenbruch des Kommunismus.[12]

In Litauen kehrte noch kurz vor der endgültigen Wende die Hauptfigur
der Erinnerungskultur, der litauische Großfürst des 14. bis 15. Jahrhunderts
Vytautas zurück, die schon vor dem Zweiten Weltkrieg in Litauen dominierte.
Neben antipolnischen Zügen erhielt sie Ende der 1980er/Anfang der 1990er
Jahre auch antikommunistische Eigenschaften.[13] Bereits Ende der 1980er Jahre
gab es in der litauischen Gesellschaft den Konsens, dass der Palast der litauischen Großfürsten – im 18. Jahrhundert einst abgerissen – wieder aufgebaut
werden sollte.[14] Schon damals wollte man, ohne sich dessen bewusst zu sein,
nicht nur einfach ein Denkmal, sondern einen Erinnerungsort, an dem die

---

10 Vgl. Peter Niedermüller: Der Mythos der Gemeinschaft, Geschichte, Gedächtnis und
    Politik im heutigen Osteuropa, in: Andrei Corbea-Hoisie/Rudolf Jaworski/Monika
    Sommer (Hg.): Umbruch im östlichen Osteuropa. Die nationale Wende und das kol-
    lektive Gedächtnis (= Gedächtnis – Erinnerung – Identität, Bd. 5), Innsbruck 2004,
    S. 11–27, hier S. 23f.

11 Diese Tendenzen gab es auch. Vgl. Heidi Hein-Kirchner: »an die besten Traditionen
    der Ersten und Zweiten Republik anknüpfend«. Polnische Erinnerungskultur im öffent-
    lichen Raum nach 1989, in: *Zeitschrift für Ostmitteleuropa-Forschung*, 59 (2011), H. 3,
    S. 344–365, hier S. 347f. Aber bald wurden sie durch ganz neue Inhalte der Erinne-
    rungskultur ersetzt, die Vertreter der Solidarność noch im kommunistischen Polen
    formuliert hatten.

12 Litauen ist dabei keine große Ausnahme. Zur Situation in Belgien vgl. Dieter Lange-
    wiesche: Unschuldige Mythen: Gründungsmythen und Nationsbildung in Europa im
    19. und 20. Jahrhundert, in: Kerstin von Linden (Hg.): Kriegserfahrung und nationale
    Identität in Europa nach 1945, Paderborn 2009, S. 27–41.

13 Vgl. Alvydas Nikžentaitis: Der Vytautas-Kult in Litauen (15.-20. Jahrhundert) und
    seine Widerspiegelung im Denkmal, in: Sven Ekdahl (Hg.): Das Denkmal im nördlichen
    Ostmitteleuropa im 20. Jahrhundert. Politischer Kontext und nationale Funktion
    (= Nordost-Archiv, Bd. VI/1997, H. l), Lüneburg 1997, S. 131–145.

14 Noch 1999 sprachen sich über siebzig Prozent der Litauer für den Wiederaufbau des
    Palastes aus. Vgl. Beatričė Laurinavičienė, Apie Valdovų rūmus be emocijų [Über den
    Palast der Großfürsten ohne Emotionen), in: *Verslo žinios* vom 24. Mai 2013, S. 15.

Inhalte der Erinnerungskultur den zeitgenössischen Bedürfnissen angepasst
werden würden. Der Ort, an dem der Palast aufgebaut werden sollte, hatte
schon vorher symbolische Bedeutung für die Litauer. Noch in der Zwischenkriegszeit diente die in der Nähe vom Palast stehende Kathedrale, wo sich bis
zum 17. Jahrhundert das Grab des Großfürsten Vytautas befand, als Beweis,
dass Vilnius immer litauisch war und ist. Auch ein anderes, in der Nähe ste-
hendes symbolträchtiges Gebäude, der Turm von Gediminas, diente demsel-
ben Zweck.[15] Man kann in diesem Fall sogar behaupten, dass die Rückkehr
des Nationalismus in Litauen nicht nur auf die vorkommunistische Zeit zurück-
griff, sondern auch auf die nationalen Symbole jener Zeit.

Solange der Palast noch nicht wiederaufgebaut war, füllte man die Lücke
mit einer Reihe von kleineren Denkmälern. In ganz Litauen wurden in der
Sowjetzeit zerstörte Vytautas-Denkmäler neu errichtet (Abb. 1).[16]

Abb. 1   Vytautas-Denkmal in Kaunas

15 Vgl. Dangiras Mačiulis/Rimantas Miknys/Alvydas Nikžentaitis: »Okupacja Wilna«
     w pamięci Litwinow [Die Okkupation von Vilnius in der Erinnerung von Litwinow],
     in: *Przegląd powszechny*, Nr. 3/2012 (1087), S. 72–84.
16 Vgl. Jurgis Bučas/Ramutė Mačikėnienė (Hg.): Vytautas Didysis ir mes [Vytautas der
     Große und wir], Kaunas 1991.

Man errichtete 1996 in Vilnius auch ein Denkmal für einen anderen litauischen Großfürsten des 14. Jahrhunderts: Gediminas (Tafel 9).

Die litauische Erinnerungskultur mit den Großfürsten im Vordergrund hatte über nicht ganz 15 Jahre eine dominierende Position, als sie durch die aktuelle Meistererzählung über Verlust und Wiedergewinn der Unabhängigkeit Litauens ersetzt wurde. Allerdings unterlag in dieser Zeit auch diese Erinnerungskultur einem strukturellen Wandel: Das Bestreben Litauens Mitglied in NATO und EU zu werden, war die Ursache dafür, warum der Großfürst Vytautas seine dominierende Position verlor und diese an den ersten König Litauens, Mindaugas, abgeben musste. Dieser König des 13. Jahrhunderts war der erste, der sich taufen ließ, und wurde dadurch als erster Europäer litauischer Herkunft interpretiert, der gleichzeitig die Wünsche der Bevölkerung Litauens am Ende des 20. Jahrhunderts, sich ins Abendland zu integrieren, gut verkörperte. Schon deswegen verdiente er ein Denkmal im Zentrum von Vilnius – zwei Jahre bevor Litauen EU- und NATO-Mitglied wurde. Dieses litauische Beispiel ist sehr wichtig für das allgemeine Verständnis der Funktionsweise der im Land dominierenden Erinnerungskultur: Auch wenn sie eine dominante Position innehat, muss sie sich fortwährend im Wandel befinden, damit sie weiter sozial wirksam bleibt. Dieser Wandel umfasst auch Denkmäler, die die Funktion von Erinnerungsorten erfüllen. Das Beispiel der Denkmäler um die Kathedrale in Vilnius (Abb. 2 u. 3) ist die beste Bestätigung hierfür.

Abb. 2   Kathedrale in Vilnius vor 1989

Abb. 3   Kathedrale St. Stanislaus und Palast der Großfürsten in Vilnius

Eine ähnliche Transformation hat später ein anderer Erinnerungsort, das Museum für die Opfer des Genozids in Vilnius, erlebt (Abb. 4). Paradoxerweise wurde erst im Jahr 2009 der Palast der Großfürsten erbaut, in einer Zeit als dieses Leitmotiv der litauischen Erinnerungskultur seine Aktualität verlor und durch eine neue Geschichte ersetzt wurde.

2.2 Das Museum für die Opfer des Genozids

Als erst im Jahr 2000 die erste Ausstellung über die Verfolgung der (vor allem) Litauer während der Sowjetzeit im ehemaligen KGB-Museum (eröffnet 1992) eingerichtet wurde[17], konnte sich niemand vorstellen, dass nach knapp zehn Jahren sich dieses Museum zum wichtigsten Erinnerungsort der neuen Erinnerungskultur Litauens entwickeln würde.

Zwar entstanden in Litauen noch kurz vor der Wiedererlangung der Unabhängigkeit Deportierten-Verbände, die nach 1990 erreichten, dass alle wichti-

---

17 Das Museum ist 1992 gegründet worden. Seit 1997 ist es Bestandteil des Departements für Erinnerungspflege beim Litauischen Zentrum für Erforschung von Genozid und Widerstand der litauischen Bevölkerung, vgl. hierzu auch die offizielle Homepage unter: http://www.genocid.lt/.

Abb. 4   Museum für die Opfer des Genozids in Vilnius, mit den Namen der Opfer versehen

gen Daten über die Okkupationen und Deportationen per Gesetz als erinne-
rungswürdig bestätigt wurden[18], aber das Thema blieb bis zirka 2005 nur ein
sehr wichtiger Teil des kommunikativen Gedächtnisses der Litauer. Für den
Wandel des kommunikativen Gedächtnisses zur Erinnerungskultur gab es verschiedene Gründe, vor allem aber außenpolitische: 2004 wurde Litauen EU-
und NATO-Mitglied. Das bedeutete vor allem, dass die frühere Ausrichtung
auf das Abendland ihre Aktualität verlor. Inzwischen gelang es auch, sich mit
Polen auszusöhnen, und Polen verlor seine Position als Feind Nummer eins.
Um das Jahr 2005 wurde der polnische Nachbar fast als strategischer Verbün-
deter betrachtet. Wie beim ersten Fall wurde die weitere Nutzung der litauischen Erinnerungskultur, an deren Spitze die Großfürsten standen, sinnlos.

Mit der Ernennung Putins zum Präsidenten Russlands im Jahr 2000 verschärften sich die politischen Beziehungen zwischen Litauen und Russland,
es kam sogar zu erinnerungskulturellen »Kämpfen«, bei denen von litauischer
Seite besondere Aufmerksamkeit lag auf der Weigerung des russischen Staates

---

18 Vgl. Vasilijus Safronovas: Lietuvos atminimo politikos tendencijos po 1990 metų [Ten-
    denzen der Erinnerungspolitik in Litauen nach 1990], in: Nikžentaitis (Hg.): Nuo
    Basanavičiaus, a.a.O., S. 337-378.

die Annexion der baltischen Länder anzuerkennen. Von russischer Seite wurde die tatsächliche oder scheinbare Kollaboration der Litauer mit NS-Deutschland akzentuiert.[19] Diese Kontroversen gipfelten 2005 in einer großen Diskussion, in deren Zentrum die Frage stand, ob Präsident Adamkus nach Moskau fahren solle, um dort am 9. Mai den Tag des Sieges zu feiern.[20] Während dieser Diskussion wurde Russland zum Feind Litauens ummarkiert und die Erinnerung an Okkupation, Deportationen und Befreiung zum dominierenden Diskurs der litauischen Erinnerungskultur.

Eine indirekte Bestätigung dafür, dass der Wandel der litauischen Erinnerungskultur erst am Anfang des 21. Jahrhunderts stattfand, liefert uns die Geschichte eines anderen interessanten Objektes: der Park der sowjetischen Skulpturen in Grūtas (Tafel 10).

Die Idee, die abgerissenen sowjetischen Denkmäler an einem Ort wieder aufzustellen, wurde in der litauischen Gesellschaft heftig diskutiert. Die Gegner dieses Parks sahen in der Realisierung dieser Idee die Gefahr der Wiederbelebung des Kommunismus in Litauen. Die Reihen der Befürworter waren mehrfach gespalten. Zwar gab es unter den Anhängern in der Tat prokommunistische Kräfte, aber die Mehrheit dieses Lagers plädierte für den Park, weil die sowjetischen Skulpturen für sie als Erinnerung an ihre Jugend dienten. Für eine andere Gruppe von Befürwortern gehörte der Kommunismus bereits der Geschichte an – und noch dazu einer absurden. Ihrer Meinung nach ist dieser Park ein Beleg für übertriebenes ideologisches Denken und daher ein Denkmal des Antikommunismus.[21] Interessant an diesem Ort – vielleicht ist dieser Park

---

19 Vgl. Elena Zubkova: Sowjetische Vergangenheit der baltischen Staaten: Schwerpunkte und Kontroversen der kollektiven Erinnerung und Geschichtsschreibung, in: Oliver Rathkolb/Imbi Sooman (Hg.): Geschichtspolitik im erweiterten Ostseeraum und ihre aktuellen Symptome – Historical Memory Culture in the Enlarged Baltic Sea Region and its Symptoms Today, Göttingen 2011, S. 89–110.

20 Dieses Ereignis hat auch die Meinung der litauischen Gesellschaft in zwei gleich große Teile gespalten. Zu den Wahlergebnissen der Bevölkerungsumfrage von 2005 vgl.: Gyventojai prieštaringai vertina V. Adamkaus sprendimą nevykti į Maskvą [Bevölkerung bewertet die Entscheidung von Adamkus nach Moskau nicht zu kommen widersprüchlich], online abrufbar unter: http://www.balsas.lt/naujiena/266630/gyventojai-priestaringai-vertina-v-adamkaus-sprendima-nevykti-i-maskva/rubrika:naujienos-projektai-projektuarchyvas-archyvas_2003-2006 [02.04.2014].

21 Vgl. Alvydas Nikžentaitis: »Gestürzte und neu errichtete Denkmäler: Geschichte im Transformationsprozess Litauens«, GegenErinnerung. Geschichte als politisches Argument im Transformationsprozeß Ost-, Ostmittel- und Südosteuropas (= Schriften des Historischen Kollegs. Kolloquien, Bd. 61), hg. von Helmut Altrichter, München 2006, S. 67–78.

das bis heute meist besuchte Objekt in Litauen – ist nicht nur die Mehrdeu-
tigkeit parallel existierender Deutungen, sondern die Tatsache, dass die Gegner des Parks ihre Ideen Ende der 1990er Jahre nicht durchsetzen konnten.
Dieser Umstand dient uns als indirekter Beweis, dass sich die Meistererzählung
über Verlust und Wiedererlangung der Unabhängigkeit in Litauen damals
noch nicht durchsetzen konnte.

Nach dem Jahr 2005 war die Situation bereits eine andere. Natürlich reicht
allein die Diskussion der Beziehungen Russlands zu Litauen nicht aus, um
diesem Thema eine dominante Position zukommen zu lassen, zusätzlich erfolg-
ten entsprechende Schritte in der Gesetzgebung und beim Aufbau neuer Denkmäler, Monumente und Erinnerungsorte, außerdem erschienen eine Reihe von
Dokumentationen und historischen Filmen zu diesem Thema.[22] In der Zeit
um das Jahr 2005 veränderte sich auch das Museum für die Opfer des Genozids. Eine neue Filiale des Museums wurde errichtet, und die neueste Geschichte
des Widerstandes gegen Ende der 1980er Jahre in die Meistererzählung integriert. Neben dem ehemaligen KGB-Museum entstand im Jahr 2006 das Denkmal für die litauischen Deportierten (Abb. 5), und man diskutiert bis heute,
welches Denkmal auf dem ehemaligen Lenin-Platz gegenüber dem Museum
erbaut werden soll.[23]

Inzwischen ist abzusehen, dass auch dieses Denkmal dem weiter dominierenden Thema der litauischen Erinnerungskultur gewidmet sein wird. Diese
Erweiterungen des Museums für die Opfer des Genozids bestätigen ähnlich
wie der Palast der Großfürsten den permanenten Wandel der homogenen
Erinnerungskultur Litauens. Ende der 1980er/Anfang der 1990er Jahre, als
dieses Thema noch Gegenstand des kommunikativen Gedächtnisses war, gab
es viele Diskussionen über die litauischen Deportierten; Ende der 1990er wurde
es um den Partisanenkrieg gegen die Sowjets nach dem Zweiten Weltkrieg
ergänzt, später gehörten auch die Geschichten der litauischen Dissidenten der
1970er und 1980er Jahre zu dieser Meistererzählung. Seit ein paar Jahren zäh-
len auch die »Sąjūdis«-Bewegung, die baltische Menschenkette sowie die blutigen Januarereignisse von 1991 dazu. Um die litauische Erinnerungskultur

---

22 Vgl. Ders.: Atminties ir istorijos politika Lietuvoje [Gedächtnis- und Erinnerungs-
    politik in Litauen], in: Ders.: Atminties daugiasluoksniškumas. Miestas, valstybė
    regionas [Die Mehrschichtigkeit der Erinnerung. Stadt, Staat, Region], Vilnius 2013,
    S. 517–538.

23 Vgl zur Diskussion: Lukiškių aikštės paminklo konkursas nepateisino kultūros ministro
    Šarūno Biručio lūkesčių [Wettbewerb für das Denkmal im Platy Lukiškės entsprach nicht
    den Erwartungen des Kulturministers Birutis], online abrufbar unter: http://www.15min.
    lt/naujiena/aktualu/lietuva/lukiskiu-aikstes-paminklo-konkursas-nepateisino-kulturos-
    ministro-saruno-birucio-lukesciu-56-356391 [02.04.2014].

Abb. 5   Denkmal für die litauischen Deportierten in Vilnius

sozial wirksam zu machen, wurde sie nicht nur durch neue Ereignisse ergänzt, sondern manche Ereignisse wie die baltische Menschenkette und die Januarereignisse 1991 wurden neu interpretiert. Von 1989 bis in die letzten Jahre hinein wurde die baltische Menschenkette als Trauertag, der an den Hitler-Stalin-Pakt von 1939 erinnern sollte, gefeiert. Auch bei den Jahrestagen zu den Januarereignissen standen die Opfer im Vordergrund. Ungefähr seit 2009 wird an diesen Tagen verstärkt die Thematik des Sieges über den Kommunismus akzentuiert. Diese Uminterpretation fand ihren Niederschlag in der Gesetzgebung: Seit 2009 gedenkt man in Litauen nicht mehr ausschließlich des Hitler-Stalin-Paktes, sondern auch der baltischen Menschenkette. Dementsprechend heißt dieser Tag im litauischen Gesetz nicht mehr nur »Tag des schwarzen Bandes«, sondern »Tag des schwarzen Bandes und der baltischen Menschenkette«[24]. Diese Erweiterung der Erinnerungskultur fand wiederum

---

24 Vgl. Alvydas Nikžentaitis/Irena Šutinienė: Baltijos kelio dvidešimtmetis: eilinis jubiliejus ar kultūrinės atminties transformacijos pradžia? [Zwanzig Jahre nach der baltischen Menschenkette: ein alljährliches Jubiläum oder Anfang der Transformation des kulturellen Gedächtnisses?], in: Lietuvos istorijos metraštis [Jahrbuch der Geschichte Litauens], Nr. 1/2010, Vilnius 2011, S. 71–84.

Abb. 6   Armija-Krajova-Denkmal in Paneriai

Abb. 7   Denkmal für die Opfer des Holocaust in Paneriai

ihren Niederschlag in den entsprechenden Erinnerungszeichen. Nach langen
Debatten im Parlament wurden erst im 21. Jahrhundert konkrete Schritte zur
Errichtung kleiner Gedenkzeichen gemacht: 2005 wurde ein Denkmal in der
Nähe des Fernsehturms errichtet, 2008 auch in der Nähe des litauischen Par-
lamentes. Thematisch ergänzen sie alle das Museum für die Opfer des Geno-
zids als einen der zentralen litauischen Erinnerungsorte.

3.   Denkmäler als Zeugnisse der Erinnerungskulturen anderer
     Länder in Litauen

Litauen gehört zu einer Reihe von Staaten, die aus verschiedenen Ethnien
bestehen. Vertreter der nichtlitauischen Gruppen lassen sich nicht selten mit
Erinnerungskulturen anderer Länder identifizieren bzw. andere Länder haben
ein Interesse daran, dass symbolträchtige Figuren ihrer Erinnerungskultur
auch auf dem Boden Litauens entstehen können. Beispiele hierfür sind leicht
zu finden. In der Anlage von Paneriai werden die dort ermordeten Opfer der
polnischen Heimatarmee seit dem Jahr 2000 mit einem entsprechenden Denkmal geehrt (Abb. 6).[25]
    Wenn die Holocaust-Erinnerung auch internationalisiert ist, so lässt die
Tatsache, dass das Denkmal für die Opfer des Holocaust (Abb. 7) auf Kosten
jüdischer Organisationen erbaut wurde (ähnlich wie dasjenige für die Heimatarmee), es als Zeichen israelischer Erinnerungskultur interpretieren.
    Für die russischstämmigen Litauer mussten keine neuen Denkmäler erbaut
werden. Die noch zur Sowjetzeit entstandenen Friedhöfe der sowjetischen
Soldaten mit entsprechenden Denkmälern dienen als Erinnerungsorte, an
denen auch in Litauen an den Sieg im »Großen Vaterländischen Krieg«, dem
zentralen Element der heutigen Erinnerungskultur Russlands, vor allem am
9. Mai gedacht wird (Abb. 8).

4.   Denkmäler als Merkmale unterschiedlicher kommunikativer
     Gedächtnisse

Obwohl die homogene Erinnerungskultur eine viel stärkere Auswirkung auf
Menschengruppen hat, findet man in urbanen Räumen Litauens auch Denkmä-

---

25 Vgl. Walentyna Treszczyńska: Zbrodnia w Ponarach nie może być zapomniana [Das
    Verbrechen in Ponary darf nicht vergessen werden], online abrufbar unter: http://www.
    tygodnik.lt/200945/wiesci4.html [02.04.2014].

Abb. 8   Denkmal für die sowjetischen Soldaten auf dem Friedhof Antakalnis

ler, die eher dem kommunikativen Gedächtnis zugeordnet werden können. Vor
allem nationale Minderheiten legen sehr großen Wert darauf, dass ihre kulturellen Leistungen Anerkennung in der ganzen Gesellschaft finden. Dabei spielen
Denkmäler als Zeichen dieser Anerkennung eine große Rolle. Das Verhältnis der
einzelnen kulturellen Merkmale zur Erinnerungskultur ist nicht eindeutig. Eines
ist klar: Sie toleriert nur solche Zeichen der Erinnerung, die nicht direkt den
Inhalten der Erinnerungskultur widersprechen. Der Wunsch einer Stadtverwaltung in Litauen am Haus des polnischen Marschalls Piłsudski eine Gedenktafel
anzubringen[26], wurde abgelehnt, weil darin eine Gefahr für die litauische Identität gesehen wurde. Auch die Forschungen zu Stadtjubiläen in Russland nach
der Jahrtausendwende zeigen eine ähnliche Tendenz: Auf der lokalen Ebene
wurden lediglich diejenigen Elemente der Vergangenheit exponiert, die im Ein-
klang mit der dominierenden Erinnerungskultur in Russland stehen.[27]

---

26 Vgl. Politinių kalinių ir tremtinių sąjunga piktinasi idėja įamžinti J.Pilsudskio atminimą
    Druskininkuose [Verband der politischen Häftlinge und Vertriebenen ist empört über
    die Pläne, die Erinnerung an J. Piłsudski in Druskininkai zu fixieren], online abrufbar
    unter: http://www.delfi.lt/news/daily/lithuania/politiniu-kaliniu-ir-tremtiniu-sajunga-
    piktinasi-ideja-iamzinti-jpilsudskio-atminima-druskininkuose.d?id=35617345gl
    [02.04.2014].

27 Vgl. Jan Kusber: Stadtjubiläen im postkommunistischen Russland, in: Rudolf Jaworski/
    Jan Kusber (Hg.): Erinnern mit Hindernissen. Osteuropäische Gedenktage und Jubiläen
    im 20. und zu Beginn des 21. Jahrhunderts, Berlin 2011, S. 79–98.

Abb. 9   Shabad-Denkmal in Vilnius

Dabei spielt das kommunikative Gedächtnis der Stadtbewohner eine gewisse Rolle, im litauischen Fall zum Beispiel die Multikulturalität in Vilnius und Klaipeda.[28] Die meisten Denkmäler für nichtlitauische Helden sind nicht zufällig in diesen Städten zu finden: in Vilnius für die jüdische und russische Kultur (Abb. 9), in Klaipeda für die deutsche. Dieser Trend im Denkmalsbau ist eine noch ziemlich neue Erscheinung in Litauen, wobei Parallelen zur Entstehung nicht national, sondern abendländisch konnotierter Denkmäler zu erkennen sind (Tafel 11).

5.   Denkmäler als Zeugnisse der abendländischen Kultur

Der Anfang dieser Bewegung begann mit der Errichtung eines Denkmals für die US-amerikanische Rocklegende Frank Zappa 1995, der selbst nie in Vilnius oder im Baltikum gewesen war (Tafel 12).

---

28 Vgl. Irena Šutinienė: Komunikacinė atmintis Lietuvos didžiuosiuose miestuose [Kommunikatives Gedächtnis in Großstädten Litauens], in: Nikžentaitis: Atminties daugiasluoksniškumas [Die Mehrschichtigkeit der Erinnerung], a. a. O., S. 397–430 und 459–482.

Wenig später initiierte diese Gruppe von Stadtbürgern weitere Aktionen, von denen die Gründung der »Republik Užupis«, einem Stadtteil von Vilnius, vor 15 Jahren besondere Aufmerksamkeit verdient. Idee dieser Republik war die Wiederbelebung des damals noch sehr zerfallenen Stadtteils mit Hilfe von verschiedenen künstlerischen Aktionen. Im Zentrum dieser Bewegung standen nicht irgendwelche nationalen Motive, sondern der frei schaffende Mensch und freie Bürger. Dieser Gedanke fand schon bald Ausdruck im Symbol dieses Stadtteils: dem Denkmal für den Engel von Uzupis. Solche unpolitischen Denkmäler wurden bald zur Tradition. Anfang der Jahrtausendwende entstand in Klaipeda eine Reihe von solchen Denkmälern für Mäuse, Katzen und alle Bewohner Klaipedas. In Vilnius entstand 2013 als eine Künstleraktion ein spontanes Denkmal für John Lennon aus Sand. Der Bau eines »richtigen« Denkmals für diesen Musiker befindet sich derzeit in Planung.

6.   Demokratie und Denkmal

Zum Abschluss ein paar Bemerkungen zum Thema Demokratie und Denkmal: Der Niedergang des Kommunismus bedeutete in gewisser Weise auch den Sieg der nationalen Idee, die in den Erinnerungskulturen postkommunistischer Staaten dominant war bzw. ist. Diese Umwandlungen kann man als antikommunistisch charakterisieren, demokratisch waren und sind sie nicht. Die Dominanz des Nationalismus hat ihre Widerspiegelung auch in den Denkmälern gefunden. In Staaten wie Litauen, die nach heutigen Begriffen als multikulturell zu bezeichnen sind, bedeutete diese Wende meist die Nichtberücksichtigung der Interessen anderer nationaler Gruppen und führte nicht zu Konsens, sondern zu Konflikten in der Gesellschaft. Andererseits wäre es falsch, die ganze Aufmerksamkeit nur auf Denkmäler, die Symbole von Erinnerungskultur sind, zu fokussieren. Der Fall Litauen hat sehr deutlich auch andere Typen von Denkmälern hervorgebracht. Sie bieten Alternativen der gesellschaftlichen Identifikation und ergänzen dadurch die national konnotierten Denkmäler. Deswegen erscheint es uns sehr problematisch, ein konkretes Denkmal als demokratisch oder undemokratisch zu bezeichnen. Man muss immer das Gesamtbild vor Augen haben und vor allem sich selbst die Frage stellen: Ist die Denkmalslandschaft vielfältig oder homogen? Denn nur Vielfalt und die daraus resultierende Repräsentativität der Vielfalt ist ein Zeichen für Demokratie.

Mária Schmidt

Denkmälerlandschaft – Symbolische Ausdrucksformen politischen Willens in Ungarn

> »Dauerhafter als Erz führt' ich ein Ehrenmal.«
> *Horaz*

> »Die Vorstellungswelt des Durchschnittsmenschen ist
> schwach entwickelt. Ohne sichtbare Symbole bemerkt er gar nichts,
> und vieles ist er ohne Symbole kaum in der Lage, zu begreifen.«
> *Walter Bagehot, 1867*

> »Häufig sind gerade jenen die größten Menschen einer Nation, die
> durch sie umgebracht werden.«
> *Ernest Renan*

Am 23. Oktober des Jahres 1956 marschierten die ungarischen Revolutionäre zu dem auf der György-Dózsa-Straße protzenden, riesigen Stalin-Denkmal, um es umzustürzen.[1] Von dem Symbol der über Ungarn herrschenden sowjetischen Besatzer und des verhassten kommunistischen Systems ließ man nur die Stiefel übrig, seine anderen Teile, darunter auch seinen Kopf, rollte die Masse durch die Innenstadt und zerbrach diesen in kleine Stücke (Abb. 1). Der Aufmarschplatz, auf dem die kommunistische Staatsmacht ihre, die eigene Kraft betonenden Paraden veranstaltete, benannte das ungarische Volk sofort in »Stiefel-Platz« um.

Am 19. Oktober 1956 gingen die Freiheitskämpfer auch mit einem anderen Denkmal auf die gleiche Weise um. Sie stießen die Figur des sowjetischen Soldaten aus dem Skulpturenensemble des Freiheitsdenkmals auf dem Gellért-Berg um (Abb. 2). Letztere wurde vom Kádár-System später wieder auf seinen ursprünglichen Platz gestellt, damit seine Figur uns alle bis ans Ende der sow-

---

1 Die acht Meter hohe Skulptur von Sándor Mikus (1903–1982), die auf einem beinahe zwei Meter hohen Postament stand, war am 16. Dezember 1951 enthüllt worden. Die Reliefs auf dem Postament waren bis zum März des Jahres 1953 fertig gestellt worden.

Abb. 1   »Stalins Stiefel« des einstigen Stalin-Denkmals in Budapest mit der Kreideaufschrift: »Stiefel-Platz 1«

jetischen Besatzung an das schmerzliche Fehlen unserer nationalen Unabhängigkeit erinnere – und an die Realität, die durch die Rote Armee geschaffen worden war.

Die auf den öffentlichen Plätzen errichteten Denkmäler gehören, zusammen mit den Straßennamen, zu jenen wichtigsten symbolischen Ausdrucksformen, mit deren Hilfe sich eine politische Gemeinschaft, ein politisches System an eine breite Masse wenden kann. All diejenigen Helden, deren Vermächtnis sie in voller Verantwortung angetreten hat, kann eine Regierung benennen, diese mit einer herausragenden Bedeutung bekleiden und zum Vorbild für eine

Abb. 2   Denkmalsturz in Budapest auf dem Gellért-Berg mit seiner Freiheitsstatue

nationale Identitätsgemeinschaft erklären. Dieser Umstand verrät sehr viel über die Wertewelt einer bestimmten historischen Epoche.

Die alles dominierende kommunistische Ideologie hatte in Ungarn über 45 Jahre der Geschichte eine herausragende Bedeutung beigemessen. Ihre Legitimität fußte – abgesehen von dem Terror – auf jenem marxistisch-leninistischen System der Dogmen, das sich auf die historische Notwendigkeit gründete. Das heißt mit anderen Worten darauf, dass die Geschichte selbst die Entlastung von, ja sogar die Bestätigung für all jene Verbrechen geben würde, die sie gegen ihre Heimat und ihre Mitmenschen begingen. Von ihrem Verständnis her war die Geschichte eine in gerader Linie verlaufende Bahn. Da die »Diktatur des Proletariats« – und später der Sozialismus – dem Ziel der Verheißung eines irdischen Paradieses näher gekommen sei, als der von ihr überholte Kapitalismus, legitimiere die Geschichte selbst ihre Taten. An diese Auffassung anknüpfend entfernten die kommunistischen Machthaber all die Straßennamen und Denkmäler, die sie nicht als Bestandteil jenes Erbes betrachteten, das sie als annehmbar ansahen. So beseitigten sie zum Beispiel das sich auf dem Kossuth-Platz vor dem Parlament befundene Denkmal des Grafen Gyula Andrássy (1823–1890) – einem der herausragendsten ungarischen Politiker aller Zeiten – des ersten ungarischen Ministerpräsidenten (1867–1871) nach dem Ausgleich mit Österreich sowie des späteren gemeinsamen Außenministers (1871–1879) der Österreichisch-Ungarischen Monarchie. Die nach ihm benannte Prachtstraße wurde zunächst nach Stalin, dann nach der Ungarischen Jugend und später nach der Volksrepublik benannt, um dann schließlich seit heute erneut den Namen von Andrássy zu tragen.[2]

Nachdem die siegreiche antikommunistische Revolution und der nationale Unabhängigkeitskampf von 1989 gleichermaßen zum Aufbau eines unabhängigen, freien und demokratischen Ungarns beigetragen hatten, war es notwendig geworden, dass die ungarische Nation ihre Selbstbestimmung auch über die Deutung und Wertung ihrer Vergangenheit zurückerlangte. Hierzu war es unerlässlich, dass von den Straßennamen und den auf den öffentlichen Plätzen errichteten repräsentativen Denkmälern und Porträtskulpturen all jene entfernt wurden, die die Empfindlichkeit der ungarischen Nation verletzten. Eine der herzergreifendsten und symbolischsten Aktionen der revolutionären Tage, über die auch das Fernsehen immer wieder berichtete, war jene, als der bekannte 56er-Held György Krassó (1932–1990)[3] auf eine Leiter hinaufsteigend sich immer wieder anschickte, die nach einem der verhasstesten Kom-

---

2   Die Budapester haben die Straße nie anders genannt als Andrássy-Straße.

3   György Krassó war wegen seiner Tätigkeit im Laufe der Revolution zu zehn Jahren Gefängnis verurteilt worden.

Abb. 3   Dissident György Krassó bei seiner Arbeit: der Umbenennung der Budapester Ferenc-Münnich-Straße in Nádor-Straße

Abb. 4   István-Tisza-Denkmal in Budapest

munisten – dem im Laufe der nach 1956 einsetzenden Vergeltungsaktionen berüchtigt gewordenen Ferenc Münnich (1886–1967)[4] – benannte Straße von dessen Namen zu säubern (Abb. 3). Krassó benannte die Straße tagtäglich um in Nádor-Straße.[5] In den ersten Tagen hatte er den Namen von Münnich mit Isolierband überklebt und ein Straßenschild aus Kartonpapier mit der Aufschrift »Nádor utca« darunter genagelt, das von den Behörden aber jedes Mal entfernt wurde. Er setzte dieses Überkleben und Übermalen so lange fort, bis

---

4   Ferenc Münnich bekleidete ab dem 4. November 1956 in der von János Kádár geführten Ungarischen Revolutionären Arbeiter- und Bauernregierung das Amt des Verteidigungsministers und des Innenministers bzw. das des stellvertretenden Ministerpräsidenten und wurde am 11. November Mitglied des ZK der Ungarischen Sozialistischen Arbeiterpartei (USAP). Er nahm an der Organisation der Bataillone der Ordnungskräfte und der bewaffneten Kampftruppen, der sogenannten »Arbeiterwacht« teil. Zwischen 1958 und 1961 war er Vorsitzender des Ministerrates. Die Sowjetunion zeichnete ihn 1967 mit der Lenin-Medaille aus. Nach seinem Tod trug eine Straße im 5. Bezirk von Budapest bis 1989 seinen Namen. Seine Skulptur war die einzige, die im Laufe des Systemwechsels umgestoßen und danach unvollständig in den Statuenpark transportiert wurde.

5   *Nádor* oder *nádorispán* auf Deutsch: Palatin, der Stellvertreter des Königs.

die Behörden schließlich nachgaben und die Straße wieder ihren alten, neuen Namen zurückgewann.

Die 45 Jahre während sowjetische Besatzung und die kommunistische Diktatur haben unsere öffentlichen Plätze mit Lenin-Skulpturen, Denkmälern der Arbeiterbewegung und der »Befreiung« zugepflastert. Unsere Straßen wurden nach solchen, von der kanonisierten Geschichte der Arbeiterklasse festgelegten sogenannten »Helden« und Ereignissen benannt, die durch keinerlei öffentlichen Konsens getragen wurden. Als bewussten Akt eines Symbolersatzes platzierten die kommunistischen Funktionäre an die Stelle von Andrássy die Skulptur von Attila József, einem der bedeutendsten ungarischen Autoren des 20. Jahrhunderts, den sie zum proletarischen Dichter degradierten und den sie, sich hierauf berufend, als einen Poeten ihresgleichen ansahen (Tafel 13).

Anstelle der Statue von Graf István Tisza (1861–1918), des mehrfachen ungarischen Ministerpräsidenten (Abb. 4), errichteten sie ein Denkmal von dessen größtem Gegner – dem in der ungarischen Erinnerung als »roten Grafen« weiterlebenden Mihály Károlyi (1875–1955) –, der in den tragischsten

Abb. 5   Einstiges Denkmal der ungarischen Märtyrer in Budapest

Stunden der modernen ungarischen Geschichte und als das Land eine mit sicherer Hand regierende, entschlossene Führerpersönlichkeit gebraucht hätte, um die Folgen des beschämenden Friedens von Trianon abwenden zu können, eine wahrhaft traurige Rolle spielte (Tafel 14).

Kennzeichnend ist auch, dass die nach der siegreichen antikommunistischen Revolution von 1989 im Jahr 1994 an die Macht zurückgekehrten Postkommunisten zwei Jahre später an die Stelle des Denkmals der ungarischen Märtyrer (Abb. 5) auf dem gleichnamigen Platz die Skulptur von Imre Nagy aufstellten. Der 1958 ermordete ehemalige Ministerpräsident wurde nämlich durch seinen Tod zwar zum Helden der Revolution, gehört jedoch in Anbetracht seines Lebenslaufes ohne Zweifel zu den gnadenlosen Gestaltern der Diktatur.

Nach dem Untergang des Kommunismus war es unvermeidlich und notwendig geworden, dass die Ungarn ihre öffentlichen Räume zurückerhielten und auf diesen ihre eigenen Symbole anbringen konnten. Die die Repräsentation des untergegangenen kommunistischen Systems auf den öffentlichen Plätzen verkörpernden politischen Denkmäler wurden entfernt, die wichtigsten von ihnen dem für diesen Zweck 1992 eigens eingerichteten Statuenpark (*Szoborpark*) ausgestellt, wo ihre ursprüngliche Botschaft nicht mehr zur Geltung kommen kann.

Hiernach konnte sich die neu gegründete ungarische Demokratie dem Aspekt zuwenden, ihre symbolischen Botschaften mit Hilfe von auf den öffentlichen Plätzen aufgestellten Skulpturen, Denk- und Mahnmalen einer breiten Masse nahe zu bringen, um auch hierdurch zu verdeutlichen: Unsere nationale Gemeinschaft hat ihre öffentlichen Plätze erneut in Besitz genommen. Sie entsprechen ihren Traditionen und den von ihr gewählten Werten. Nach der antikommunistischen Revolution von 1989 wurden im Rahmen dieser Aufgabe unsere nationalen Traditionen, unsere herausragendsten historischen Persönlichkeiten und Ereignisse neu überdacht. In vielen Fällen kehrten die während der fremden Besatzung und unter der kommunistischen Diktatur entfernten Kunstwerke wieder an ihre alten Plätze zurück, doch wurden auch zahlreiche neue Denkmäler und Skulpturen unserer Helden aufgestellt. Im Jahr 2000, zur Tausendjahrwende des Bestehens des ungarischen Staates, überantwortete ebendieser den lokalen Verwaltungen selbst zu entscheiden, womit sie an die Staatsgründung erinnern wollen. An den meisten Orten errichteten die örtlichen Verwaltungen eine Gedenksäule, ein Denkmal oder ein Mahnmal, wozu sie über ihre eigenen finanziellen Möglichkeiten hinaus auch staatliche Mittel erhalten konnten. Vielerorts wurde dem Gründer des ungarischen Staates, dem ersten ungarischen König Stephan I. der Heilige (969–1038), ein Denkmal gewidmet. Viele Kommunen errichteten auf den öffentlichen Plätzen christliche Symbole wie ein Kreuz oder eine Marienstatue, doch gab es auch Ver-

Abb. 6 »Wand der Helden« an der Außenfassade des Museums Haus des Terrors in Budapest

waltungen in beträchtlicher Zahl, die das Andenken ihrer während des Kommunismus umgebrachten lokalen Helden verewigten.

Die Gründung des Museums Haus des Terrors (*Terror Háza Múzeum*) gehört ebenfalls in diese Reihe. Seine Aufgabe ist es, zu einem Ort des nationalen Gedenkens, zu einem Museum, Ausstellungs- und Forschungsort zu werden. Auch die Fassade und die Ausgestaltung des Museums Haus des Terrors entsprechen dieser mehrfachen Funktion. In ein breit gebautes schwarzes Gesims eingerahmt, präsentiert sich das berüchtigte Gebäude in der Andrássy-Straße 60, das zuerst den ungarischen Nazis – den sogenannten »Pfeilkreuzlern« – und unmittelbar danach, ab Januar des Jahres 1945 der kommunistischen Terrororganisation, der sich unter wechselnden Namen funktionierenden Staatsicherheitsbehörde, eine Heimstatt gab. Die Schatten des ins Gesims hineingeschnittenen Wortes »Terror« sowie die Symbole der Willkürherrschaft spiegeln sich bei Sonnenschein auf den in der symbolischen Farbe der kommunistischen Geheimpolizei grau bemalten Wänden und versinnbildlichen so den Verlust ihrer Kraft (Tafel 15).

Es sind nur noch gebrochene Schatten. Die Botschaft an die auf der Straße vorbeigehenden Passanten lautet: Das Gebäude hat nunmehr keine Macht über sie, seine Geheimnisse sind aufgedeckt worden; ein jeder kann getrost eintreten und es selbst besichtigen. An der Fassade des Hauses gestalteten wir die sogenannte »Wand der Helden« – Porträts in Augenhöhe; jedes in einem schwarzen

Trauerrahmen, auf Porzellan fotografiert (Abb. 6). Es sind allesamt Freiheitskämpfer, die während der brutalen Vergeltung nach 1956 hingerichtet wurden.

An der Ecke des Gebäudes findet man die Aufschrift »Wer für dich gestorben
ist...«[6] sowie eine Touchscreen-Anlage mit den wichtigsten Informationen zu
den Märtyrern. Der Besucher des Museums findet sich im Treppenhaus zwei
Granitblöcken gegenüber, die an die Opfer erinnern. Der schwarze Granitblock
mit dem *Pfeilkreuz* erinnert an die Gräueltaten der »Pfeilkreuzler«, und der
Granitblock mit dem *Roten Stern* erinnert an die Opfer des kommunistischen
Systems (Abb. 7). Das Haus erfüllt also auch die Funktionen eines Denk- und
Mahnmals. Am 25. Februar – dem Gedenktag der Opfer des Kommunismus –,
am 23. August – dem Jahrestag der Unterzeichnung des Hitler-Stalin-Paktes –,
zum Jahrestag der Ungarischen Revolution von 1956 (am 23. Oktober) bzw. zum
Trauertag seiner Niederschlagung (am 4. November) als auch am 16. April – dem
Gedenktag der Opfer des Holocaust – kommen ungarische Bürger hierher und
legen Kerzen und Blumen der Erinnerung nieder.

Abb. 7   Eingangshalle des Museums Haus des Terrors in Budapest mit ihren zwei Granitblöcken

6   Aus dem Gedicht von Sándor Petőfi: »Egy gondolat bánt engemet« [dt.: Ein Gedanke
    verletzt mich], Pest 1846.

In den vergangenen Jahren hat das Museum Haus des Terrors auch den öffentlichen Raum vor dem Museumsgebäude in Besitz genommen, als es zwei Denkmäler darauf platzierte bzw. bei der Errichtung zweier anderer Denkmäler auch initiierend mitwirkte.

Vor dem Museum wurde das den »Eisernen Vorhang«, der einst Europa in zwei Hälften teilte, symbolisierende gleichnamige Denkmal errichtet (Tafel 16).

Der Eiserne Vorhang schnitt den Osten vom Westen ab und teilte Europa und die Welt. Er hat uns unsere Freiheit genommen und uns alle gefangen und in Furcht gehalten. Er hat uns erniedrigt. Schließlich haben wir ihn abgebaut. Der Eiserne Vorhang hat hinsichtlich dessen, was sein Wesen war, niemals gelogen. Dies gehört zu den seltenen Momenten einer totalitären Diktatur, in der von morgens bis abends gelogen wurde, in der man unsere Sprache bewusst verwässerte, die Wahrheit verlogen als Sünde hinstellte und die offensichtliche Sünde als Heldentat pries. Der Eiserne Vorhang hat jedoch nicht gelogen. Er war ein viele Kilometer langer Beweis dafür, dass sich die Diktatur nicht mit dem Besitz der Räume des Geistes zufrieden gab, sondern dass die Machthaber uns auch physisch besitzen wollten. Sie wollten verhindern, dass wir fliehen. Um Missverständnisse zu vermeiden: Diese »chinesische Mauer« des 20. Jahrhunderts war nicht dazu berufen, das Eindringen der Imperialisten aufzuhalten. Diese Mauer war gegen uns Bürger errichtet worden – die wir vom Anfang bis zum Ende Gefangene des Systems waren. Und da der Eiserne Vorhang mit der Geschichte des Kommunismus untrennbar verschmolzen war, verband sich mit seiner Entfernung auch der Zusammenbruch des Kommunismus. Uns Ungarn kam in dieser Geschichte eine sonderbare und zugleich erhebende Rolle zu, die keineswegs vergessen werden darf. Der Eiserne Vorhang, die Berliner Mauer, die den Osten vom Westen trennenden Grenzsperren, Stacheldrahtzäune, Minenfelder, elektronische Warn- und Signalsysteme verhinderten nicht nur, dass die eingesperrten Menschen frei verkehren, einander treffen durften, sondern entzogen ihnen auch die Möglichkeit des Nachdenkens über eine gemeinsame Zukunft.

Auf das Denkmal des Eisernen Vorhangs haben wir aus diesem Grund den Vers von Sándor Petőfi (1823–1849) geschrieben, weil wir auch in dieser Hinsicht auf diese Frage eine Antwort geben mussten: »Wollt ihr frei sein oder Knechte?«[7] Hierüber haben wir entschieden. Wir wollten frei sein. Wir haben die Freiheit gewählt und damit das System verändert – und weil die Diktatur, die sowjetische Herrschaft und der Kommunismus mit der Freiheit unvereinbar sind.

---

7 Sándor Petőfi: »Rabok legyünk vagy szabadok?« (Übersetzung von Martin Remané). Der Vers stammt aus der ersten Strophe des von ihm gedichteten »Nationallieds« vom 13. März 1848.

Das Denkmal des Künstlers und Kossuth-Preisträgers Attila F. Kovács erinnert uns daran, dass wir Ungarn es gewesen waren, die den Eisernen Vorhang, der den Osten vom Westen abgeschnitten hatte, öffneten. Die von den riesigen T-förmigen Traversen durch ihr eigenes Gewicht herunterhängenden Eisenketten beschwören die wortwörtliche, die wirkliche, aber auch die abstrakte Deutung des Eisernen Vorhangs. Selbst der hellste Augustsonnenschein dringt kaum durch dieses Monstrum hindurch. Der Eiserne Vorhang war in der Vorstellung der Menschen und vor allem in jener der im Westen Lebenden kein Stacheldrahtzaun, sondern eine massive, undurchdringliche, verrostete Eisenmauer mit Vernietungen, die in der Wirklichkeit nur wenige mit ihren eigenen Augen gesehen hatten und deshalb äußerlich sich eher wie einen Eisernen Vorhang, wie es ihn im Theater gibt, denn als einen Drahtzaun vorstellten – wie dies auch zeitgenössische Karikaturen bezeugen.

Im Laufe der Arbeit zu einem Entwurf für das Denkmal war es die Vorstellung des Künstlers Attila F. Kovács, nicht den aus echtem Stacheldraht angefertigten Eisernen Vorhang oder ein Detail dessen zu beschwören, sondern irgendeine materialisierte Essenz dessen, was im Bewusstsein der Menschen der Eiserne Vorhang bedeutete, bedeutet haben mochte. Er wollte keinen Stacheldraht, da dessen Symbolik heutzutage ja überhaupt eher mit den Konzentrationslagern verbunden werden kann, wenn auch die echten Grenzsperren hieraus bestanden hatten; und es ist vielleicht auch kein Zufall, dass dieser Stacheldraht lagerartig den Osten vom Westen trennte. Der Künstler erachtete die Eisenkette als am geeignetsten dafür, um das auszudrücken, was auch er – aufgrund eigener Erfahrungen – selbst von dem Eisernen Vorhang dachte. Der Künstler berichtete im Laufe der Zusammenarbeit über seine persönliche Geschichte von 13 zurückgewiesenen Anträgen auf einen Reisepass während der Diktatur. Die Eisenkette, deren brutales physikalisches Erscheinungsbild und deren symbolische Bedeutung sie gleichermaßen dazu geeignet macht, das nur schwer beschreibbare Gefühl der Eingeschlossenheit in dem Land sowohl im Bewusstsein als auch in rein physischer Weise zu versinnbildlichen.[8]

Über vierzig Jahre stand der Eiserne Vorhang. Nach seiner Öffnung in Ungarn im Frühjahr 1989 fiel die Berliner Mauer. Ungarn hat nicht gerade wenig mit den gesellschaftlichen Veränderungen zu tun, deshalb war es seitens unseres Museums eine sehr bewusste Tat, ein Stück der Berliner Mauer zu

---

8   Die Inschriften des Denkmals zum Eisernen Vorhang sind auch auf Englisch und lauten: »Shall we live as slaves or free men? (Sándor Petőfi)« »IT ISOLATED THE EAST FROM THE WEST | IT SPLIT EUROPE AND THE WORLD IN TWO | IT TOOK AWAY OUR FREEDOM | IT HELD US IN CAPTIVITY AND FEAR | IT TORMENTED AND HUMILATED US | AND FINALLY WE TORE IT DOWN«

Abb. 8   Teilstück der Berliner Mauer vor dem Museum Haus des Terrors in Budapest

bekommen und dieses neben dem Denkmal zum Eisernen Vorhang aufzustellen (Abb. 8).

So wie die Ungarn den Eisernen Vorhang zu Fall gebracht haben, so hat das sich nach Freiheit sehnende deutsche Volk auch die Berliner Mauer ohne Blutvergießen, eigens mit der Kraft der Worte und des Willens umgestürzt. Kaum, dass eines der verhasstesten Symbole der Geschichte des 20. Jahrhunderts vernichtet worden und der Kommunismus in seine Bestandteile zerfallen war, vereinigte sich das, was getrennt worden war: die Wiedervereinigung von Berlin, Deutschland und Europa. Es ist unsere gemeinsame Verantwortung, dass sich auf unserem Kontinent niemals wieder solch eine himmelschreiende Sünde wiederholt, nämlich dass ein angeschossener junger Deutscher am Fuße der Mauer über eine längere Zeit alleine seinen Todeskampf ausficht, weil sich niemand ihm zu nähern traut.

Das vor dem Museum stehende Fragment aus Stahlbeton ist also reich an Bedeutungsfeldern. Die beinahe dreißig Jahre während Existenz der Mauer gehört bereits der Vergangenheit an, ebenso die an eine Experimentierbühne erinnernde Atmosphäre in- und außerhalb der Mauer, die Grenztruppen, die auf die östliche Mauer blickenden eingemauerten Fenster und Türen, das monotone Grau, die unendliche Linie des Stacheldrahtes, kurz: der als unveränderbar angenommene Zustand. Doch ihre historische Dimension wirkt bis in den heutigen Tag, und ihre Konsequenz kann auch im als einheitlich angenommenen oder vermuteten Europa nicht umgangen werden.[9]

Im Auftrag der Verwaltung des 18. Budapester Stadtbezirks fertigte das Museum Haus des Terrors das 1956er Pestszentlőrincer-Denkmal an (Abb. 9).

---

9   Die am Fuße des Segments der Berliner Mauer angebrachte Aufschrift lautet: »Sie teilte eine Stadt, ein Land. Die Mauer schien unbezwingbar zu sein. Sie sammelte nicht nur Todesopfer, auch unsere Wirbelsäule wollte sie brechen. Sie verhinderte das Planen einer gemeinsamen Zukunft, deshalb rissen wir sie ab. Stifter des Mauerstückes ist die Gedenkstätte Berlin-Hohenschönhausen, zum 20. Jahrestag der deutschen Einheit, 2010.«

Der konzipierende Künstler war auch in diesem Fall Attila F. Kovács. Das
einen riesigen Steinblock – seine Höhe beträgt 494 Zentimeter – formende
Denkmal besteht aus kleinen Basaltwürfeln – jeweils mit den Maßen 18 x 18
Zentimeter –, wobei auf jedem einzelnen Basaltstein der Name eines der 56er-
Märtyrer zu lesen ist. Insgesamt sind die Namen von 2.393 Opfern in Stein
gemeißelt worden. Die Steinwürfel sind nicht ausgefugt. Ihr Erscheinungsbild
erweckt den Eindruck, sie seien trocken aufeinander geschichtet worden. In
Richtung der Nagyenyed-Straße, auf der Seite der Hauptansicht des Monuments, erscheint die Jahreszahl 1956, indem die Elemente der Verkleidung
zurücktreten.

*Abb. 9   Mahnmal im Budapester Stadtbezirk Pestszentlörinc zur Erinnerung an die Ungarische
Revolution 1956*

Auf der anderen Seite dieses Denkmals erscheint – mit der gleichen Technik
der Verkleidung realisiert – andeutungsweise die Silhouette des sich im Jahre
1935 auf diesem Platz befundenen Fadrusz-Kreuzes (Abb. 10).[10]

---

10 János Fadrusz (1858–1903) ungarischer Bildhauer. Sein Werk, das nach ihm benannte
    Fadrusz-Kreuz, stand auf diesem Platz.

Abb. 10   Rückseite des Mahnmals zur Erinnerung an die Ungarische Revolution 1956

Bei festlichen Anlässen brennen oben auf der Komposition ungefähr ein Meter hohe Flammen. Dank der Forschungen des Museums Haus des Terrors wurden neben den Namen und dem Geburts- und Sterbejahr auch Fotos und Lebensgeschichten der Opfer für die Öffentlichkeit zugänglich gemacht. Diese sind auf der Homepage der Bezirksverwaltung von Pestszentlőrinc im Internet verfügbar. Um das Denkmal herum sind Kirschpflaumenbäume gepflanzt worden.

Angesichts Ungarns jüngster Geschichte, die durch jahrzehntelange Tabuthemen, Verklärungs- und Fälschungsdelikten gekennzeichnet ist sowie durch die einfache Tatsache, dass sich die geistigen Spuren totalitärer Systeme nur äußerst langsam abbauen lassen, ist es ein gewaltiger Weg, den das Land seit 1989 hinter sich gelassen hat. Im Sinne Horaz, des römischen Dichters, ist es ein Weg auf der Suche nach Werten, nach symbolischen Leistungen, die dauerhafter sind als Erz. Langsam aber unaufhaltbar kehren auch wir in Ungarn zu den Grundsteinen der menschlichen Existenz zurück. Was bleibt, ist immer dasselbe: Opfer, Helden, Trauer, Liebe und Stolz.

Krzysztof Ruchniewicz

»Sehr geehrte Damen und Herren, am 4. Juni 1989 endete in Polen der Kommunismus.« Denkmäler und Erinnerungsorte der Demokratie in Polen nach 1989/90

In diesem Jahr feiern wir den 25. Jahrestag der Umwälzungen in Ostmitteleuropa, die in der Konsequenz zur Niederlage des sozialistischen Staatensystems und zur Wiedererlangung der Souveränität, zum Aufbau des neuen politischen Systems geführt haben. Selbstverständlich soll man dieses Datum symbolisch betrachten. Abhängig vom Land kann man die Anfänge dieses Prozesses schon Jahre davor verorten. Aus der Sicht meiner weiteren Überlegungen wird in Polen auf die Entstehung der antikommunistischen Opposition nach 1976, die Wahl des Krakauer Erzbischofs Karol Wojtyła zum Papst 1978 sowie die Gründung der Freien Gewerkschaft »Solidarność« im Jahr 1980 hingewiesen. Die erste Pilgerfahrt führte den polnischen Papst ein Jahr nach seiner Wahl in seine Heimat an der Weichsel. Dabei sprach er in Warschau auf dem Siegesplatz zu den versammelten Gläubigen klare Worte, die schnell zur Legende wurden: »Ich, Sohn der polnischen Erde, rufe: Dein Geist komme. Möge Dein Geist kommen und das Antlitz der Erde erneuern, das Antlitz dieser Erde!«[1] Am Rande darf man hinzufügen, dass die Heilige Messe durch das polnische Fernsehen übertragen wurde; allerdings haben die kommunistischen Machthaber genau darauf geachtet, dass keine Mengen von Menschen zu sehen waren.

Die Ereignisse im folgenden Jahr haben Polen in der Tat völlig verändert. Im Zuge der sogenannten August-Abmachungen 1980 wurde der Gründung der ersten freien Gewerkschaft im kommunistischen Machtbereich stattgegeben. Geschichte machte damals das Bild des Führers der Bewegung, des Elektrikers Lech Wałęsa, der am Revers seiner Jacke das Bildnis der Mutter Gottes aus Częstochowa hatte und den Vertrag mit den kommunistischen Machthabern mit einem überdimensionalen Stift unterschrieb. Darauf war das Bild des Papstes zu sehen, das auf die Machthaber wie ein rotes Tuch wirkte. Die

---

1   Zitiert nach Ludger Kazmierczak/Tilmann Kleinjung: Finalmente »Santo subito!«. Papst Johannes Paul II. wird am 1. Mai seliggesprochen [Beitrag aus der Sendung »Hintergrund« des *Deutschlandfunks* vom 30. April 2011], Text online abrufbar unter: http://www.deutschlandfunk.de/finalmente-santo-subito.724.de.html?dram:article_id=100177 [14.05.2014].

nachfolgenden Monate des »Karnevals der Solidarność« übten immer größeren Einfluss auf die Herausbildung der Grundlagen der späteren Bürgergesellschaft (*społeczeństwo obywatelskie*) aus. Diese lebhafte Bewegung wurde durch die Einführung des Kriegszustandes abrupt unterbrochen. Aus dieser Zeit gibt es viele bekannte Bilder, die zu Bildikonen wurden. »Wir hier unten und die da oben« – diese Einteilung in die Machthaber und die Gesellschaft, die in den folgenden Jahren in der polnischen Gesellschaft sehr verbreitet war, half nicht dabei, nach Kompromissen zu suchen und hat eher die schon bestehenden Fronten konserviert. Sie wird eine große Bedeutung auf die Beurteilung der Haltung gegenüber dem Kommunismus haben (Schwarz-Weiß-Schema).

I.

Das Jahr 1989 kann als »annus mirabilis« betrachtet werden. In den zwei, drei Jahren danach wurde mit dem mühevollen Aufbau der neuen politischen, wirtschaftlichen und gesellschaftlichen Grundlagen begonnen. Dieser Transformationsprozess verlief auf unterschiedliche Weise, er betraf alle Gruppen und Schichten der Gesellschaft. Innerhalb kürzester Zeit wurde mit dem alten Regime gebrochen. Als erstes wurden die alten Symbole und Feiertage entsorgt, später die Platz- und Straßennamen. Die Denkmäler wurden entfernt und/ oder – wie im Fall der Denkmäler zu Ehren der Roten Armee – in wenig bedeutende Teile der Stadt verschoben. Es war auch die Zeit – eine solche Hypothese kann man sicher aufstellen –, in der die meisten mit der Demokratie verbundenen Erinnerungsorte und Denkmäler entstanden sind.

Als theoretische Grundlage für diesen Aufsatz dient die Definition der »Erinnerungsorte«, deren Teil die Denkmäler sind, die von Etienne François und Hagen Schulze vor Jahren vorgeschlagen wurde:

> »[Erinnerungsorte, K. R.] können ebenso materieller wie immaterieller Natur sein, zu ihnen gehören etwa reale wie mythische Gestalten und Ereignisse, Gebäude und Denkmäler, Institutionen und Begriffe, Bücher und Kunstwerke – im heutigen Sprachgebrauch ließe sich von Ikonen sprechen. Erinnerungsorte sind sie nicht dank ihrer materiellen Gegenständlichkeit, sondern wegen ihrer symbolischen Funktion. Es handelt sich um langlebige, Generationen überdauernde Kristallisationspunkte kollektiver Erinnerung und Identität, die in gesellschaftliche, kulturelle und politische Üblichkeiten eingebunden sind und die sich in dem Maße verändern, in dem sich die Weise ihrer Wahrnehmung, Aneignung, Anwendung und Übertragung verändert. [Es geht also um, K. R.] Ort als Metapher, als Topos im buchstäblichen Wortsinn. Der Ort wird allerdings nicht als

eine abgeschlossene Realität angesehen, sondern im Gegenteil stets als Ort in einem Raum (sei es real, sozial, politisch, kulturell oder imaginär)«.[2]

So verstandene »Erinnerungsorte« können zum Bestandteil der »Erinnerungskultur« durch – wie die deutsche Literaturwissenschaftlerin Aleida Assmann in ihrem neuesten Buch vorschlägt – die »Aneignung der Geschichte durch die Gruppe« werden. Diese »Aneignung« kann positiv oder negativ sein. Die Verfasserin beruft sich dabei auf drei Typen des Gebrauchs der Vergangenheit (nach S. Freud): die monumentale, antiquarische und kritische Erinnerung. Die Letztgenannte entwickelt eine »revolutionäre Kraft, indem sie richtet, verurteilt und zerstört.« »Mithilfe von Erinnerungskulturen«, fügt sie hinzu, »stärken Gruppen ihre Identität, bestätigen sie ihre Werte, stützen sie ihr Selbstbewußtsein und ihre Handlungsfähigkeit«.[3] In den letzten dreißig Jahren gelang es in Polen ein Konglomerat an Erinnerungsorten zu schaffen, obschon jeder von ihnen – was wir immer berücksichtigen müssen – gegensätzliche Reaktionen wecken kann. Sie waren oft Gegenstand von lebhaften Debatten, manchmal von Manipulation und/oder Instrumentalisierung. Im weiteren Teil meines Aufsatzes möchte ich auf die ausgewählten »Erinnerungsorte« der polnischen Demokratie in der Zeit des Umbruchs hinweisen.

II.

Zweifelsohne einer der ersten Orte der polnischen Umbruchszeit ist der »Runde Tisch«. Auf den überlieferten Bildern sieht man ein übergroßes Möbelstück, an das sich zum ersten Mal seit Jahren die Vertreter der Machthaber und der Opposition setzten. In wochenlangen Debatten (von Januar bis April 1989) gelang es beiden Seiten, einen Kompromiss zu schließen. Es wurde eine Wahlordnung festgelegt, die Kompetenzen des Präsidenten bestimmt, die Schaffung der zweiten Kammer des polnischen Parlamentes beschlossen (des Senats). Allerdings behielten sich die Kommunisten 65 Prozent der Plätze für ihre Anhänger im Sejm vor, der Opposition blieb der Rest. Bei den Wahlen zum Senat gab es keine Einschränkungen dieser Art. Zum Symbol der sogenannten Kompromisswahlen wurde ein Plakat des damaligen Studenten der Warschauer Kunstakademie Tomasz Sarnecki. Auf diesem Plakat ist der amerikanische

---

2   Etienne François/Hagen Schulze: Einleitung, in: Dies. (Hg.): Deutsche Erinnerungsorte, Bd. 1, München 2001, S. 17f.

3   Alleida Assmann: Das neue Unbehagen in der Erinnerungskultur. Eine Intervention, München 2013, S. 32.

Western-Schauspieler Gary Cooper zu sehen, der über dem Sheriff-Stern das Solidarność-Abzeichen und statt eines Revolvers einen Wahlschein in der Hand trägt. Die Überschrift knüpfte an den Titel des Filmes aus dem Jahr 1952 *12 Uhr mittags* (Originaltitel: High Noon) an. Die Idee für dieses Plakat hatte der Oppositionelle Henryk Wujec, das Geld für den Druck gaben Gewerkschafter aus Westeuropa. Es wurden 10.000 Exemplare gedruckt, die in der Nacht vor dem Wahltag in den Straßen Warschaus und der Nachbarorte angebracht wurden. Der kompromisslose, vom Leben gezeichnete Sheriff (die Figur der Solidarność-Führer) nahm noch einmal an einem Kampf teil, auch in diesem Fall einen unblutigen, nach den Regeln der Demokratie...

Im Jahr 1999 überreichte der damalige Außenminister Polens, Bronisław Geremek, am Rande der Unterzeichnung des Vertrages über den Beitritt Polens zur NATO der Bibliothek des US-Kongresses das Original des Plakates. Es soll damals folgender Satz gefallen sein: »Dieses Plakat brachte uns den Sieg!«[4] Anlässlich des 25. Jahrestages der Wahlen vom 4. Juni wurde am Gebäude der leer stehenden Polnischen Botschaft in Berlin Unter den Linden ein Banner mit dem bekanntesten Plakat der Umbruchszeit angebracht, um an den polnischen Beitrag beim Prozess der Zerstörung des Ostblocks zu erinnern.

Am Tag der Wahlen konnten die Fernsehzuschauer Worte hören, die ebenfalls rasch zum Symbol wurden. Das Interview mit der polnischen Schauspielerin Joanna Szczepkowska hatte nichts Aufregendes beinhaltet. Das polnische Fernsehen zu dieser Zeit gehörte zu den langweiligsten Medien. Auf dem Bildschirm konnte man die völlig entspannte und gut gelaunte Schauspielerin sehen, die mit großer Empathie und Gestik auf die trockenen Fragen der Journalistin antwortete. Auf einmal unterbrach Szczepkowska und machte der Journalistin einen überraschenden Vorschlag zum Tausch der Plätze. Die Journalistin willigte ein und Szczepkowska sagte nun wie eine Fernsehjournalistin zu den verblüfften Zuschauern in ganz Polen: »Sehr geehrte Damen und Herren, am 4. Juni 1989 endete in Polen der Kommunismus«.[5]

Infolge der Parlamentswahlen wurde der Oppositionspolitiker Tadeusz Mazowiecki zum Premierminister gewählt. Mit seiner Person ist ein anderer Erinnerungsort verbunden: Die Rede ist vom »dicken Strich«, der damals Bestürzung hervorgerufen hat (und immer noch Fragen aufwirft). In seiner

---

4 Bronisław Geremek zitiert nach: Legendarny plakat »Solidarności« w centrum Berlina [Legendäres Plakat der »Solidarność« im Zentrum Berlins], in: *Wprost* vom 26. Mai 2009, online abrufbar unter: http://www.wprost.pl/ar/162345/Legendarny-plakat-Solidarnosci-w-centrum-Berlina [15.05.2014].

5 Joanna Szczepkowska, online abrufbar bei: Zjaviony: Koniec komunizmu [Das Ende des Kommunismus], http://www.youtube.com/watch?v=lgAiAKNfryg&noredirect=1 [15.05.2014].

Regierungserklärung am 24. August 1989 sprach der Premierminister u.a. über die Einstellung zur kommunistischen Vergangenheit:

> »Die Regierung, die ich bilde, übernimmt keine Verantwortung für die Hypothek, die sie ererbt hat. Sie hat aber einen Einfluss auf die Umstände, unter denen wir handeln können. Unter die Vergangenheit ziehen wir einen dicken Strich. Wir werden einzig dafür Verantwortung tragen, was wir getan haben, um Polen aus dem gegenwärtigen Zustand des Zusammenbruchs herauszuführen«.[6]

Die Bezeichnung »dicker Strich« wurde von einem Teil der Oppositionellen – im Gegensatz zu den Intentionen des Premierministers – als ein Unwillen zur kritischen Auseinandersetzung mit dem kommunistischen Regime und seinen Vertretern gesehen. Es kam eine große Debatte zustande, die die Opposition gespalten hat. Vor allem die konservativen Gruppierungen sehen bis heute in dieser Bezeichnung einen Beweis für den Mangel an Akzeptanz für die vollständige Lustration und die damit verbundene Dekommunisierung. Sie weisen darüber hinaus auf die Nachsicht der neuen Machthaber gegenüber den postkommunistischen Kreisen in Politik und Wirtschaft hin.[7] Nach Jahren musste Tadeusz Mazowiecki bitter feststellen:

> »Das, was ein Zeichen unserer Größe in diesen Umbruchsmonaten sein sollte und war, ein Weg zum Zusammenschluss der Nation in ihrem schwierigen Übergang zur neuen Wirklichkeit, kam später, wie es ein Stereotyp ausdrückte – wie ein Bumerang zurück, der das Gift der Teilung und Feindschaft mit sich brachte«.[8]

Es kann überraschen, dass in der Umbruchszeit in Polen kein Lied zu finden war, das zur Hymne des ganzen Transformationsprozesses werden sollte. Sol-

---

6   Tadeusz Mazowiecki zitiert nach: Przeszłość odkreślamy grubą kreską. Przemówienie Tadeusza Mazowieckiego w Sejmie [Die Vergangenheit ist durch einen dicken Strich gekennzeichnet. Rede von Tadeusz Mazowiecki im Parlament], in: *Gazeta Wyborcza* vom 25. August 1989, S. 3.

7   Vgl. Artur Lipiński: Mitologizacja czy dyskursywna reprezentacja? Okrągły stół, Magdalenka i »gruba kreska« jako kategorie dyskursu prawicy [Mythologisierung oder die diskursive Repräsentanz? Der Runde Tisch, Magdalenka und »dicker Strich« als Kategorien des konservativen Diskurses], in: Mity, symbole i rytuały we współczesnej polityce. Szkice z antropologii polityki [Mythen, Symbole und Rituale in der zeitgenössischen Politik. Anthropologische Skizzen der Politik], unter der Redaktion von Bohdan Szklarski, Warszawa 2008, S. 277–291.

8   Zitiert nach Michał Gostkiewicz: »Grubej kreski« nigdy nie było. Co naprawdę powiedział Tadeusz Mazowiecki i o co mu nie chodziło? [Es gab nie einen »dicken Strich«. Was sagte Tadeusz Mazowiecki wirklich und was nicht?], in: *TokFM* vom 4. Juni 2013, online abrufbar unter: http://www.tokfm.pl/Tokfm/1,103087,14033823,_Grubej_kreski__nigdy_nie_bylo__Co_naprawde_powiedzial.html [15.05.2014].

che Lieder gab es in den Jahren 1980/81, und sie waren sehr populär. Man
sollte über die Gründe kurz nachdenken. In Polen gab es mehrere Liedermacher, die in ihren Liedern unterschiedliche Aspekte der polnischen Geschichte
besungen haben. Der bekannteste von ihnen war Jacek Kaczmarski. Nach der
Ankunft im Westen konnte er mit seinem Programm im *Radio Free Europe*
auftreten. Die Kassetten mit seiner Musik wurden zur Mangelware und gehörten zur »Ausstattung« jedes jungen politisch engagierten Oppositionellen.
Allerdings schrieb sich seine Künstlertätigkeit – wie es scheint – in den anderen Strom der polnischen Geschichte ein, in den der Martyrologie. Er erinnerte
darin an die Glanztage, aber auch an die Schattenseiten. Er prangerte die Tei-
lungsmächte, später die Polnische Vereinigte Arbeiterpartei (PVAP), polnische
Leichtsinnigkeit, politische Naivität an. Er rief zur Tat, zeigte aber auch die
dramatischen Folgen des polnischen politischen Wahnsinns. Vielleicht über-
forderte paradoxerweise der Mangel an tragischen Ereignissen in den Umbruchs-
monaten, von denen die polnische Geschichte ansonsten geprägt war, die Liedermacher, die diese Zeit in Übereinstimmung mit dem nationalen Kanon
nicht als ein ewiges Ringen zwischen Geschichte und Politik darstellen konnten. Die Ereignisse des Jahres 1989 waren in der polnischen Geschichte bei-
spiellos. Die Suche nach einem Kompromiss, seine Anwendung, der Dialog
gehörten nicht zu den typischen Erfahrungen des öffentlichen Lebens. Noch
zehn Jahre zuvor hatten die kommunistischen Machthaber mit Panzern auf
den Straßen »argumentiert«. Besonders dieses Problem wurde während der
Regierungszeit der konservativen Parteien in der zweiten Hälfte des ersten
Jahrzehnts des 21. Jahrhunderts sichtbar. Die neuen Machthaber strebten nach
einem Bruch mit der fehlerhaften und schädlichen – wie sie es formulierten –
Geschichtspolitik ihrer Vorgänger und beschlossen, neue Gründungsmythen
zu entwickeln, nämlich dramatischere, heroischere und blutigere, in deren
Konfrontation der »Runde Tisch« fast eine Karikatur der nationalen Legende
darstellte. Allerdings wurden zu diesen Mythen keine Kämpfe der antikommunistischen Opposition nach 1945 stilisiert, sondern der antideutsche (und
in politischer Hinsicht) auch antisowjetische Warschauer Aufstand von 1944.
Nach Meinung der konservativen Gruppierungen war der Aufstand, der
bekanntlich mit einer Niederlage und dem Tod von über 150.000 Personen
endete, keine verheerende und die Nation schwächende Katastrophe. Dieser
Aufstand habe vielmehr einen großen moralischen Sieg der Kämpfenden bedeutet, die in der Verteidigung des Vaterlandes massenweise gewillt gewesen seien,
ihr Leben auf dessen Altar zu opfern, ohne nach dem Sinn zu fragen.[9] Dieser

---

9   Vgl. Polityka historyczna. Historycy – politycy – prasa [Die Geschichtspolitik. His-
    toriker – Politiker – Presse], hg. von Agnieszka Panecka, Warszawa 2005.

Aspekt der martyrologischen Geschichte dieses Aufstandes wurde vor allem in dem Warschauer Museum gezeigt, eines der modernsten historischen Museen in Polen. Ein anderer Mythos ist die Solidarność selbst, aus der ein Teil der konservativen Politiker stammt. Große Kontroversen rief bei ihnen der Anführer der Solidarność hervor, dem die angebliche Zusammenarbeit mit dem polnischen Sicherheitsdienst vorgeworfen wurde und damit seine Verdienste in Frage gestellt wurden. An seine Stelle traten andere Helden. Das Jahr 1989 wurde als Jahr des »nationalen Verrates« apostrophiert. Damit wurde bewusst an die Zeit vor den Teilungen Polens im 18. Jahrhundert angeknüpft. Diese dichotomische Art und Weise der Wahrnehmung der Vergangenheit, der Ereignisse und der Erinnerung daran, hat bis heute nichts an Aktualität eingebüßt und konkurriert ständig miteinander (die Antwort auf das Museum des Warschauer Aufstandes – wie es scheint – ist das Museum des Zweiten Weltkrieges in Danzig). Dieser große politische und ideologische Krieg im Postsolidarność-Lager trug in den Augen der Durchschnittspolen zur Verminderung der Verdienste der Solidarność bei und stärkte das ambivalente Verhältnis den Anfängen der Demokratie in Polen gegenüber.

Lech Wałęsa, eine Ikonengestalt in den Augen der Weltöffentlichkeit, wird im eigenen Land stark kritisiert, auch aufgrund der eigenen politischen Handlungen. Aus diesem Grund existieren solche Ereignisse mit seiner Beteiligung, wie die Rede des Solidarność-Führers im US-Kongress am 15. November 1989 (Abb. 1), die sich als Erinnerungsort ganz gut eignen würden, als ein solcher nicht. Dabei war dies ein beispielloses Ereignis nicht nur in der polnischen Geschichte. Wałęsa war erst der dritte Ausländer, dem diese Ehre zuteilwurde. Seine Rede wurde immer wieder von stehenden Ovationen unterbrochen. Wałęsa begann diese Rede in Anknüpfung an die US-Verfassung mit den Worten: »Wir, die Nation...«

Sicherlich spielte bei der guten Aufnahme seiner Rede die Qualität der Übersetzung eine Rolle. Sie wurde von dem polnischen Journalisten, der lange Jahre im Exil in den USA gelebt hatte, Jacek Kalabiński vorgelesen. »Wir, die Nation! Das sind die Worte, mit denen ich meine Rede beginnen will«, sprach Wałęsa.[10] Das Motiv aus der Rede Wałęsas wurde in den späteren Jahren immer wieder verwendet, es wurde sogar von der Rockmusik übernommen. Ähnlich symbolische Kraft hatte die Übergabe der Präsidenteninsignien aus der Zeit der Zweiten Polnischen Republik an Lech Wałęsa am Tag der Übernahme seiner Präsidentengeschäfte durch den letzten Präsidenten im Exil, Ryszard Kaczorowski.

---

10 Lech Wałęsa: Przemówienie w Kongresie USA [Rede im Amerikanischem Kongress], online abrufbar unter: http://www.walesa.tv/przemowienia/przemowienie-lecha-walesy-w-kongresie-usa-15-listopada-1989 [15.05.2014].

Abb. 1   Lech Wałęsa spricht im US-Kongress

Nach dem Zweiten Weltkrieg wurde im Exil die polnische Regierung weiter gewählt, obschon sie de facto von den westeuropäischen Staaten nicht mehr anerkannt wurde (bis auf den Vatikan) und bei den Polen im Land in Vergessenheit geriet. Dieses symbolisches Ereignis sollte ein wichtiges Zeichen sein, dass es gelungen ist, die Machtkontinuität nach ihrer jahrzehntelangen Unterbrechung durch die kommunistische Zeit wiederherzustellen, das heißt, dass nun nach der Zweiten die Dritte Republik folgen konnte.

Einen Abschuss einer gewissen Epoche anderen Charakters stellte die Entfernung von Symbolen der vergangenen Epoche und der mit ihr verbundenen offiziellen Erinnerungsorte dar. Als erstes wurden die Denkmäler und Gedenktafeln entfernt. Zu einem spektakulären Akt kam es bei der Zerstörung des 1951 feierlich enthüllten Denkmals für Feliks Dzierżyński, den Chef der sowjetischen Tscheka, in Warschau im November 1989, eines Unterdrückungssymboles. Bis heute kann man im Internet eine kurze Reportage aus diesen Tagen sehen. An Stelle der kommunistischen Denkmäler wurden Denkmäler gestiftet, die an die vergessenen Helden der nationalen Geschichte erinnerten. Nach ihnen wurden darüber hinaus Plätze und Straßen benannt. Schließlich wurden neue nationale Feiertage eingeführt (zum Beispiel der 15. August, der 11. November und dergleichen). In diesem Kontext lohnt es sich, an das Denkmal des Warschauer Aufstandes oder das sogenannte »Golgatha des Ostens« zu erinnern. In der ehemaligen UdSSR wurden an den Hinrichtungsstätten der Polen Militärfriedhöfe eröffnet, über die Jahrestagsfeierlichkeiten an diesen Orten berichten jedes Jahr die Medien. Am Beispiel Warschaus kann man die Reichweite dieses Phänomens gut illustrieren. In den Jahren 1989 bis 2012 wurden 43 Denkmäler gebaut. Der Großteil war dem Zweiten Weltkrieg und der Nachkriegsgeschichte Polens gewidmet (wie zum Beispiel das Denkmal der Helden des Warschauer Aufstandes, des Warschauer Stadtpräsidenten Stefan Starzyński, des Polnischen Untergrundstaates und der Heimatarmee usw.). Zehn Denkmäler wurden entfernt, die den Ereignissen und/oder Personen der vergangenen Epoche gewidmet waren (zum Beispiel den im Dienst und bei der Verteidigung der Volksmacht Gefallenen, denen für Władysław Gomułka, Georgi Dimitrov, Julian Marchlewski und andere mehr). Es wurden neue Institutionen geschaffen, die die Geschichtspolitik des polnischen Staates mit unterstützen sollten (und sollen), wie zum Beispiel ein stark wissenschaftlich-didaktisches Zentrum, das Institut des Nationalen Gedenkens, sowie das Museum des Warschauer Aufstandes, das Museum der Polnischen Juden oder in Zukunft das Museum des Zweiten Weltkrieges. Man muss jedoch betonen, dass diese Institutionen nicht als Schwesterinstitutionen zu betrachten sind, sie unterscheiden sich stark voneinander.

Schöpfer der neuen Erinnerungsorte waren auch die zurücktretenden Machthaber, obschon sie unbewusst gehandelt haben. Ein Klumpen Erde auf den Sarg des alten Regimes war der bekannte Auszug der Parteifahne der PVAP im Januar 1990. Mieczysław Rakowski, der ehemalige Premierminister und Generalsekretär der PVAP, löste die Partei, die seit 1948 bestand, offiziell auf. Rakowski sagte: »Bitte, steht auf, Genossinnen und Genossen! Die Fahne der PVAP soll eingerollt werden.« In seiner Rede stellte er fest:

> »Wir haben den Beschluss über die Auflösung der Partei gefasst, die, unabhängig davon, was über sie gesagt wurde, was ich über sie gestern sagte, eine große historische Rolle im Leben der polnischen Nation gespielt hatte, ob das jemandem gefällt oder nicht, und noch mehr: sie bürgerte sich in ihr Bewusstsein ein. Und heute endend, sich von ihr verabschiedend, vertrete ich nicht die Meinung, dass wir sie in den Sarg legen, wir schließen nur ein bestimmtes Kapitel in der Geschichte ab, ein zwar kompliziertes, aber auch eines, das reich an Errungenschaften der polnischen revolutionären Arbeiterbewegung ist.«[11]

---

11 Zitiert nach: Sztandar wyprowadzony, koniec PZPR [Banner eingerollt. Das Ende der PVAP], online abrufbar unter: http://tvp.info/magazyn/kartka-z-kalendarza/sztandar-wyprowadzony-koniec-pzpr/6315754 [15.05.2014].

III.

Aus der Zeitperspektive kann man feststellen, dass nach 1989 in Polen viele
neue Erinnerungsorte entstanden sind, die die Arbeit an der Erinnerung unterstützen. Ihr Rang, ihre Anwesenheit im Bewusstsein, die Wirkungskraft und
schließlich die Form sind unterschiedlich. Das Gemeinsame und gleichzeitig
Neue daran ist, dass sie nicht nur zum traditionellen nationalen Ritual gehören,
das in Polen vor allem martyrologische Konnotationen hat. Es gibt solche, die
einen Bezug zum Zweiten Weltkrieg haben, ihre Aspekte wurden von den
Kommunisten tabuisiert oder bewusst verdrängt. Die mit dem Zusammenbruch der Volksrepublik zusammenhängenden Konnotationen haben anderen
Charakter, sie sind mit anderen Emotionen verbunden. Darin steckt auch ihre
gewisse Schwäche, sie besitzen nicht diese Wirkungskraft wie die Stätten zu
Ehren der Opfer. Zusätzlich ist die Erinnerung daran immer noch lebendig
und weckt immer wieder neue Kontroversen, die von den aktuellen politischen
Auseinandersetzungen ausgelöst werden, aber sie hören wegen eben diesen
auch nicht zu existieren auf. Die langjährigen Debatten über die Lustration
sind das beste Beispiel dafür, ähnlich wie der Versuch, den Begriff »Dritte
Republik« zu desavouieren und an ihrer Stelle eine »Vierte« zu etablieren, die
nicht von einem »Geburtsfehler« in Gestalt des vermeintlichen Paktes mit den
Kommunisten behaftet ist. Die polnische Erinnerung an das wichtigste Ereignis der neuesten Zeitgeschichte ist nicht einfach. Die Ergebnisse der Meinungs-
umfragen aus den letzten Jahren zeigen, dass das Interesse der Polen an der
Geschichte zurückgeht. Ihr Wissen über die Wendezeit 1989 weist – was aufgrund der Nähe dieser Ereignisse eigentlich verwundern kann – große Lücken
auf. Nur ein Teil von ihnen kann das neue politische System adäquat benennen,
nur die Hälfte der Befragten konnte den Namen des ersten nicht kommunistischen Premierministers richtig nennen. Eine Diskussionsfrage bleibt nach
wie vor, welche Bedingungen man erfüllen muss und welche Instrumente
verwendet werden müssen, damit die beschriebenen Erinnerungsorte zum
untrennbaren Bestandteil eines Teils der Erinnerungskultur werden können.
Der Bau des Museums der Solidarność in Danzig kann in diesem Prozess eine
große Rolle spielen.

Tomáš Vilímek

Denkmäler und Erinnerungsorte in der Tschechischen Republik nach 1989 – Opfer und Helden[*]

Im Rahmen eines neuen Projektes des Instituts für Zeitgeschichte in Prag, dessen Ergebnisse in Kürze veröffentlicht werden, wurde eine große und stetig ergänzte Datenbank zu unterschiedlichen Erinnerungsorten in der Tschechischen Republik erstellt.[1] Dabei hat man sich von Deutschland inspirieren lassen.[2] Insgesamt werden zurzeit (Stand: Januar 2014) fünfhundert Erinnerungsorte dokumentiert, die sowohl die Erinnerung an die Opfer und die grauenvollen Ereignisse während der Nachkriegszeit und der kommunistischen Herrschaft 1948 bis 1989 wachhalten als auch die freiheitlich denkenden Menschen würdigen, die im Kampf für die Freiheit einen hohen Preis bezahlt haben. Zwischen 1989 und 2013 sind jährlich etwa zwanzig neue Erinnerungsorte – einen Höhepunkt bildete das Jahr 1993 mit 26 (!) – entstanden, die meisten unter ihnen in Form einer Gedenktafel.

Aus der recht breiten Erinnerungslandschaft ragen zwei eng miteinander verbundene Themen hervor: die Erinnerung an die Opfer der kommunistischen Herrschaft und der Widerstand gegen das kommunistische Regime. Diese wurden aber durch einen weiteren Themenkomplex erweitert, als zum Beispiel im Oktober 2008 ein Denkmal errichtet wurde, das an die gefallenen Grenzschützer in Cínovec (Zinnwald) erinnert und das eine heftige Kontroverse in

---

* Dieser Aufsatz entstand im Rahmen des Projekts NAKI, reg. Nr. DF11P01OVV034, Geschichte der Orte – Topographie des zeitgeschichtlichen Nationsgedächtnisses.

1 Zurzeit ist die Datenbank nur für die Mitarbeiter des Instituts zugänglich (http://www. pametnimista.usd.cas.cz). Für 2014 ist sowohl eine Webpräsentation als auch die Veröffentlichung einer entsprechenden Publikation geplant.

2 Die Inspiration kann man vorrangig deutschen Publikationen entnehmen. In diesem Zusammenhang ist auf die im Auftrag der Bundestiftung zur Aufarbeitung der SED-Diktatur entstandene Arbeit von Kaminsky hinzuweisen. Vgl. Anna Kaminsky (Hg.): Orte des Erinnerns: Gedenkzeichen, Gedenkstätten und Museen zur Diktatur in SBZ und DDR, Berlin 2007. Es zeigt sich auch, dass es an solchen Publikationen in der tschechischen Fachwissenschaft mangelt, und auch die Form – eine Kombination von Kurzdarstellungen zu Erinnerungsorten inklusive Abbildungen – scheint lohnenswert zu sein.

der tschechischen Öffentlichkeit ausgelöst hat (Abb. 1).

Das Denkmal für die gefallenen
Grenzschützer ist durch die Initiative
des Klubs des Tschechischen Grenz-
landes (KČP) entstanden. Das aus
Granit gebaute Denkmal mit der
Abbildung des Kopfes eines Wachhun-
des – ein offizielles Symbol der tschechoslowakischen Grenzschützer – ist
allen gefallenen Grenzsoldaten gewidmet. Die Tätigkeiten der Grenzschützer während der Zeit von 1948 bis
1989 rufen aber viele Kontroversen
hervor. Dem neuesten Forschungstand
zufolge sind während der kommunistischen Diktatur in der Tschechoslowakei zirka 250 Menschen beim
Fluchtversuch ums Leben gekommen.[3]

Abb. 1   Denkmal für die gefallenen Grenz-
schützer der tschechoslowakischen Staatsgren-
zen 1918–1992

Auf Seiten der Grenzsoldaten sind
zwar fast sechshundert Todesopfer
registriert, aus denen aber in Wirklich-
keit nur 13 im direkten Kampf mit den sogenannten Grenzverbrechern getö-
tet wurden. Fast die Hälfte kam bei Unfällen ums Leben und ein Drittel der
Grenzer hat Selbstmord begangen.[4]

---

3   Neben Tschechoslowaken sind an der Grenze zur Bundesrepublik und Österreich
    31 Polen, sieben Ungarn, vier Jugoslawen und zwanzig DDR-Bürger ums Leben gekom-
    men. Man muss aber auch zugeben, dass auch 14 Österreicher und zehn Bundesbürger
    dem tödlichen Grenzsystem zum Opfer gefallen sind. Vgl. dazu: Martin Pulec: Orga-
    nizace a činnost ozbrojených pohraničních složek: Seznamy osob usmrcených na stát-
    ních hranicích 1945–1989. [Die Organisation und Tätigkeit der bewaffneten Grenzein-
    heiten. Die Verzeichnisse der an der Staatsgrenze 1945–1989 getöteten Personen], Praha
    2006, S. 173.
4   Es handelte sich vor allem um tödliche Verletzungen, ausgelöst durch Grenzsperranla-
    gen (Minen, elektrischer Zaun) oder Verkehrsunfälle im Grenzgebiet. Eine Rolle
    spielte auch der falsche Gebrauch der Schusswaffe. Vgl. Prokop, Tomek: Na frontě
    studené války – Československo 1948–1956 – výstava k 60. výročí zahájení zahraničního
    protikomunistického odboje [An der Front des Kalten Krieges. Die Tschechoslowakei
    1948–1956. Ausstellung anlässlich des 60. Jahrestages des Beginns des ausländischen
    Widerstandes gegen den Kommunismus], Praha 2009, S. 41f.

Abb. 2 Gedenktafel für Václav Benda, Karlsplatz in Prag (17. November 2009); Künstler: Peter Oriešek

Zu den zentralen Themen der tschechischen Erinnerungslandschaft gehören aber auch die Unterdrückung der Katholischen Kirche, die Schauprozesse der 1950er Jahre, die gewaltsame Niederschlagung des »Prager Frühlings« 1968 durch die Intervention von Truppen des Warschauer Paktes und die Botschaft der sogenannten »menschlichen Fackeln«, als dessen Vertreter der Student Jan Palach, der sich selbst als »Fackel Nr. 1« bezeichnet hat, traurige Berühmtheit erlangte. Schließlich tauchten seit der zweiten Hälfte der 1990er Jahre verstärkt auch Themen wie die Zwangskollektivierung, die Einrichtung von Arbeitslagern, die Repression gegen Pfadfinderorganisationen[5], die Erinnerung an die Opfer von Flucht und Vertreibung 1997 in České Žleby (Böhmisch Röhren) und an die Grenztoten auf und wurden seit der Jahrtausendwende um die Problematik des kulturellen und politischen Dissens der 1970er und 1980er Jahre, der Rolle von Fluchthelfern und des Zerfalls des Eisernen Vorhangs angereichert.

Der 1999 verstorbene Václav Benda war ein Mitunterzeichner der »Charta 77« und Mitglied des »Komitees zur Verteidigung der zu Unrecht Verfolgten« (VONS). Die Gedenktafel (Abb. 2) wurde an seinem Wohnhaus in Prag installiert, das zu einem der wichtigsten Treffpunkte der tschechischen Regimekritiker gehörte. Die Inschrift lautet: »In diesem Haus, in den Jahren 1969–1999, lebte und kämpfte für die Freiheit und die Demokratie Dr. Václav Benda, Dissident und Politiker.«

---

5 Die größte unter ihnen und bis heute existierende ist die 1911 gegründete »Junák«.

Was die Verortung von Gedenkstätten in der Tschechischen Republik anbelangt, hat die tschechische Hauptstadt eine besondere Bedeutung: Mehr als 16 Prozent aller Erinnerungsorte sind in Prag konzentriert. Von den anderen Regionen, die besonders reich an Gedenkstätten sind, sollten Südmähren mit 12,5 Prozent, Mittelböhmen und die Böhmisch-Mährische Hochebene mit 9,5 Prozent erwähnt werden. Die Region Zlín befindet sich zurzeit mit 3,2 Prozent auf dem letzten Platz. In diesem Zusammenhang ist darauf hinzuweisen, dass sich zum Beispiel die größte Anzahl an Gedenkstätten zur Zwangskollektivierung in der Böhmisch-Mährischen Hochebene befindet. Der Region Südböhmen, durch die die Grenze zwischen dem »sozialistischen Osten« und dem »imperialistischen Westen« verlief, kommt bei der Erinnerung an die Grenztoten und des Grenzverlaufes bzw. des Grenzsystems eine besondere Rolle zu. Durchschnittlich gibt es in jeder dieser 14 Regionen fast 36 Erinnerungsorte, in Prag 82.[6]

Abb. 3   Gedenkstätte für die Grenzopfer 1948–1989, Všeruby (1996)

---

6   Diese Berechnung basiert auf Grundlage der oben erwähnten Datenbank des Instituts für Zeitgeschichte.

Eine aus der Initiative der »Konföderation der politischen Häftlinge« (KPV)[7] entstandene Gedenkstätte im Dorf Všeruby (Neumark) wurde vom Künstler Jiří Šlégl gestaltet (Abb. 3). Die im September 1996 enthüllte Plastik besteht aus mehreren Steinen, zwischen denen eine Quarzpyramide eingebaut ist, die den Widerstand gegen das kommunistische Regime symbolisieren soll. Im Mittelpunkt des Denkmals befindet sich eine Kiste mit einem Opferverzeichnis, in dem die Menschen aufgelistet sind, die beim Fluchtversuch ums Leben gekommen sind. Das Thema Fluchtversuch wird ebenso durch die »Gedenkstätte für die tschechischen und deutschen Fluchthelfer« aufgegriffen (Abb. 4).

Abb. 4   Gedenkstätte für tschechische und deutsche Fluchthelfer, im Juni 2004 durch die Initiative des Freundeskreises deutsch-tschechischer Verständigung in unmittelbarer Nähe der Staatsgrenze eröffnet

---

7   Die »Konföderation der politischen Häftlinge« (*Konfederace politických vězňů*, KPV) wurde Ende Januar 1990 gegründet. Ihre historischen Wurzeln hat die Organisation in dem Bemühen um Rehabilitierung der politischen Häftlinge während des Prager Frühlings. Die Konföderation sieht sich als ein freiwilliger Zusammenschluss politischer Häftlinge, die vom kommunistischen Regime nach dem Februar 1948 verurteilt wurden. Durch ihre Initiative entstand eine Reihe von Gedenkstätten zur Erinnerung an die Opfer des kommunistischen Regimes in der Tschechischen Republik. Vgl. hierzu die offizielle Homepage (http://www.kpv-cr.cz) der KPV.

Von den wichtigsten Erinnerungsdaten, aufgrund derer Denkmäler oder Gedenktafeln enthüllt wurden bzw. sich Erinnerungsorte herausgebildet haben, sollen vor allem folgende vier hervorgehoben werden:

— der 27. Juni 1950,
— der 21. August 1968,
— der 16. Januar 1969 und
— der 17. November 1989.

Erstens: der Erinnerungstag an die Opfer des kommunistischen Regimes am 27. Juni 1950, der das tragische Schicksal der an diesem Tag im Jahr 1950 hingerichteten Juristin und Politikerin Milada Horáková im Gedächtnis bewahrt.[8] Zwar gibt es kein direktes Denkmal für dieses Datum, doch finden an diesem Tag an den unterschiedlichsten Denkmälern festliche Trauerakte für die Opfer des Kommunismus statt. Mit dem Bau der Gedenkstätte auf dem Friedhof Ďáblice in Prag (Tafel 17) wurde im Jahr 1990 begonnen, auf Initiative der KPV. Die festliche Enthüllung erfolgte am 1. Juli 1994. An diesem Ort wurden in den 1950er Jahren politische Opfer (darunter auch Milada Horáková und Josef Toufar) anonym begraben. Gerade hier findet jährlich am 27. Juni einer der wichtigsten festlichen Trauerakte statt. Insgesamt befinden sich hier die sterblichen Überreste von mehr als zweihundert Opfern des Regimes aus den Jahren 1948 bis 1959. Zum festen Bestandteil der Gedenkstätte ist auch ein Kindergräberfeld geworden, das zur Erinnerung an die mehr als vierzig im Prager Gefängnis Pankrác geborenen und verstorbenen Häftlingskinder erbaut wurde. Im Juni 2013 wurde in den tschechischen Medien gerade dieser grauenvolle Aspekt der Vergangenheit intensiv thematisiert.[9]

---

8   Der Schauprozess gegen die Mitglieder der demokratischen Parteien vom Juni 1950, in dem Milada Horáková als Hauptbeschuldigte mit drei weiteren Menschen zum Tode verurteilt wurde, gehört zu dem größten und bedeutendsten Prozess während der blutigen Zeit der Etablierung der kommunistischen Herrschaft in der Tschechoslowakei. In diesem Prozess und den folgenden Nachfolgeprozessen wurden mehr als sechshundert Menschen zu insgesamt mehr als 7.800 Jahren Haft verurteilt. Mehr zu diesem Thema findet sich bei Karel Kaplan: Největší politický proces. »M. Horájková a spol.« [Der größte politische Prozess. M. Horáková und andere], Brno 1995; Petr Koura/ Pavlína Formánková: Žádáme trest smrti!: propagandistická kampaň provázející proces s Miladou Horákovou a spol. [Wir fordern das Todesurteil!: Die propagandistische Kampagne während des Prozesses gegen Milada Horáková und andere], Praha 2008.
9   Auch im Fernsehen fand die Gedenkstätte auf dem Friedhof Prag Aufmerksamkeit. Vgl. dazu: Obětmi komunistů byly i děti [Die Opfer waren Kommunisten und Kinder], in: *ČT24* vom 3. Juni 2013, online abrufbar unter: www.ceskatelevize.cz/ct24/ domaci/229974-obetmi-komunistu-byly-i-deti [28.02.2014].

Abb. 5 Gedenktafel für Josef Žemlička mit der Inschrift »Auf diesem Platz wurde am 21. August 1968 Josef Žemlička erschossen.«, Brünn; Künstler: Jiří Sobotka

Zweitens und drittens: Zwei Erinnerungsdaten – der 21. August 1968 (Einmarsch der Truppen des Warschauer Paktes) und der 17. November 1989 (Tag des Kampfes für Freiheit und Demokratie) – sind zwar mit recht unterschiedlichen historischen Zäsuren verbunden, stehen aber doch in einem festen Zusammenhang.

Schließlich sollte *viertens* als Erinnerungsdatum der 16. Januar, der der Erinnerung an die Selbstverbrennung Jan Palachs am 16. Januar 1969 gewidmet ist, erwähnt werden. Dieser Tag hat vor allem seit 2009 – der vierzigste Jahrestag seiner Tat – an Bedeutung gewonnen und gehört zurzeit unter der jüngeren Generation, gemeinsam mit der Studierendendemonstration am 17. November 1989, zu den bedeutendsten Gedenktagen.[10]

In den ersten sechs Freiheitsjahren nach der »Samtenen Revolution« entstanden nicht viele Denkmäler, da für deren Errichtung sowohl mehr Zeit als auch größere Finanzmittel nötig gewesen wären. Der gesellschaftliche Bedarf an »Wie-

---

10 Im Jahr 2009 wurde ein neues Buch über Jan Palach und über das Phänomen der sogenannten menschlichen Fackeln im Ostblock veröffentlicht, das sowohl in den Medien als auch unter der Bevölkerung besondere Aufmerksamkeit hervorgerufen hat. Vgl. dazu: Petr Blažek (Hg.): Jan Palach ’69, Praha 2009. Das Thema der Selbstverbrennung Jan Palachs wurde 2013 auch von der polnischen Regisseurin Agnieszka Holland in ihrem Film »Hořící keř« (zu deutsch: Brennender Busch) aufgegriffen. Der Film wurde als Dreiteiler mit dem Titel »Burning Bush – Die Helden von Prag« auf ARTE auch in Deutschland Ende März 2014 ausgestrahlt.

Abb. 6   Gedenktafel zur Erinnerung an die Opfer der Invasion vom 21. August 1968, Prag (1993)

Abb. 7   Mahnmal für die Opfer der sowjetischen Invasion, angebracht am Rathaus in Liberec (2002)

dergutmachung« und der »Auseinandersetzung mit der Vergangenheit« manifestierte sich vorrangig in einer Reihe von Gedenktafeln oder Brustbildern – »kleine Denkmäler«,[11] die meistens die Gestalt von »negativen Denkmälern« angenommen hatten. Ein Hauptaugenmerk lag in dem Bemühen der Initiatoren, die den unterschiedlichsten Schichten der neu formierten Zivilgesellschaft angehörten, den Opfern die Ehre zu erweisen und auf solche Orte aufmerksam zu machen, die in einem engen Zusammenhang mit wichtigen, oft auch traumatischen Ereignissen stehen. So sind zum Beispiel in mehreren Städten in der ersten Hälfte der 1990er Jahre Gedenktafeln zur Erinnerung an die Opfer des 21. August 1968 errichtet worden.[12] In Brünn wurden 1991 gleich vier Gedenktafeln für die

---

11   Vgl. Zdeněk Hojda: Pomníky a zapomínky [Denkmäler und Orte des Vergessens], Praha 1996, S. 230.

12   In diesem Zusammenhang sollte auf die interessante Dokumentation der unterschiedlichen Erinnerungsorte in Bezug auf die Invasion in der Tschechischen Republik hingewiesen werden. Vgl. dazu: Ronny Heidenreich/Anna Kaminsky (Hg.): Erinnerungsorte an die Niederschlagung des Prager Frühlings 1968, Berlin 2008, online abrufbar unter: http://www.bundesstiftung-aufarbeitung.de/uploads/pdf-2009/eo_prag.pdf [22.01.2014]. Die Problematik der August-Opfer wird aus der tschechischen Perspek-

Abb. 8   Denkmal »Ecce Homo« zur Erinnerung an den katholischen Pfarrer Josef Toufar (1902– 1950), der in Folge harter Verhöre im Februar 1950 im Prager Krankenhaus starb; Künstler: Roman Podrázský (1990)

Abb. 9   Denkmal für Heliodor Píka, Plzeň (Juni 2003)

Opfer der Invasion der Truppen des Warschauer Paktes errichtet, darunter eine Gedenktafel für Josef Žemlička[13] (Abb. 5).

Eine besondere Bedeutung hat die Gedenktafel, die auf dem Gebäude des tschechischen, damals tschechoslowakischen Rundfunks in Prag im August 1993 platziert wurde (Abb. 6). Die Auflistung der Opfer ist zwar nicht vollständig, und der angegebene Jindřich Krahulec[14] wurde an einem anderen Ort erschossen. Doch ist dieser Ort ein zentraler Punkt für die Erinnerung an die Opfer

---

tive betrachtet, so zum Beispiel bei Milan Bárta u.a.: Oběti okupace. Československo 21. srpen – 31. prosinec 1968 [Die Okkupationsopfer. Die Tschechoslowakei vom 21. August – 31. Dezember 1968]. Praha 2008.

13 Der 16-jährige Lehrling wurde in der Nähe der Tankstelle auf der Jihlavská-Straße am Stadtrand von Brünn erschossen. Sein Großvater wurde als Mitglied der Kommunistischen Partei und aktiver Angehöriger des antinazistischen Widerstandes im KZ hingerichtet.

14 Der zwanzigjährige Eisenbahnschaffner, der sich nach dem Tod seiner Mutter gemeinsam mit seiner Schwester um die zwei weiteren Geschwister kümmerte, wurde am Abend des 21. August am Karlsplatz tödlich verletzt.

der Intervention und spielt zurzeit auch diese Rolle. Der tschechoslowakische Rundfunk trug nämlich deutlich zur Verbreitung der wichtigen Informationen über das Geschehen in der Tschechoslowakei bei. Gemeinsam mit dem Fernsehen demaskierte er vor der Weltöffentlichkeit die Brutalität und Rechtlosigkeit der Intervention. Kein Wunder, dass gerade hier und am Wenzelsplatz sich die meisten Demonstranten den Okkupanten zur Wehr gesetzt hatten.

Das Mahnmal für die Opfer der sowjetischen Invasion in Liberec (Reichenberg) zeigt, dass der Erinnerungsbedarf an die militärische Invasion auch im neuen Millennium fortbesteht (Abb. 7).[15] In dieser nordböhmischen Stadt waren im August 1968 mindestens neun Menschen ums Leben gekommen. Einer von ihnen war der 19-jährige Zdeněk Dragoun, der beim Fotografieren des Einmarsches der Okkupanten einen Rückenschuss erlitt.

Bis 1995 sind viele Gedenkstätten zur Erinnerung an einige der bekanntesten Opfer des kommunistischen Regimes in der Tschechoslowakei – darunter der Pfarrer Josef Toufar,[16] die Politikerin Milada Horáková[17] oder der Armeegeneral Heliodor Píka[18] – entstanden (Abb. 8–11).

Anzumerken ist, dass der Schauprozess gegen Horáková und weitere Mitglieder der nichtkommunistischen Parteien im Jahr 1950 auf mehreren Gedenk-

---

15 Vgl. Kaminsky (Hg.): Erinnerungsorte, a. a. O., S. 24.

16 Das Schicksal von Josef Toufar wurde in mehreren Fachbüchern dokumentiert. Eine der besten Darstellungen stellt die Publikation von Miloš Doležal dar: Vgl. Miloš Doležal: Jako bychom dnes zemřít měli: drama života, kněžství a mučednické smrti číhošťského faráře P. Josefa Toufara [Als wenn wir heute sterben sollten: Lebensdrama, Priestertum und Märtyrertod des Pfarrers in Tschihoscht P. Josef Toufar], Pelhřimov 2012.

17 Die Politikerin und Juristin Milada Horáková (geborene Králová) wurde im Jahr 1901 in Prag geboren. Nach dem Abitur 1921 arbeitete sie für das tschechoslowakische Rote Kreuz. Nach ihrem Jurastudium (Promotion im Jahre 1926) setzte sie sich für die Frauenbewegung in der Tschechoslowakei ein, und im Jahr 1929 trat sie in die Volkssozialistische Partei (ČSNS) ein. Während der nazistischen Okkupation beteiligte sie sich am Widerstand und wurde gemeinsam mit ihrem Mann im Jahr 1940 verhaftet. Vor dem Gericht in Dresden, im Oktober 1944, verteidigte sie sich selbst und wurde zu acht Jahren Haft verurteilt. In der Zeit von 1945 bis 1948 kritisierte sie als Parlamentarierin die kommunistischen Machtpraktiken. Im September 1949 wurde sie schließlich verhaftet und in einem der größten Schauprozesse im Juni 1950 zum Tode verurteilt.

18 Der Fall des im Juni 1949 hingerichteten Armeegenerals und engen Mitarbeiters von Präsident Beneš, Heliodor Píka, wurde oft als Beispiel für einen der ersten Justizmorde nach dem kommunistischen Putsch im Februar 1948 herangezogen. Mehr zum Thema bei: Antonín Benčík/Karel Richter: Vražda jménem republiky. Tragický osud generála Heliodora Píky [Der Mord im Namen der Republik. Das tragische Schicksal des Generals Heliodor Píka], Praha 2006.

Abb. 10 Denkmal für Milada Horáková und die politischen Häftlinge 1948–1989, Prag (2008)

stätten dargestellt ist. Die Tatsache, dass es sich um ein brisantes Thema handelt, zeigte sich zum Jahreswechsel 2008/09 ganz deutlich: Als bekannt wurde, dass ein neues Denkmal für Horáková auch von der Kommunistischen Partei Böhmens und Mährens (KSČM) finanziell unterstützt werden sollte, was mit einem Akt der »nationalen Versöhnung« begründet wurde, lehnten sowohl die ausgewählten Künstler als auch die KPV jedwede Beteiligung am Projekt ab. Das ursprüngliche Denkmal wurde letztendlich zu Ehren an alle 234 hingerichteten politischen Häftlinge gestaltet. Am 28. Oktober 2008 wurde das von den Bildhauern Ctibor Havelka und Jan Bartoš und dem Architekten Jiří Kantůrek gestaltete Kunstwerk im Park gegenüber des ehemaligen Staatsgerichts (von Oktober 1948 bis Dezember 1952) und heutigen Justizgebäudes in Prag enthüllt.

Die Aufgabe, das tragische Schicksal von Milada Horáková im Gedächtnis zu behalten, kam in unterschiedlichsten Denkmalsformen in vielen tschechischen Städten – darunter in Kutná Hora (Kuttenberg), Hradec Králové (Königgrätz), Teplice (Teplitz) oder Terezín (Theresienstadt) – zum Ausdruck.

Wie die eingangs erwähnte Datenbank zeigt, sind fast 65 Prozent aller Erinnerungsorte den blutigen 1950er Jahren gewidmet. Zehn Prozent thematisieren die Ereignisse von 1968/69 und zirka 13 Prozent widmen sich der Zeit von 1970 bis 1989. Zu betonen ist aber, dass diejenigen Denkmäler, die sich dem sogenannten »Dritten Widerstand«[19] widmen, nicht nur auf die Zeitpe-

---

19 Der Begriff »Dritter Widerstand« lässt sich synonym zum »antikommunistischen Widerstand« nach dem Februarumsturz durch die Kommunisten 1948 verstehen. Der »Erste Widerstand« bezieht sich auf den Widerstand gegen die Habsburger Monarchie während des Ersten Weltkrieges. Die Vertreter des »Zweiten Widerstandes« kämpften 1939 bis 1945 gegen die nationalsozialistische Besatzungsherrschaft in der Tschechoslowakei. Im Jahr 2011 wurde ein Gesetz (Nr. 262 vom 20. Juli 2011) über den Widerstand gegen das kommunistische Regime verabschiedet, das für den »Dritten Widerstand« den Zeitraum vom 25. Februar 1948 bis zum 17. November 1989 festlegt (Paragraf 2). Das Gesetz ist online abrufbar unter: http://www.ustrcr.cz/data/pdf/normy/sb262-2011.pdf [22.01.2014].

Abb. 11   Mahnmal mit einer Büste von Milada Horáková, ergänzt um einen Gedenkstein, Česká
Lípa (Juni 1995)

riode von 1948 bis 1989 konzentrieren, sondern oft auch in einem direkten
Zusammenhang mit den ersten beiden Widerständen stehen.

Wenn man nun zu der atemberaubenden Zeit nach der sogenannten »Samtenen Revolution« zurückkehrt, geschieht dies vor allem aus dem Grund, dass
gerade damals ein wichtiger Erinnerungsort entstanden ist, der trotz seiner
bescheidenen Form zu einem von der Öffentlichkeit weitgehend akzeptierten
Gedenkort geworden ist. Seine außerordentliche Aussagekraft liegt nicht nur
im Genius Loci, sondern auch in seiner übertragenen Botschaft, dass es sich
lohnt, für die Freiheit zu kämpfen.

Der Angriff der Sicherheitskräfte auf die Studierenden, die im Rahmen
einer offiziell genehmigten Demonstration am 17. November 1989 auf der
Nationalstraße an den von den Nazis erschossenen Studenten Jan Opletal und
der folgenden Schließung ihrer Hochschulen erinnern wollten, löste eine

---

Mehr zu diesem Thema bei: Tomáš Bursík: Diskuse nad třetím odbojem [Diskussion um
den Dritten Widerstand], in: Ústav pro studium totalitních režimů [Institut für Totalitarismusforschung] (Hg.): Odboj a odpor proti komunistickému režimu v Československu
a ve Střední Evropě [Widerstand und Opposition gegen das kommunistische Regime in
der Tschechoslowakei und Mitteleuropa], Praha 2010, S. 17–26.

Abb. 12   Gedenktafel zur Erinnerung an den 17. November 1989, Prager Nationalstraße

Lawine aus, die das Regime nicht mehr stoppen konnte. Die Gedenktafel (Abb. 12) befindet sich in einem Durchgang, in dem die örtlichen Einsatzkräfte die Demonstrierenden am schlimmsten verprügelten. Es wurde hier eine sogenannte Schlaggasse gebildet, durch die die Menschen die Nationalstraße nicht ohne Prügel von Schlagstöcken verlassen konnten. Die abgebildeten Bronzehände symbolisieren nicht nur das Siegeszeichen, sondern vorrangig die Parolen »Keine Gewalt« (*Žádné násilí*) und »Wir haben nackte Hände« (*Máme holé ruce*), die am 17. November 1989 erklungen waren. Am 17. November werden an diesem Ort regelmäßig viele Kerzen angezündet und niedergelegt. Diese Gedenktafel ist der meistbesuchte Erinnerungsort in Tschechien.

Am 17. November 2009 provozierte der Künstler Roman Týc (sein richtiger Name ist David Hons, Jahrgang 1974) an diesem Ort mit einer provisorischen Installation unter dem Titel »Es gibt nichts zu feiern« (Tafel 18). Die Bronzehände waren neben dem Victory-Zeichen nun auch zum Hitlergruß und zum Stinkefinger geformt. Mit diesen drei Handgesten, die an den 17. November der Jahre 1939, 1989 und 2009 erinnern, reagierte Týc auf den Verfall der politischen Kultur seines Landes. Mehrere Persönlichkeiten des öffentlichen Lebens, einschließlich des Premiers, griffen nämlich während einer politischen Debatte zur letztgenannten Geste: Anlässlich des zwanzigsten Jahrestages der »Samtenen Revolution« sollte schließlich die Frage diskutiert werden, was von den ursprünglichen Idealen der Revolution übriggeblieben ist. Interessanterweise merkten viele Besucher gar nichts von der provisorischen Modifizierung der Gedenktafel, die später auf den Seiten der Zeitungen und Zeitschriften heftig diskutiert wurde. In den letzten zwei Jahren wurden die Feierakte an diesem Ort regelmäßig von unterschiedlichen Formen der Kritik am politischen Establishment begleitet.

Eine Tatsache ist, dass gerade die Erinnerung an die Revolution des Jahres 1989 zu den brisantesten Themen der heutigen Debatte über die Vergangenheit gehört. Eine tschechische Form der Ostalgie hat an Intensität gewonnen. Übrigens gibt es nur recht wenige neue Erinnerungsorte zum Herbst 1989. Anlässlich des 17. November sind zumeist Gedenktafeln für einige Vertreter des

Abb. 13   Denkmal der drei Widerstände,
Opava (1995)

Abb. 14   Denkmal für die Teilnehmer des anti-
kommunistischen Widerstandes und für die Opfer
der Willkürherrschaft, Brno (2009)

Dissenses (zum Beispiel Pavel Wonka[20] oder Václav Benda) oder Denkmäler für die Teilnehmer des antikommunistischen Widerstandes, beispielweise in Opava (Troppau) im November 1995 oder in Brno (Brünn) im November 2009, enthüllt worden (Abb. 13 u. 14).

---

20 Pavel Wonka wurde 1953 in einer Arbeiterfamilie geboren, sein Vater war Deutscher. Von klein auf lehnte er alle Formen der Ungerechtigkeit ab. Er bewarb sich dreimal um einen Platz an der juristischen Fakultät der Karls-Universität. Das Studium wurde ihm aus politischen Gründen verweigert. Er beschäftigte sich weiter mit der Auslegung des sozialistischen Rechts und kritisierte öffentlich die Mängel an seinem Arbeitsplatz. Im April 1982 wurde er zum ersten Mal verhaftet und zu 14 Monaten Haft verurteilt. Er ließ sich aber nicht abschrecken und versuchte 1986 sogar als unabhängiger Kandidat mit einem kritischen Wahlprogramm in die Föderalversammlung einzuziehen. Er wurde erneut verhaftet (gemeinsam mit seinem Bruder Jiří Wonka) und zu 21 Monaten Haft verurteilt. Er lehnte das Gerichtsverfahren als gesetzwidrig ab und verweigerte im Strafvollzug in Minkovice die Zwangsarbeit. Wonka wurde schikaniert und mehrmals verprügelt. Schwer verletzt kam er in das Prager Haftkrankenhaus in Pankrác und wurde später aus gesundheitlichen Gründen wieder freigelassen. Im April 1988 wurde er ein weiteres Mal festgenommen und am 20. April zu fünf Monaten Haft verurteilt. Am 26. April starb Wonka im Gefängnis. Sein Fall löste große Aufmerksamkeit und Empörung aus.

Seit der zweiten Hälfte der 1990er Jahre widmen sich in verschiedenen Regionen viele Denkmäler den Opfern unterschiedlich gesellschaftlicher Gruppen und den drei historischen Widerständen. Das von den Künstlern Sabina und Jan Kratochvíl gestaltete Denkmal für die Teilnehmer des antikommunistischen Widerstandes und für die Opfer der Willkürherrschaft stellte eine Plastik des geborenen Engels auf einem Pylon dar, der sich aus drei Teilen – dem »Ersten« (1914–1918), dem »Zweiten« (1939–1945) und dem »Dritten Widerstand« (1948–1989) – zusammensetzt. Einen Höhepunkt der Gründung von Denkmälern lässt sich zwischen 2000 und 2005 beobachten. Die Hauptthematik konzentrierte sich zwar weiterhin auf Repression und Widerstand, wurde aber zugleich auch oft um interessante künstlerische Darstellungen bereichert. In den Vordergrund traten zudem zunehmend innovative Aspekte. Die Gedenkstätten sollten jetzt nicht nur zum Nachdenken anregen, sondern möglichst auch zur politischen Bildung beitragen. Ebenso sollten die zu ihnen gehörenden Informationstafeln den neuesten Forschungstand zu berücksichtigen versuchen.

Das Denkmal für die Opfer des Kommunismus, das von den Architekten Zdeněk Hölzel, Jan Kerel und dem bekannten Bildhauer Olbram Zoubek gestaltet und im Mai 2002 enthüllt wurde, ist zu einer der wichtigsten Prager Sehenswürdigkeiten geworden (Tafel 19). Die sieben nackten Bronzefiguren, die sich auflösen je weiter sie vom Betrachter entfernt stehen, stellen den Prozess des stufenweisen Verderbens menschlicher Existenz im Kommunismus dar. Auf einem Bronzestreifen werden den Besuchern auch grundlegende statistische Angaben sowohl über die Anzahl an Hingerichteten, Verurteilten und im Gefängnis ums Leben gekommenen Inhaftierten als auch über die Anzahl der Emigranten und Grenzopfer gegeben.

Das Denkmal für die politischen Häftlinge in Mořina (Groß Morschin) entstand durch die Initiative der KPV. Es ist als eine Gedenkstäte konzipiert, die auf ein in der Öffentlichkeit unbekanntes Arbeitslager – das sogenannte tschechische KZ Mauthausen – in der Nähe von Prag aufmerksam macht (Abb. 15). Der Bildhauer Petr Váňa schuf einen Steinblock mit einem Loch in Form eines Gitters, durch das die Besucher den ehemaligen Steinbruch beschauen können, in dem Häftlinge Zwangsarbeit leisten mussten. Es gibt auch eine Informationstabelle, die unter anderem über die Arbeitsbedingungen informiert. Das Denkmal wurde im Juni 2001 in der Nähe eines beliebten touristischen Aussichtspunktes installiert. Die Einbeziehung von Gedenkstätten in Tourismuskonzepte kann man als ein weiteres typisches Kennzeichen dieser Aufarbeitungsperiode bezeichnen.

In vielen Regionen entstanden neue Gedenkstätten, die zum festen Bestandteil von offiziellen Wanderwegen geworden sind. Die Vertreter der Lokalverwaltungen und Privatinitiativen haben begriffen, dass sich auf diese Weise die Mög-

Abb. 15   Denkmal für die politischen Häftlinge, Mořina

lichkeit bietet, für Touristen und Spaziergänger Geschichte begreifbar zu machen. Im Jahr 2009 ist zum Beispiel der »Wanderweg des Pfarrers Josef Toufar« für Touristen eröffnet worden, der über zwanzig Kilometer lang ist und weitere sehenswerte Orte in der Umgebung miteinander verbindet.

Die Selbstaufopferung von Jan Palach im Januar 1969 hatte große Resonanz in der Gesellschaft. Sein Protest gegen die sich immer weiter vertiefende Passivität der Bürger und die Anwesenheit sowjetischer Truppen in der ČSSR war eine außerordentliche Tat, die zum Nachdenken veranlasst. Seine Beerdigung, an der eine riesige Menschenmenge teilgenommen hatte, gehört sicherlich zu den beeindruckendsten Augenblicken der Unterstützung der Ideale des Prager Frühlings. Trotz aller Bemühungen des kommunistischen Regimes ist sein Name in Erinnerung geblieben. Mit seinem Namen ist die Palach-Woche im Januar 1989 in Prag verbunden – eine sieben Tage dauernde Demonstration, welche die damaligen Machthaber erschütterte.[21] Der Hinweis des Philosophen und Mitbegründers der Charta 77, Jan Patočka, darauf, dass es in unserem Leben Werte gibt, für die es sich lohnt zu leiden und auch zu sterben, steht in einem direkten Zusammenhang mit dem Tod von Jan Palach.[22]

---

21 Mehr zu diesem Thema bei Jan Vladislav: Horký leden 1989 v Československu. [Ein heißer Januar 1989 in der Tschechoslowakei], Praha 1990; Oldřich Tůma: Zítra zase tady!: Protirežimní demonstrace v předlistopadové Praze jako politický a sociální fenomén. [Morgen wieder hier!: Die Demonstrationen gegen Regime in Prag vor dem November 1989 als politisches und soziales Phänomen], Praha 1994; Tomáš Vilímek: Die Palachwoche. Die Demonstrationen in Prag im Januar 1989, in: *Horch und Guck*, 12 (2003), H. 43, S. 60–65.

22 Vgl. Jan Patočka: Co můžeme očekávat od Charty 77. [Was können wir von der Charta 77 erwarten?], in: Vilém Prečan: Charta 77. 1977–1989. Od morální k demokratické revoluci [Von der moralischen zur demokratischen Revolution], Praha 1990, S. 38–44, hier S. 42.

Abb. 16 Gedenktafel für Jan Palach am Eingang der Philosophischen Fakultät der Karls-Universität in Prag (Januar 1990)

Die tschechoslowakische Staatssicherheit (*Státní bezpečnost*, StB) registrierte bis 1989 eine Unzahl diverser Flugblätter und Parolen an Häuserwänden, die auf die Bedeutung seiner Selbstaufopferung hingewiesen haben. Trotz aller Anstrengungen ist es der Staatsmacht nicht gelungen, Palachs Botschaft in Vergessenheit geraten zu lassen. Im September 1969 stellte zum Beispiel die StB fest, dass in seinem Wohnort Všetaty (Wschetat im Mittelböhmen) eine Bürgerinitiative zur Bildung eines Mahnmals für ihn existiert, die bereits 750.000 Kronen für diese Zwecke gesammelt hatte – das meiste Geld hatten unterschiedliche regionale Betriebe gespendet. Das Spendenkonto musste schließlich geschlossen werden, und die Finanzmittel wurden an die Betriebe zurückgezahlt.[23]

Der Bildhauer Olbram Zoubek schuf 1990 aus dem Gipsabguss der Totenmaske des verstorbenen Studenten, die er ihm im Januar 1969 abgenommen hatte, eine Kopie aus Bronze (Abb. 16). Jedes Jahr zum 16. Januar veranstaltet der Studierendenrat eine Zusammenkunft, um dem Toten die Ehre zu erweisen. Ein Jahr später beteiligte sich der gleiche Bildhauer an der Entstehung eines Gedenkortes für Jan Zajíc in Šumperk (Mährisch Schönberg), der im Februar 1969 die Tat von Jan Palach nachahmte.

Auf Initiative der Jan-Palach-Gesellschaft wurden in Všetaty nach 1989 gleich zwei Gedenkstätten errichtet, die vor kurzer Zeit um entsprechende Dauerausstellungen ergänzt worden sind. Es handelt sich zum einen um eine rechteckige Gedenktafel in seinem Geburtshaus und zum anderen um ein Denkmal des Künstlers František Janda, das aus drei Plastiken besteht. Diese symbolisieren das Opfer seiner Selbstverbrennung, die Trauer und die Flamme (Abb. 17).

---

23 Archiv der Sicherheitseinheiten, Prag, II. správa SNB – jednotný poznatkový fond (nezpracované), Karte 271/1.

Abb. 17   Denkmal »Nachruf auf Jan Palach«,
Všetaty (1994); Künstler: František Janda

Im Januar 2000 wurde ein Denkmal für die beiden Studenten am nördlichen Ende des Wenzelplatzes vor dem Nationalmuseum enthüllt. Das von der Künstlerin Barbora Veselá entworfene Kreuz zeigt die Richtung an, in die der brennende Palach rannte (Abb. 18).

Anlässlich des vierzigsten Jahrestages seiner Selbstverbrennung wurde eine Gesamtdarstellung[24] zu Jan Palach veröffentlicht, die die Problematik der Selbstverbrennung als Protestform im ostmitteleuropäischen Kontext thematisiert. In Mělník (Melnik) wurde im Park gegenüber des Gymnasiums, an dem Jan Palach drei Jahre studierte, ein Denkmal enthüllt, das einen brennenden Mann darstellt (Tafel 20).

Abb. 18   Denkmal für Jan Palach und Jan Zajíc (Prag 2000); Künstler: Barbora Veselá, Čestmír
Houska und Jiří Veselý

---

24 Gemeint ist die Studie von Petr Blažek, siehe Anmerkung 10.

Das Thema der »menschlichen Fackeln« findet seine Aufmerksamkeit sowohl in den Medien als auch unter den Studierenden, wie ein Internetprojekt an der Karls-Universität beweist, das sich unter anderem auch dem Fall von Oskar Brüsewitz widmet.[25] »Nur derjenige starb, der nur für sich selbst lebte«[26], steht auf der Gedenktafel, die zur Erinnerung an Jan Zajíc in seinem Geburtsort Vítkov (Wigstadt) im Jahre 2002 errichtet wurde (Abb. 19).

Die Gedenkstätten zur Erinnerung an die »menschlichen Fackeln« stellen eine interessante Symbiose von positiver und negativer Erinnerungsform dar. Positiv, weil die Tat von Jan Palach auf die altruistische Form der Selbstopferung für höhere Werte aufmerksam macht; negativ, weil die Tat zugleich ein trauriges Zeichen des

Abb. 19 Gedenktafel für Jan Zajíc, Vítkov (2002)

damaligen Zeitgeistes darstellt, in der ein junger Mensch keine andere Ausdrucksform für den Protest fand, als sein Leben opfern zu müssen. Auf jeden Fall hat eine solche Protestform eine besondere Aussagekraft und veranlasst zum Nachdenken. Die Betonung »des Lebens für die Freiheit« und die Pflicht zur Partizipation gesellschaftlicher Entwicklungen können sowohl zur Selbstreflexion als auch zur Identitätsfindung beitragen.

Die Gedenkstätten – positive wie negative – sind fester Bestandteil der Erinnerungskultur eines jeden Landes. In der Tschechischen Republik gibt es nach wie vor eine signifikante Divergenz in Bezug auf den Stand der wissenschaftlichen Aufarbeitung der jüngsten Vergangenheit und der öffentlichen Darstellung dieser Forschungsergebnisse. Die derzeit in der Tschechischen Republik betriebene schwarz-weiße Geschichtspolitik hat eher die Manifestation vieler Vorurteile zur Folge, was am besten das Beispiel der öffentlichen

---

25 Es geht um ein Projekt, das die unterschiedlichen Fälle der »menschlichen Fackeln« in der ganzen Welt von 1963 bis 2012 dokumentiert. Auf den Webseiten des multimedialen Projekts der Karls-Universität in Prag wird das Schicksal von Jan Palach umfangreich dargestellt. Die Homepage ist online abrufbar unter: http://www.janpalach.cz/cs/default/index [28.02.2014].

26 Tschechisch: »Umřel jen ten, kdo žil pro sebe«.

Diskussion über die richtige Einschätzung des »Dritten (bewaffneten) Widerstandes« (*třetí odboj*, 1948–1989) zeigt. Ein Modellentwurf eines Denkmals vom Juni 2011 zu Ehren der Mašín-Brüder,[27] die sich als Widerstandskämpfer im Oktober 1953 den Weg durch den Eisernen Vorhang bis nach Westberlin freigeschossen hatten, wurde abgelehnt.

Es zeigt sich deutlich, dass in der Tschechischen Republik vorrangig zivilgesellschaftliche Kräfte eine stiftende Funktion zur Entfaltung eines neuen und fruchtbaren Diskurses über die Rolle und Form von Erinnerungsorten übernehmen. Ein positives Zukunftszeichen scheint zum Beispiel die Versöhnungsaktion in Babice (Babitz) in der böhmisch-mährischen Hochebene zu sein, wo Anfang Juli 1951 drei KPČ-Funktionäre von einem Mitglied der dortigen Widerstandsgruppe (in Wirklichkeit von einem StB-Agent) erschossen wurden. Den heutigen Forschungsergebnissen zufolge, handelte es sich um eine Provokation von Seiten der Staatsicherheit, die zur Brechung des Widerstandes gegen die Zwangskollektivierung in diesem Gebiet dienen sollte.[28] In einem riesigen Schauprozess wurden sieben unschuldige Menschen zum Tode verurteilt. Die sogenannten Nachfolgeprozesse betrafen über einhundert Menschen, die insgesamt zu fast 1.400 Jahren Gefängnis verurteilt wurden. Anlässlich des fünfzigsten Jahrestages des »Falls Babice« fand hier im Sommer 2011 ein Tag der Wahrheit und der Versöhnung statt, der als Ort der Erinnerung an die erschossenen kommunistischen Funktionäre einerseits und andererseits auch an die Opfer der Schauprozesse konzipiert wurde.

In der Tschechischen Republik gibt es eine Vielzahl unterschiedlichster Gedenkstätten, von denen leider viele in Vergessenheit geraten sind, was sicherlich auch auf die gesellschaftliche und politische Atmosphäre in Tschechien zurückzuführen ist.

---

27 Die Brüder Ctirad (1930–2011) und Josef Mašín (*1932) stammten aus einer Familie, die sich demokratischen Idealen verpflichtet fühlte. Ihr Vater, ein Offizier der tschechoslowakischen Armee, wurde als Mitglied des Widerstandes gegen die Okkupanten 1942 hingerichtet. Ctirad und Josef Mašín lehnten jegliche Form der Diktatur ab, und kurz nach dem Februarumsturz 1948 begannen sie unterschiedliche Widerstandsaktionen durchzuführen. Neben der Verbreitung von Flugblättern und der Organisation von Sabotageakten, leisteten sie auch bewaffneten Widerstand. Im Oktober 1953 entschlossen sie sich, mit zwei weiteren Widerstandskämpfern aus ihrer Gruppe zur Flucht aus der Tschechoslowakei. Das Ziel war, in Westberlin in die amerikanische Armee einzutreten, was ihnen später in den USA auch gelang. Mehr dazu bei Josef Němeček: Mašínové – zpráva o dvou generacích [Die Mašín-Brüder – Ein Bericht über zwei Generationen], Praha 1998.

28 Vgl. Adolf Rázek: StB + justice – nástroje třídního boje v akci Babice [StB + Justiz – Instrumente des Klassenfeindes in der Aktion Babice], Praha 2002.

Abschließend sei der Hoffnung Ausdruck verliehen, dass die von der Bevölkerung akzeptierten Erinnerungsorte eine positive Wirkung für die Zukunft haben werden. In jedem Fall werfen sie Fragen danach auf, was eigentlich aus dem Erbe der demokratischen Revolution geworden ist. Zugleich aber veranlassen sie die Menschen zum Nachdenken über die Frage, warum andere Menschen bereit waren, sich für die Bewahrung der Freiheit und der Wahrheit einzusetzen. Ein eindringliches Beispiel eines solchen Erinnerungsortes stellt das in Liberec im Juni 2006 präsentierte Kunstwerk dar: Das von den Architekten Petr Janda, Jakub Našinec, Aleš Kubalík und Josef Kocián entworfene Denkmal für die Opfer des Kommunismus thematisiert die Opfer- und Täterperspektive mit Hilfe eines großen 4,5 Meter hohen Spiegels (Abb. 20). Jedem Besucher bietet sich hierdurch die Möglichkeit, sich mit den eigenen Augen im Spiegel zu betrachten und zu fragen, wie man sich selber während der kommunistischen Diktatur verhalten und dieses Verhalten vor seinem Gewissen verantwortet hätte.[29]

Abb. 20   Denkmal zur Erinnerung an die Opfer des Kommunismus, mit seiner Inschrift: »Schau in dich selbst, ob du die Freiheit verteidigst, achtest oder einschränkst.«[30], Liberec (Juni 2006)

---

29 Kein Wunder, dass diesem Projekt im November 2013 in einem internationalen Architekturwettbewerb (BigMat International Architecture Award) ein nationaler Preis der Tschechischen Republik verliehen wurde. Mehr dazu online unter: http://www.architectureaward.bigmat.com/en/winners [Stand Januar 2014].

30 Tschechisch: »Sám v sobě hledej, zda svobodu bráníš, ctíš nebo omezuješ.«

Peter Švorc

Gedenktafeln und Denkmäler in der Slowakei – Die Reflexion der Vergangenheit oder der Gegenwart?

Politische und gesellschaftliche Veränderungen, die die sogenannte »Samtene Revolution« herbeigeführt hatte, waren von der (tschecho)slowakischen Öffentlichkeit mit großen Hoffnungen verbunden.[1] Das kommunistische Regime, das Ende der 1980er Jahre die Bereitschaft zu Reformen signalisierte, wurde gestürzt. Durch die politische Wende eröffneten sich für die Bürger der Tschechoslowakei nun neue Möglichkeiten. Der Fall des Monopols der Kommunistischen Partei (KPČ) bedeutete für Tschechen und Slowaken vor allem persönliche Freiheit, freien Meinungsaustausch, die Möglichkeit, ihr Bekenntnis zum christlichen Glauben frei zu äußern, und Reisefreiheit. Die Bürger glaubten, dass die politische Wende auch Gerechtigkeit und Wiedergutmachung des während der vierzigjährigen kommunistischen Herrschaft begangenen Unrechts mit sich bringt.[2]

Schon nach kurzer Zeit trat Ernüchterung ein. Sie wurde durch eine »wilde Privatisierung« und die mit ihr einhergehende hohe Kriminalität, durch die faktische Straflosigkeit gnadenloser Privatisierer und Betrüger verschiedener Couleur, durch Korruption, Arbeitslosigkeit und den Verlust der bisherigen sozialen Sicherheiten hervorgerufen. Das war der Grund, warum der Novem-

---

1 Vgl. Kronika prebudenia – 1. Retrospektíva novembrových dní našich národov [Chronik des Erwachens – 1. Rückblick auf die Novembertage unserer Nationen], in: Výber zo svetovej a československej tlače [Auszüge aus den internationalen und tschechoslowakischen Zeitungen], 22 (7. Dezember 1989), Nr. 49, S. 15–17; Kronika prebudenia – 2. Retrospektíva novembrových dní našich národov [Chronik des Erwachens – 2. Rückblick auf die Novembertage unserer Nationen], in: Výber zo svetovej a československej tlače, 22 (14. Dezember 1989), Nr. 50, S. 16–17.

2 Vgl. Soňa Očková: Dnes inventúra [Heute eine Inventur], in: *Roľnícke noviny* [Bauernzeitung] vom 28. Dezember 1989, Nr. 305; Ľudovít Major/Samuel Simonides: Odklínanie zakázaných teórií [Die Entzauberung der verbotenen Theorien], in: Šport, 200/1989; Kríž vo svetle pravdy. Na margo jedného seriálu. Z listu biskupa J. Ch. Korca ČST na Slovensku [Das Kreuz im Lichte der Wahrheit. Zum Kommentar zu einer Serie. Aus dem Brief des Bischofs J. Ch. Korec an das tschechoslowakische Fernsehen in der Slowakei], in: Výber zo svetovej a československej tlače [Auszüge aus den internationalen und tschechoslowakischen Zeitungen], 23 (8. Februar 1990), Nr. 6, S. 18–19.

ber 1989 seine symbolträchtige Wirkung und ursprüngliche Bedeutung als ein
Tag des Kampfes für Freiheit und Demokratie bereits in der ersten Hälfte der
1990er Jahre bei der slowakischen Bevölkerung einzubüßen begann.

Während die an den Zerfall der Österreich-Ungarischen Monarchie, an die
Gründung der Tschechoslowakei (1918) sowie an das Ende des Zweiten Weltkrieges und an den Februarumsturz (1948) erinnernden Denkmäler und
Gedenktafeln verhältnismäßig kurz nach den erwähnten Ereignissen enthüllt
worden sind, dauerte es nach der Novemberrevolution von 1989 wesentlich
länger, bis einige Bürgervereine den Anstoß zur Errichtung der an die Novemberereignisse zu erinnernden Denkmäler gaben. Weder das Kultusministerium
noch andere staatliche Institutionen der Slowakischen Republik zeigten in
dieser Hinsicht eine Initiative. Solche Aktivitäten überließen sie verschiedenen
Aktivisten und Bürgervereinen.

Die Umbenennung von Straßen und Plätzen

In den 1990er Jahren entstand in der Slowakei eine interessante Situation: Die
über die Entwicklung nach dem November 1989 enttäuschte slowakische
Öffentlichkeit, die nach der Staatsgründung am 1. Januar 1993 noch immer
nicht sehr selbstsicher war[3], reagierte auf die Würdigung der Novemberrevolution von 1989 nicht sofort mit Gedenktafeln und Denkmälern. Die Situation
wurde erst mit der Festlegung auf den 17. November als Nationalfeiertag (Tag
des Kampfes für Freiheit und Demokratie)[4] gelöst, der breite Akzeptanz in

---

3   Nach der Teilung der Tschechoslowakei in zwei unabhängige Staaten, die ohne Volks-
    abstimmung vollzogen wurde, dominierte in einem Teil der slowakischen Öffentlichkeit
    die Auffassung, dass die Slowakische Republik nur als ein vollwertiger Staat existieren
    kann, wenn er einen grundlegenden Wandel in der Innen- und Außenpolitik vollzieht.
    Zu diesem sollte u.a. der Umbau der öffentlichen Verwaltung, die Durchführung von
    Wirtschaftsreformen und die Umgestaltung der Armee gehören. Die Unabhängigkeit
    der Slowakischen Republik 1993 wurde in mehreren ausländischen Massenmedien oft
    in Zusammenhang mit der durch das Dritte Reich diskreditierten Ersten Slowakischen
    Republik (1939–1945) gebracht.
4   Die Föderalversammlung der Tschechoslowakischen Föderativen Republik hat am
    9. Mai 1990 dem Gesetz Nr. 167/90 GBl zugestimmt. Mit dem Gesetz wurde der
    17. November – der Tag des Kampfes der Studierenden für Freiheit und Demokratie
    – offiziell zum Gedenktag der ČSFR erklärt. Am 20. Oktober 1993 verabschiedete der
    Nationalrat der Slowakischen Republik in seiner Sitzung das Gesetz Nr. 241/1993 GBl.,
    mit dem die Bestimmungen des Gesetzes Nr. 167/90 GBl. aufgehoben wurden und der
    17. November nun als »Tag des Kampfes gegen die Totalität« zum Gedenktag der Slo-

der Gesellschaft fand. Das Parlament hatte dem Vorschlag problemlos und ohne jede Verzögerung zugestimmt. Die allgemeine Anerkennung der Novemberrevolution als Erinnerungsort fand ihren Niederschlag auch darin, dass Straßen und Plätze in einigen Hochschulzentren, die bis dahin nach kommunistischen Funktionären benannt worden waren, in die Straßen und Plätze des 17. November umbenannt worden sind.

Im Jahr 1990 wurde zum Beispiel in Bratislava der Klement-Gottwald-Platz in der Nähe der Technischen Universität in »Platz der Freiheit« umbenannt.

Abb. 1   Platz der Freiheit, der ehemalige Klement-Gottwald-Platz in Bratislava

wakischen Republik erklärt wurde. In der 52. Sitzung des Nationalrates der Slowakischen Republik am 25. Oktober 2001 wurde der 17. November von den Abgeordneten wieder zum »Tag des Kampfes für Freiheit und Demokratie« erklärt. In der Tschechischen Republik ist der 17. November – der Tag des Kampfes für Freiheit und Demokratie – ein Nationalfeiertag seit dem Jahr 2000. Hier wird mit ihm auch der Tag des Kampfes der tschechischen Studierenden gegen das NS-Regime von 1939 verbunden. Vgl. Sedemnásty november sa stal symbolom boja proti totalitnému režimu [Der 17. November ist zu einem Symbol des Kampfes gegen das totalitäre Regime geworden], online abrufbar unter: http://www.teraz.sk/slovensko/sedemnasty-november-sa-stal-symbolom-bo/28863-clanok.html [14.05.2014].

Die Umbenennung des Platzes ging einher mit der Beseitigung des zu Ehren des ersten kommunistischen Staatspräsidenten Klement Gottwald gewidmeten Denkmals, eines der größten Denkmäler in der Tschechoslowakei. Das Granitdenkmal wurde Anfang des Jahres 1990 gesprengt und durch ein neues ersetzt. Auf dem Platz ist nur ein Springbrunnen in Form einer Lindenblüte als Symbol für das neue Leben geblieben. Dieser ähnelt einer Blume, die die Strahlen der Hoffnung empfängt und die sich in einen neuen Tag hinein erstreckt (Abb. 1). Offen geblieben war aber die Frage an die slowakische Öffentlichkeit, ob große Plätze, wie der heutige Platz der Freiheit, nicht dazu auserkoren sind, politischen und ideologischen Zwecken zu dienen[5] – so wie es in der Geschichte der Slowakei nach jedem machtpolitischen Wechsel passiert ist.

In der ostslowakischen Stadt Prešov wurde die Klement-Gottwald-Straße in »Straße des 17. November« umbenannt. In ihr haben die Prešover Universität und ihre Fakultäten ihren Sitz. Von dort haben sich im November 1989 die Studierenden ins Stadtzentrum begeben. Sie forderten eine Untersuchung des brutalen Vorgehens der Polizeikräfte gegen die Prager Hochschüler. Die Umbenennung dieser Straße war mehr als ein logischer Schritt und erfolgte gleich nach der Revolution, in der ersten Hälfte des Jahres 1990.

Nach jedem gesellschaftlich-politischen Wandel kam es im 20. Jahrhundert in der Slowakei zur Umbenennung von Straßen und Plätzen. Nach 1989 war es auch nicht anders, wenn auch nicht in so einem großen Maße wie zum Beispiel nach Gründung der Tschechoslowakei im Jahr 1918, nach der Entstehung der ersten Slowakischen Republik im Jahr 1939 und ihrem Ende sowie nach dem Sieg der Kommunisten im Februar 1948.

Hatten die Bürger nach den oben erwähnten Ereignissen kaum eine Möglichkeit, die Umbenennung einer Straße abzulehnen, änderte sich diese Situation nach der Novemberrevolution: So hatten sich in vielen Städten die Bürger gegen die Umbenennung von Straßen und Plätzen ausgesprochen, war diese nämlich mit einigen organisatorischen Anstrengungen seitens der Bevölkerung verbunden. Betroffene Bürger und Firmen mussten ihre Adressen in allen amtlichen Dokumenten, Identifikationskarten, Personalausweisen usw. ändern lassen. Aber gerade eine Straßen- oder Platzumbenennung ist das beste Denkmal für revolutionäre oder andere bedeutende Ereignisse für die Entwicklung einer Gesellschaft. Als ein meinungsbildendes und das Bewusstsein der Gesellschaft formierendes Mittel wirkt die Umbenennung gewaltlos und

---

5   Vgl. Marián Potočár: Gottwaldovo Námestie slobody v Bratislave – námestie totalít?/ Gottwald´s Freedom Square in Bratislava – a Square of Totalitarian Regimes?, in: Architektonické listy Fakulty architektúry STU/Architecture papers of the Faculty of Architecture STU, Nr. 1/2013. S. 18–25.

langfristig. Sie wird eigentlich von der ganzen, wenn auch ideologisch und machtpolitisch gespaltenen Gesellschaft, freiwillig oder unfreiwillig akzeptiert.

Slowakische Gesellschaft und ihr Umgang mit dem historischen Erbe

Die slowakische Gesellschaft hat die Novemberrevolution mit ihrem demokratischen Charakter akzeptiert. Sie hat alle positiven Veränderungen angenommen einschließlich der Möglichkeit, sich auf historische Ereignisse, die von den Kommunisten verfälscht wurden, zu berufen.

Kennzeichnend für die Erinnerungskultur in der Slowakei ist weniger die Hinwendung der Gesellschaft zu den Geschehnissen des November 1989, sondern ihre verstärkte Rückbesinnung auf weiter zurückliegende historische Ereignisse des 20. Jahrhunderts, wie die Installation neuer Gedenktafeln und die Enthüllung neuer Denkmäler seit 1989 zeigen.

Das ist nicht überraschend und unerwartet geschehen: Im 20. Jahrhundert haben die Slowaken radikale Veränderungen durchgemacht. Aus einer Nation, die noch zu Beginn des 20. Jahrhunderts im Königreich Ungarn einer starken Entnationalisierung und Assimilation ausgesetzt war, wurde am Ende des 20. Jahrhunderts ein staatstragendes Volk mit einem eigenen, auf demokratischen Prinzipien gebauten und von der internationalen Staatengemeinschaft anerkannten Staat. Am 13. Januar 1993 wurde die Slowakische Republik in die Vereinten Nationen aufgenommen. Nach kurzer Zeit wurde die Slowakei Mitglied des Europarates (am 30. Juni 1993), und am 1. Mai 2004 Mitglied der Europäischen Union. Das sind Tatsachen, mit denen sich jede Nation auseinandersetzen muss. Das Volk soll sich daran erinnern, was es alles auf seinem Weg zur Eigenstaatlichkeit durchmachen musste. Bei den Slowaken fehlte der Prozess der Auseinandersetzung mit der eigenen Vergangenheit, besonders mit der neueren. Nachdem sich die Gelegenheit dazu ergeben hatte, begannen die Slowaken auch mittels Gedenktafeln auf die vergangenen acht Jahrzehnte zurückzublicken.

Dabei handelte es sich sowohl um positive (wie zum Beispiel die Gründung der Tschechoslowakei 1918) als auch negative Ereignisse (wie zum Beispiel die Okkupation der Tschechoslowakei 1968), an die erinnert wurde; aber für die Bevölkerung der Slowakei waren beide Ereignisse von grundlegender Bedeutung. Entscheidend war jedoch, dass jedes der erinnerten Ereignisse diejenigen Elemente umfasste, die auf die Stärkung von Demokratie und Toleranz, auf die Akzeptanz menschlicher Grundwerte – wie Freiheit, Gerechtigkeit, ethnische und konfessionelle Vielfalt – in der Gegenwart abzielten. In vielen Fällen haben die historischen Ereignisse der Jahre 1900 bis 1989 erst nach dem November 1989 einen Anlass zur Anfertigung von Gedenktafeln und Denkmälern gegeben.

Abb. 2   Gedenktafel »Zur Erinnerung an die Deportation von 1.462 Kindern aus den Komitaten
Trenčin und Nitra sowie weiterer 10.000 slowakischer Kinder nach Ungarn und die zielbewusste
Entnationalisierung in der zweiten Hälfte des 19. und Anfang des 20. Jahrhunderts«, Bratislava

Dabei erinnern sie an die verhängnisvollen Erfahrungen des slowakischen
Volkes mit der gewaltsamen Magyarisierung slowakischer Kinder in Ungarn
(Abb. 2) und an die Widerstandskämpfer in den Jahren 1914 bis 1918, die sich
um die Gründung des neuen Staates, der Tschechoslowakei, verdient gemacht
haben.

Exemplarisch für die Vertreter der tschechoslowakischen Widerstandsbe-
wegung in den Jahren 1914 bis 1918 stehen die Statuen von Tomáš G. Masaryk,
des ersten Präsidenten der Tschechoslowakischen Republik, und Milan Rastislav Štefánik[6]. Während im Zusammenhang mit Štefánik nur über die richtige

---

6   Milan Rastislav Štefánik (1880–1919) war ein slowakischer Politiker, Astronom, Diplomat,
    Offizier, französischer Militärpilot, General, Gründer der Tschechoslowakischen Legi-
    onen im Ersten Weltkrieg und gilt neben Tomáš Garrigue Masaryk und Edvard Beneš
    als einer der drei Gründerväter der Ersten Tschechoslowakischen Republik. Von 1918
    bis 1919 war er der erste tschechoslowakische Kriegsminister. Štefánik starb kurz nach
    Entstehung der ČSR beim Absturz seines Flugzeuges in Vajnory. Die Ursachen des
    Absturzes wurden nie vollständig geklärt. Eine weit verbreitete Erklärung war, dass
    eine tschechoslowakische Flugabwehrkanone das von Štefánik gelenkte Flugzeug irr-

Platzierung von Štefánik-Denkmälern diskutiert wurde,[7] entzündete sich um die Person von Masaryk eine Kontroverse darüber, ob ein solches Denkmal überhaupt gebaut werden darf. Nationalistische Kreise in der Slowakei hielten Masaryk für einen Gegner der slowakischen Autonomie innerhalb des tschechoslowakischen Staates während der Zwischenkriegszeit. Man hat ihm die Verbreitung und Durchsetzung der Ideologie des »Tschechoslowakismus«[8]

---

tümlich abgeschossen hatte. Vermutlich wurde das grün-weiß-rote italienische Hoheitszeichen des Flugzeuges mit dem ähnlich aussehenden ungarischen Hoheitszeichen verwechselt. Mit Ungarn lag die Tschechoslowakei wegen des Konfliktes um die Slowakei faktisch im Kriegszustand. In der Slowakei fand auch die Sichtweise teilweise Verbreitung, der populäre Štefánik sei Opfer eines Anschlages geworden, um der Slowakei eine wirklich gleichberechtigte Stellung in der Tschechoslowakei – die sie in den Folgejahren tatsächlich nicht erhielt – vorenthalten zu können. Štefánik ist seit 1921 in einem großen Grabmal auf dem Berg Bradlo, dem Hausberg von Brezová pod Bradlom begraben. Viele Straßen wurden nach ihm benannt. Statuen von ihm gibt es in Prag, Bratislava und Paulhan (Frankreich), ein Denkmal in Košice (Slowakei). Auch der Flughafen Bratislava ist nach ihm benannt. Die Tschechoslowakei brachte 1991 und 1993 eine Zehn-Kronen-Münze mit seinem Porträt in Umlauf, und er war auch auf dem ehemaligen slowakischen Fünftausend-Kronen-Schein zu sehen. Weiterhin ist er Namensgeber für den Asteroiden (3.571) Milanštefánik und einen Eisenbahntunnel auf der Bahnstrecke Nové Mesto nad Váhom – Veselí nad Moravou. Vgl. hierzu auch: Ján Juríček: M. R. Štefánik, 2. Aufl., Bratislava 1990; Štefan Štvrtecký: Náš Milan Rastislav Štefánik [Unser Milan Rastislav Štefánik], Bratislava 1990; Peter Švorc: Rozbíjali monarchiu (Populárny slovník osobností česko-slovenského odboja 1914–1918) [Sie zerstörten die Monarchie. Das populäre Wörterbuch der Persönlichkeiten des tschechisch-slowakischen Widerstandes 1914– 1918], Košice 1992; Marián Hronský/Miloslav Čaplovič (Hg.): Generál dr. Milan Rastislav Štefánik – vojak a diplomat. [General Milan Rastislav Štefanik – Militär und Diplomat], Bratislava 1999.

7   Vgl. Viliam Hornáček: Prípad Štefánik [Der Fall Štefánik], online abrufbar unter: http://www.cez-okno.net/clanok/pripad-stefanik [29.12.2013].

8   Der sogenannte Tschechoslowakismus war die politische Konzeption eines einheitlichen Staatvolkes im gemeinsamen tschechoslowakischen Staat, das sich aus Slowaken und Tschechen zusammensetzte. Bei der Definition der tschechoslowakischen Staatsnation werden die Verwendung zweier unterschiedlicher Sprachen sowie die kulturell-historischen Unterschiede weitgehend außer Acht gelassen. In der Tschechoslowakischen Republik in der Zwischenkriegszeit war der Tschechoslowakismus in der Verfassung festgeschrieben. Als seine Hauptvertreter gelten die tschechischen Politiker T. G. Masaryk (1850–1937) und E. Beneš (1884–1948), aber auch mehrere Wissenschaftler, wie zum Beispiel der Historiker Václav Chaloupecký (1882–1951). Zu den Tschechoslowakisten gehörten auch einige slowakische Politiker wie Vavro Šrobár (1867–1950), Ivan Dérer (1884–1973) und andere. Der Tschechoslowakismus wurde schon in der Zwischenkriegszeit von der Mehrheit der Slowaken abgelehnt und als Hindernis für die weitere Entwicklung der modernen slowakischen Nation

und auch seine Bemühungen um Assimilierung der Slowaken vorgeworfen.[9] Eine Kopie des ursprünglichen Denkmals von Masaryk aus dem Jahr 1924 wurde schließlich 2010 in Bratislava am Vajanský-Platz vor dem Gebäude des Slowakischen Nationalmuseums enthüllt (Abb. 3).[10]

Die Denkmäler zu Ehren von Štefánik wurden in mehreren Städten der Slowakei errichtet. Eines von ihnen steht vor dem Gebäude des Slowakischen Nationaltheaters in Bratislava. In Komárno, wo eine starke ungarische Minderheit lebt, wurde das Štefánik-Denkmal 1990[11] nach langen Diskussionen mit der Stadtverwaltung vor dem Gebäude der Matica slovenská (das nationale Kulturinstitut der Slowakei mit Sitz in Martin) errichtet (Abb. 4).

---

angesehen. Vgl. hierzu auch: Dušan Kováč: Slováci a Česi [Tschechen und Slovaken], Bratislava 1997; Miroslav Pekník u.a: Pohľady na slovenskú politiku [Ansichten an die slowakische Politik], Bratislava 2000; Karl-Peter Schwarz: Tschechen und Slowaken. Der lange Weg zur friedlichen Trennung, Wien/Zürich 1993; Helmut Slapnicka: Recht und Verfassung der Tschechoslowakei 1918 bis 1938, in: Karl Bosl (Hg.): Aktuelle Forschungsprobleme um die Erste Tschechoslowakische Republik, München/ Wien 1969; Ludwig von Gogolák: T. G. Masaryks slowakische und ungarländische Politik: Ein Beitrag zur Vorgeschichte des Zerfalls Ungarns im Jahre 1918, in: Bohemia. Jahrbuch des Collegium Carolinum, Bd. 4, 1963; Arnold Suppan: Die Slowakei zwischen Großmährischem Reich und Europäischer Union. Kontinuitäten und Diskontinuitäten, in: Friedrich Edelmayer/Martina Fuchs/Georg Heilingsetzer/Peter Rauscher (Hg.): Plus ultra. Die Welt der Neuzeit. Festschrift für Alfred Kohler zum 65. Geburtstag. Münster 2008, S. 331–368.

9 Vgl. Odhalenie sochy T. G. Masaryka s malým incidentom [Enthüllung der Statue von T. G. Masaryk mit kleinem Zwischenfall], online abrufbar unter: http://www.webnoviny.sk/bratislava/odhalenie-sochy-t-g-masaryka-prebieha-/243053-clanok.html [29.12.2013].

10 Die Anfertigung einer Kopie der Statue des ersten Präsidenten der ČSR T. G. Masaryk wurde von den Verordneten des Stadtbezirkes Staré Mesto (Altstadt) in Bratislava initiiert. Durch Spenden konnten bei der Bevölkerung von Bratislava zu diesem Zweck 48.000 Euro eingeworben werden. Die Statue wurde am 28. Oktober 2010 am Vajanský-Platz vor dem Gebäude des Slowakischen Nationalmuseums anlässlich des 92. Jahrestages der Entstehung der Tschechoslowakei feierlich enthüllt. Vgl. auch: Pamätník by mal byť čoskoro úplne dotvorený [Das Denkmal sollte bald vollständig ausgearbeitet werden], in: Bratislavské noviny [Bratislaver Zeitung] vom 21. Oktober 2010.

11 Vgl. Mihály Mácza: Komárom. Történelmiséták a városban [Komárno. Historischer Rundgang durch die Stadt], Bratislava 1992, S. 36f.

Abb. 3   Kopie des 1924 errichteten Masaryk-Denkmals auf dem Vajanský-Platz in Bratislava

Abb. 4   Milan-Štefánik-Denkmal auf dem gleichnamigen Platz in Komárno

Das Denkmal ist auch ein Zeichen dafür, dass diese Stadt, die ursprünglich ungarisch war, ein fester Bestandteil der Slowakischen Republik ist.[12] Im Jahr 2003 wurde aber das Denkmal zur Zielscheibe einer nationalistisch motivierten Attacke.[13] Ein ähnlicher Vorfall ereignete sich auch in der Stadt Levice im

---

12 Das Štefánik-Denkmal wurde in Komárno schon 1930 enthüllt. Nach dem Wiener Schiedsspruch von 1938 wurde es zum ersten Mal demontiert und nach Banská Bystrica übertragen. In Komárno wurde es wieder 1946 platziert. Nach dem kommunistischen Putsch im Februar 1948 musste das Denkmal wieder demontiert werden. Während des Prager Frühlings 1968 wurde es im Lenin-Park zum dritten Mal enthüllt, aber bereits im Jahre 1974 erneut demontiert. Schließlich befindet es sich seit der Samtenen Revolution, nun schon zum vierten Mal, in Komárno, und der Platz des Slowakischen Nationalaufstandes ist in Štefánik-Platz umbenannt worden. Vgl. hierzu auch: Martina Majerová: História sochy Milana Rastislava Štefánka [Die Geschichte der Statue von Milan Rastislav Štefánik], online abrufbar unter: http://www.dmskomarno.sk/clanky/stefanik_socha.doc [29.12.2013]; Pamätník gen. M. R. Štefánika obnovený po r. 1990 [Das restaurierte Štefánik-Denkmal 1990], online abrufbar unter: http://www.vets.cz/vpm/mista/obec/3476-komarno/ [29.01.2014].

13 Im Dezember 2003 hatte ein unbekannter Täter die Kränze am Štefánik-Denkmal angezündet. Die Polizei beurteilte diesen Akt als eine Ausschreitung, obwohl auch Gerüchte

Süden der Slowakei. So bildete die Statue des slowakischen Nationalhelden
M. R. Štefánik den Auslöser für ethnische Spannungen auf dem ethnisch
gemischten (slowakisch-ungarischen) Gebiet der Südslowakei. Die Platzierung
solcher slowakischer Denkmäler auf diesem Territorium war nur eine Reaktion
der hiesigen Slowaken auf ähnliche Aktivitäten slowakischer Ungarn, die in
der Südslowakei die Statuen ungarischer Herrscher als Symbol für das große
und vereinigte Ungarn enthüllt hatten.

Im Gegensatz zum Anbringen slowakischer Nationalsymbole auf dem slowakisch-ungarischen Territorium der Südslowakei, führten die Deportationen
von Juden und Roma, die Aussiedlung der ungarischen Bevölkerung in den
Jahren 1945 bis 1948 (Abb. 5), die Auflösung der Kirchen und die Verfolgung
von Geistlichen und Gläubigen durch die Kommunisten in den 1950er bis

*Abb. 5   Denkmal auf dem Štefánik-Platz zur Erinnerung an die 1945–1948 ausgesiedelte
ungarische Bevölkerung, Komárno*

aufgetaucht waren, dass es sich in diesem Fall um ein ethnisch motiviertes Delikt handeln könnte. Vgl. V Komárne podpálili vence pri soche Štefánika [In Komárno wurden
die Kränze am Štefánik-Denkmal angezündet] in *Spravý Pravda* vom 8. Dezember
2003, online abrufbar unter: http://spravy.pravda.sk/cierna-kronika/clanok/137839-v-
komarne-podpalili-vence-pri-soche-stefanika/ [29.12.2013].

1980er Jahren sowie die Besetzung der Tschechoslowakei durch die Truppen des Warschauer Paktes im Jahr 1968 und deren gewaltsame Niederschlagung des »Prager Frühlings« mit seiner Symbolfigur Alexander Dubček kaum zu großen ethnischen Spannungen.

Der Zweite Weltkrieg und der Holocaust

Nach dem November 1989 wurden keine Gedenktafeln für die Opfer des Zweiten Weltkrieges oder des Slowakischen Nationalaufstandes enthüllt, obwohl diese Ereignisse eine starke Antikriegsbotschaft enthalten. Der Grund dafür war relativ einfach: Solche Gedenktafeln wurden bereits in den Jahren 1945 bis 1989 in fast jedem Dorf und in jeder Stadt der Slowakei enthüllt. Allerdings wurden diese beiden Ereignisse durch die kommunis-

Abb. 6   Holocaust-Gedenktafel mit dem Text: »Die Stadt Prešov erinnert mit Hochachtung und Pietät an ihre 6.000 Bürger jüdischer Nationalität, die im Jahr 1942 nach dem gewaltsamen Transport in den Konzentrationslagern umgekommen sind. Ehre ihrem Andenken!«, angebracht am Rathaus in Prešov (1998)

tische Partei für ihren »antifaschistischen Widerstand« instrumentalisiert und zur Stärkung ihrer ohnehin dominierenden Stellung missbraucht. Der Holocaust wurde in diesem Zeitraum außer Acht gelassen. Er gehörte nicht zur Interessensphäre der KSČ (KPČ), und die Holocaust-Opfer wurden als Opfer des antifaschistischen Widerstandes wahrgenommen.

Das Thema Holocaust wurde erst nach dem Fall des Kommunismus aufgeworfen. Es begann eine systematische historische Untersuchung des Holocaust.[14]

---

14 Zum Beispiel: Giora Amir: Prešov – osud židovskej obce. Jednej z mnohých [Prešov – Schicksal einer jüdischen Gemeinde. Einer von vielen], Bratislava 2004; Patrik Derfiňák: Z minulosti Židovského úverného družstva pre Prešov a okolie (1923–1941) [Aus der Geschichte der Jüdischen Kreditgemeinschaft für Prešov und Umgebung (1923–1941)], in: Acta Historica Neosoliensia: odborný časopis Katedry histórie Fakulty humanitných vied Univerzity Mateja Bela v Banskej Bystrici [Fachzeitschrift des Lehrstuhls für Geschichte an der Fakultät für Geisteswissenschaften an der Matej-Bel-Universität in Banská Bystrica], 11 (2008), S. 200–212; Encyklopédia židovských náboženských obcí na Slovensku. 1.–3. diel [Enzyklopädie der jüdischen Gemeinden in der Slowakei.

Gleichzeitig veranlassten verschiedene jüdische und nichtjüdische Organisationen genauso wie einzelne Bürgervereine die Errichtung der an die Holocaust-Opfer erinnernden Gedenktafeln und Denkmäler (Tafel 21, Abb. 6 u. 7).

Das Thema Holocaust, das eng mit der Frage nach der Verantwortung des Präsidenten des slowakischen Kriegsstaates Jozef Tiso[15] für die Verschleppung der Juden in die Konzentrations- und Vernichtungslager verbunden ist, hat

---

1.–3. Teil], hg. von Róbert J. Büchler, Bratislava 2012; Ján Hlavinka: Židovská komunita v okrese Medzilaborce v rokoch 1938–1945 [Die jüdische Kommune im Kreis Medzilaborce in den Jahren 1938– 1945]. Bratislava 2007; Eduard Nižňanský/Ján Hlavinka: Arizácie [Arisierung]. Judaica et Holocaustica 1, Bratislava 2010; Eduard Nižňanský: Židovská komunita na Slovensku medzi československou parlamentnou demokraciou a Slovenským štátom [Die jüdische Kommunität in der Slowakei zwischen der tschechoslowakischen parlamentarischen Demokratie und dem slowakischen Staat], Prešov 1999; Martin Pekár: Vplyv národných a náboženských princípov na charakter slovenskej štátnosti v rokoch 1939–1945 [Der Einfluss nationaler und religiöser Prinzipien auf den Charakter der slowakischen Staatlichkeit], in: Cirkvi a národy strednej Európy (1800–1950), hg. von Peter Švorc/Ľubica Harbuľová/Karl Schwarz, Prešov 2008; Petra Rybářová: Antisemitizmus v Uhorsku v 80. rokoch 19. storočia [Antisemitismus in Ungarn in den 80er Jahren des 19. Jahrhunderts], Bratislava 2010; Jozef Sulaček: Biele plášte. Tragické osudy židovských lekárov na Slovensku v období druhej svetovej vojny 1 – 2. [Weiße Mäntel. Das tragische Schicksal der jüdischen Ärzte in der Slowakei während des Zweiten Weltkrieges], Bratislava 2006; Peter Švorc: Židia na Podkarpatskej Rusi a československý štát v medzivojnovom období [Juden in Karpatorussland und der tschechoslowakische Staat in der Zwischenkriegszeit], in: Česko-slovenská historická ročenka 2011, Brno 2001.

15 Jozef Tiso (1887–1947) war ein katholischer Priester, tschechoslowakischer und slowakischer Politiker. Er war Gesundheits- und Sportminister (1927–1929), Ministerpräsident des autonomen Landes Slowakei innerhalb der föderalisierten Tschecho-Slowakischen Republik (1938–1939) und Staatspräsident der vom Dritten Reich abhängigen Ersten Slowakischen Republik (1939–1945). Des Weiteren war er Parteivorsitzender (1939–1942) und Führer (*Vodca* 1942–1945) der Slowakischen Volkspartei (HSĽS-SSNJ). Nach dem Zweiten Weltkrieg wurde Tiso von amerikanischen Einheiten im bayerischen Altötting festgenommen und an die Tschechoslowakei ausgeliefert, wo er in Bratislava von einem Volksgericht nach einem Prozess als Kriegsverbrecher zum Tode verurteilt wurde. Am 18. April 1947 wurde Tiso in Bratislava gehängt. Er trägt als Präsident der Slowakischen Republik politische Verantwortung für den Holocaust in der Slowakei. Vgl. hierzu u.a.: Ivan Kamenec: Tragédia politika, kňaza a človeka. Dr. Jozef Tiso 1887–1947 [Die Tragödie eines Politikers, Priesters und Menschen. Dr. Jozef Tiso 1887–1947], Bratislava 1998; Milan Stanislav Ďurica: Jozef Tiso (1887–1947). Životopisný profil [Jozef Tiso (1887–1947). Ein Lebensprofil], Bratislava 2006; Jörg Konrad Hoensch: Die Slowakei und Hitlers Ostpolitik. Hlinkas Slowakische Volkspartei zwischen Autonomie und Separation 1938/1939, Köln 1965.

Abb. 7   Holocaust-Gedenktafel, Nitra   *Abb. 8   Sieben Stolpersteine, Prešov*

die slowakische Bevölkerung gespalten.[16] Politische Eliten in der Slowakei
verurteilten mehr oder weniger offen den Holocaust, und in der Öffentlichkeit
äußerten sie ihren Standpunkt während ihrer Teilnahme an der Enthüllung
solcher Denkmäler in verschiedenen Städten der Slowakei.

Eine ähnliche Position bezogen auch die Stadtvertreter und Bürgermeister,
die die Errichtung von Gedenktafeln in ihren Städten förderten. In der letzten
Zeit (so im Jahr 2013) konnte sich über eine solche Förderung seitens der
Stadtverwaltung der deutsche Künstler Gunter Demnig freuen, der in den
Städten Brezno, Banská Bystrica und Prešov (Abb. 8) insgesamt neun Stol-
persteine in die Gehwege hat verlegen lassen. Sie sollen die Bewohner und die
Besucher der Stadt daran erinnern, dass hier jüdische Mitbürger gelebt haben,

---

16 Im Jahr 1992 fand in Častá-Papiernička ein wissenschaftliches Symposium statt, auf
    dem mehrere ideologisch unterschiedliche Referate vorgetragen wurden. In den Vor-
    trägen wurden die Persönlichkeit des ersten slowakischen Präsidenten und seine
    Verantwortung für den Holocaust beurteilt. Die Referate stellten einen Versuch dar,
    einen objektiven Blick auf diese kontroverse Persönlichkeit der slowakischen
    Geschichte zu finden. Vgl. hierzu: Valerián Bystrický/Štefan Fano (Hg.): Pokus o poli-
    tický a osobný profil Jozefa Tisu [Der Versuch eines politischen und persönlichen
    Profils von Tiso], Bratislava 1992.

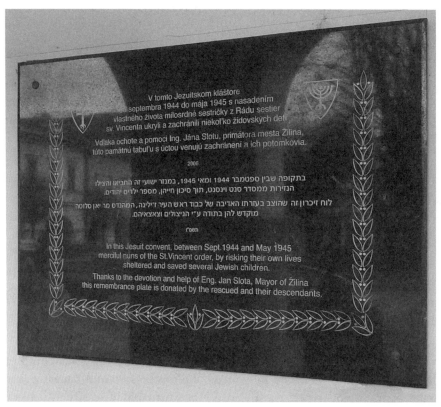

*Abb. 9   Gedenktafel zur Erinnerung an die barmherzigen Schwestern des Ordens des Heiligen
Vinzenz von Paul, Žilina*

die während des Zweiten Weltkrieges in den nazistischen Konzentrations- und
Vernichtungslagern ermordet wurden.[17]

Allerdings gab es auch Politiker, die darauf bedacht waren, aus der Unterstützung solcher Aktivitäten möglichst viel politisches Kapital zu schlagen. In
diesem Zusammenhang ist der ehemalige Vorsitzende der nationalistisch ori-
entierten Slowakischen Nationalpartei (*Slovenská národná strana*, SNS) und
Bürgermeister der Stadt Žilina, Ján Slota, zu nennen, der die Enthüllung einer
Gedenktafel am Marienplatz in Žilina unterstützt hat. Die Gedenktafel erinnert nicht nur an das Schicksal jüdischer Einwohner der Stadt, sondern auch

---

17 Vgl. P. Novotný: V Prešove osadili Kamene, o ktoré sa potknete: Tabuľky pripomínajú
obete holokaustu [In Prešov wurden Stolpersteine verlegt: Sie erinnern an die Holocaust-
Opfer], in: *Nový Čas* [Neue Zeiten] vom 23. Juli 2013, online abrufbar unter: http://
www.cas.sk/clanok/256201/v-presove-osadili-kamene-o-ktore-sa-potknete-
tabulky-pripominaju-obete-holokaustu.html [29.12.2013].

an diejenigen, die ihren jüdischen Mitbürgern während der Kriegszeit geholfen hatten. In diesem Fall handelte es sich um den Frauenorden der barmherzigen Schwestern des heiligen Vinzenz von Paul. Gleichzeitig erinnert die Gedenktafel explizit auch an die Verdienste des Politikers Ján Slota bei der Anfertigung dieser Gedenktafel (Abb. 9).

Die Erinnerung an den kommunistischen Terror gegen Kirchen

Mit der Entwicklung nach dem November 1989 sind auch die Bemühungen kirchlicher, vor allem katholischer Kreise[18] verbunden, die slowakische Öffentlichkeit an die 1950er und 1960er Jahre und an die Verfolgung Gläubiger und Geistlicher durch das kommunistische Regime zu erinnern.[19] Auch in diesem Fall handelt es sich um ein hoch emotionales Thema, das eine starke Wirkung auf die slowakische Öffentlichkeit, ohne Rücksicht auf Nationalität und Konfession, entfaltet.[20]

Unter den politischen Parteien engagierten sich für dieses Thema am meisten die Christlich-Demokratische Bewegung (*Kresťanskodemokratické hnutie*, KDH) und die Slowakische Demokratische und Christliche Union (*Slovenská demokratická a kresťanská únia – Demokratická strana*, SDKÚ-DS). Viele ihrer Mitglieder hatten eigene negative Erfahrungen mit dem kommunistischen Regime

---

18 Vgl. Marián Potaš: Dar lásky. Spomienky na biskupa Pavla Gojdiča OSBM [Das Geschenk der Liebe. Erinnerungen an Bischof Pavel Gojdič OSBM], Prešov 2001; Jaroslav Coranič/ Peter Šturák/Jana Koprivňáková (Hg.): Cirkev v okovách totalitného režimu. Likvidácia Gréckokatolíckej cirkvi v Československu v roku 1950 [Die Kirche in Ketten des totalitären Regimes. Liquidation der Griechisch-katholischen Kirche in der Tschechoslowakei], Prešov 2010; Peter Švorc: Konfession und Nation in der Ostslowakei nach der Wende, in: Johann Marte/Vincenc Rajšp/Karl W. Schwarz/Miroslav Polzer (Hg.): Religion und Wende in Ostmittel- und Südosteuropa 1989– 2009, Innsbruck/Wien 2010, S. 227–239; Ján Pešek/Michal Barnovský: V zovretí normalizácie. Cirkvi na Slovensku 1969–1989 [Von der Normalisierung umklammert. Die Kirchen in der Slowakei 1969–1989], Bratislava 2004.

19 Zum Schicksal der evangelischen Kirche in der Slowakei vgl. u.a.: Pavel Uhorskai: Ako to bolo [So war das], Liptovský Mikuláš 1992; Milan Kraus/Dušan Ondrejovič (Hg.): Ako sme začínali... [Wie wir angefangen haben...], Liptovský Mikuláš 2000; Peter Švorc: Die evangelische Kirche Augsburger Bekenntnisses in der Slowakei und ihr Schicksal in der Tschechoslowakei nach 1953, in: Hartmut Lehmann/ Jens Holger Schjørring (Hg.): Im Räderwerk des »real existierenden Sozialismus«. Kirchen in Ostmittel- und Osteuropa von Stalin bis Gorbatschow, Göttingen 2003, S. 125–142.

20 Vgl. Rebélia v Šuňave [Rebellion in Šuňava], in: *Slovenský východ* vom 29. April 1991, Jg. 1 (20), Nr. 85/1991, S. 4.

gemacht und engagierten sich in der Zeit des Sozialismus in der kirchlichen Wider-
standsbewegung der 1970er und 1980er Jahre. Zum festen Bestandteil der slowakischen Geschichte gehört zum Beispiel ihre Teilnahme an der sogenannten »Ker-
zenmanifestation« am 25. März 1988 auf dem Hviezdoslav-Platz in Bratislava, zu
der sich tausende slowakische Christen versammelten, um für Religionsfreiheit
und die Einhaltung von Bürgerrechten zu demonstrieren (Tafel 22).

Als Folge der Novemberereignisse von 1989 begannen in der Slowakei
zahlreiche Denkmäler zu entstehen, die vor allem den religiösen Ereignissen
in der Slowakei seit dem Jahr 1948 bis zum Fall des Kommunismus gewidmet
waren. Als Beispiel sei hier verwiesen auf eine Gedenktafel in Prešov. Sie erinnert an die Aufhebung der Griechisch-katholischen Kirche in der Tschechoslowakei im Jahr 1950, an die Verhaftung ihrer Bischöfe Peter Pavol Gojdič
(1888–1960) und Vasiľ Hopko (1904–1976) und an die Verfolgung der Bischöfe
und Gläubigen, die auf ihre Kirche nicht verzichten und auch nicht zur Ortho-
doxie konvertieren wollten.[21] Nach der kommunistischen Machtergreifung in
der Tschechoslowakei wurde Gojdič 1950 gemeinsam mit seinem Weihbischof
Vasiľ Hopko und anderen griechisch-katholischen Geistlichen, die sich der
Unterdrückung ihrer Kirche durch den Staat widersetzten, verhaftet. Gegen
Gojdič und zwei weitere römisch-katholische Bischöfe (Ján Vojtaššák und
Michal Buzalka) wurde ein Schauprozess geführt, in dem dieser im Januar
1951 zu einer lebenslangen Haftstrafe verurteilt wurde.[22] Nach den jahrelangen
Martyrien in der Gefangenschaft verstarb Gojdič an seinem 72. Geburtstag
im Gefängniskrankenhaus von Leopoldov. Einen ähnlichen inhaltlichen Bezug
hat auch die zur Erinnerung an den griechisch-katholischen Geistlichen in
Humenné, Alexij Toronský (1888–1971), enthüllte Gedenktafel.

Nicht einmal die Geistlichen der evangelischen Kirche sind von der Verfolgung verschont gelieben. Davon zeugt zum Beispiel die in Žilina enthüllte
Gedenktafel zur Erinnerung an den Bischof des Ostdistrikts der Evangelischen
Kirche A.B. in der Slowakei Fedor Ruppeldt (1886–1979), der in den 1950er
und 1960er Jahren von dem kommunistischen Regime verfolgt wurde.

In Šuňava – einem kleinen Dorf unter der Hohen Tatra (Bezirk Poprad) –
befindet sich eine Gedenktafel, die an die dramatischen Ereignisse des Jahres
1950 erinnert (Abb. 10). Weil die Gläubigen ihren Pastor vor dessen Festnahme
und Verschleppung bewahren wollten, mussten diese sich vor der kommunistischen Miliz aufreihen. Die Männer wurden schließlich verhaftet und in die

---

21 Vgl. Coranič/Šturák/Koprivňáková (Hg.): Cirkev v okovách totalitného režimu, a. a. O.;
    Potaš: Dar lásky, a. a. O.
22 Vgl. Jan Pešek: Štátna moc a cirkvi na Slovensku 1948–1953 [Staatsgewalt und Kirchen
    in der Slowakei 1948–1953], Bratislava 1997.

Abb. 10   Gedenktafel, Šuňava

nicht weit entfernte Stadt Svit gebracht. Sie wurden gefoltert und später zur Haft verurteilt. Mehrere von ihnen trugen zeit ihres Lebens bleibende körperliche Schäden davon.[23]

Novemberrevolution von 1989

Bei näherer Betrachtung der an die »Sanfte Revolution« erinnernden Gedenktafeln und Denkmäler sieht man, dass sich fast alle in den Universitätszentren befinden. Die meisten von ihnen wurden in Bratislava errichtet, wo sich die wichtigsten Ereignisse der Novemberrevolution abspielten. Fast zehn Jahre später haben die Akteure der Novemberrevolution eine Initiative für die Installation von Gedenktafeln in den Universitätsstädten ergriffen. Die Gedenktafel am Platz des Slowakischen Nationalaufstandes in Bratislava (Abb. 11) erinnert daran, wo sich der Sitz der Revolutionsbehörde – der Bürgerbewegung Öffentlichkeit gegen Gewalt (*Verejnosť proti násiliu*, VPN) – befunden hat.

---

23 Vgl. Zuzana Kolárová u.a.: Šuňava 1298–2001, Šuňava 2011.

Abb. 11   Gedenktafel zur Erinnerung an die Novemberrevolution 1989, Bratislava (Platz des Slowakischen Nationalaufstandes)

Zusätzlich erinnert eine Gedenktafel am Vajanský-Platz an die Studierenden-demonstrationen für Bürgerrechte, die am 16. November 1989 in Bratislava stattgefunden haben.

Die Gedenktafeln und Gedenksteine für die Opfer des Kommunismus, die eine weitreichendere Botschaft beinhalten, wurden auf den Hauptplätzen von Prešov (Abb. 12) und Košice (Abb. 13), am Rathausgebäude in Nitra (Tafel 23) und am Jakobsplatz in Bratislava (Tafel 24), unweit vom Stadtzentrum enthüllt.

Im Jahr 2007 wurde auf dem Platz des Slowakischen Nationalaufstandes in Bratislava die Büste von Ján Langoš (1946–2006) enthüllt (Abb. 14).[24] Langoš

---

24 Vgl. Filip Vagač: Zakladateľ ÚPN Ján Langoš má opäť pamätnú tabuľu v centre Bratis-lavy [Der Gründer des Instituts des Nationalen Gedenkens hat wieder eine Gedenk-tafel im Zentrum von Bratislava], in: *NOVINYSK* vom 10. Dezember 2010, online abrufbar unter: http://udalosti.noviny.sk/politika/10-12-2010/zakladatel-upn-jan-lan-gos-ma-opat-pamatnu-tabulu-v-centre-bratislavy.html [22.12.2013].

Abb. 12 Gedenktafel den Opfern des Kommunismus gewidmet und zur Erinnerung an den 17. November 1989, Prešov

Abb. 13 Gedenktafel für die Opfer des Kommunismus, Košice

war eine der bedeutendsten Persönlichkeiten der Novemberrevolution. Der ehemalige Dissident und nach der Revolution von 1989 Gründer und erster Leiter des »Slowakischen Instituts des Nationalen Gedenkens« (*Ústav pamäti národa*, UPN) verunglückte 2006 tragisch. Für die Anfertigung einer Büste ihm zu Ehren veranstaltete die kommunale Stiftung Gesunde Stadt (*Zdravé mesto*) eine landesweite Spendenaktion.[25] Die Anbringungsstelle der Büste wurde aber erst nach längeren Bemühungen seitens der Stiftung vereinbart. Ursprünglich sollte die Büste im Geburtsort von Ján Langoš in Banská Bystrica enthüllt werden, die Idee wurde aber von der Stadt zunächst abgelehnt. Erst nach langen Diskussionen wurde das Langoš-Denkmal in Juni 2013 auch in Banská Bystrica enthüllt.[26]

---

25 Auf den Seiten der Ján Langoš-Stiftung (*Nadácia Jána Langoša*) wird darüber berichtet. Vgl. Vyhlásenie verejnej zbierky na pomník venovaný Jánovi Langošovi [Durchführung einer öffentlichen Sammlung zur Errichtung eines Denkmals für Ján Langoš], online abrufbar unter: http://www.njl.sk/Default.aspx?CatID=12&NewsID=69 [22.12.2013].

26 Vgl. Barbora Winterová: Odkaz Jána Langoša zvečnil pamätník: Hold mu prišiel vzdať aj primátor Gogola [Das Vermächtnis von Ján Langoš ist in einem Denkmal verewigt. Die letzte Ehre erwies ihm auch der Bürgermeister Gogola], in: *Bystrica 24* vom 15. Juni 2013, online abrufbar unter: http://bystrica.dnes24.sk/odkaz-jana-langosa-zvecnil-pamatnik-hold-mu-prisiel-vzdat-aj-primator-gogola-155984 [22.12.2013].

*Abb. 14   Denkmal zu Ehren von Ján Langoš
(1946–2002), Bratislava*

Diskussionen darüber, ob ein Denkmal für den führenden Repräsentanten der Novemberrevolution von 1989 errichtet werden soll oder nicht, haben gezeigt, dass die Gesellschaft einen gehörigen zeitlichen Abstand (von mindestens einer Generation) zu großen historischen Ereignissen braucht, um sich über kleine »schwarze Flecken« in den Biografien bedeutender Protagonisten einzigartiger historischer Ereignisse hinwegzusetzen und sie aufgrund derjenigen Ergebnisse zu bewerten, die einen Nutzen für die ganze Gesellschaft während der Revolution gebracht haben.

Die zweite bedeutende Persönlichkeit der »Sanften Revolution«, der ein Denkmal gewidmet wurde, ist der tschechische Sänger Karel Kryl. Er emigrierte 1969 nach München, und nach seiner Rückkehr in die Heimat, am 30. November 1989, trat der bekannte Sänger von Protestsongs auf den Demonstrationen in Bratislava auf.[27] Auf dem Platz der Freiheit wurde ihm zu Ehren ein einfacher Gedenkstein aus Granit errichtet (Abb. 15). In ihm ist nur sein Name

27 Vgl. Zoznámenie naživo. Karel Kryl už nielen z reproduktorov a pások [Persönliches Kennenlernen. Karel Kryl nicht mehr nur aus den Lautsprechern und Kassetten], in: Výber zo svetovej a československej tlače – Akordy nežnej revolúcie. Mimoriadne číslo [Auszüge aus der internationalen und tschechoslowakischen Presse. Akkorde der Samtenen Revolution Sonderausgabe], vom 24. Februar 1990, S. 19–20.

eingemeißelt. Der Gedenkstein ist aber unübersehbar, weil er sich unweit des Regierungsamtes der Slowakischen Republik befindet. Den Architekten des Denkmals könnte jedoch vorgeworfen werden, dass sich auf diesem außer dem Namen des Sängers keine weiteren Daten befinden. Den Angehörigen der jüngeren Generation sagt nämlich der Name Kryl im Grunde genommen nichts.

Abb. 15 Gedenkstein für den tschechischen (tschechoslowakischen) Liedermacher und Dichter Karel Kryl, Bratislava (Platz der Freiheit)

Schluss

Die Denkmäler der Novemberrevolution und der damit verbundenen Ereignisse wurden in der Slowakei größtenteils erst im 21. Jahrhundert, also frühestens zehn Jahre nach der Revolution gebaut. Sehr aktiv waren dabei in der Regel verschiedene Bürgervereine und Stiftungen, in denen die Akteure der Novemberereignisse tätig waren. Die Staatsorgane (Regierung, Ministerien und Nationalrat) waren an der Errichtung von Denkmälern nicht beteiligt. Nicht alle Vertreter der sich abwechselnden Regierungen haben an den Ereignissen des 17. November teilgenommen, und so konnten sie daraus auch kein politisches Kapital schlagen. Diejenigen aber, die sich damals nicht engagiert hatten, befürchteten, dass sich eine solche Initiative gegen sie wenden könnte und dass sie von der Öffentlichkeit und insbesondere von der politischen Opposition beschuldigt werden könnten, die Denkmäler für sich selbst zu errichten.

Die meisten Denkmäler, die an die revolutionären Ereignisse von 1989 erinnern, befinden sich in Bratislava. Das gilt auch für diejenigen, die auf andere bedeutende Ereignisse in der Geschichte der Slowakei Bezug nehmen. Dann folgen in der Regel größere Universitätsstädte – Košice, Prešov, Nitra, Žilina, Banská Bystrica; also Städte, in denen sich Studierende und Einwohner den Protesten gegen das Regime angeschlossen hatten.

Nach ihrer Errichtung sind diese Gedenktafeln und Denkmäler zum festen Bestandteil des kollektiven (größtenteils nationalen) Gedächtnisses geworden und zugleich unaufgefordert zum Ort des bewussten oder unbewussten Stehenbleibens und der Erinnerung.

Wenn sie zum Gegenstand von Schulexkursionen werden, erfüllen sie eine ganz wesentliche Funktion: In Verbindung mit der Erklärung seitens der Lehrer wirken Gedenktafeln auf das Bewusstsein und die Formung der jungen Generation viel stärker ein als ein Vortrag im Unterricht selbst. Sie haben Potenzial, das Vorstellungsvermögen und auch das Interesse an der fast völlig vergessenen Vergangenheit zu wecken und folglich, die Bewohner des Landes zur Demokratie und zu den mit ihr verbundenen positiven Werten zu erziehen.

Farbtafeln

1 Kriegerdenkmal am Hamburger Dammtor (»76er-Denkmal«), 1936 errichtet zu Ehren der
»Heldentaten« des 2. Hanseatischen Infanterie-Regiments 76

2 Innenraum der Neuen Wache mit der »Pietà«

3   Gedenkort für die im Nationalsozialismus verfolgten Homosexuellen

4   Denkmal für die ermordeten Sinti und Roma

5   *Freiheitsdenkmal in Riga: Gesamtansicht*

VIENOTI
LATVIJAI

6 *Restauriertes Befreiungsdenkmal in Rēzekne*

7   *Gedenkstein, Gedenktafel und Deportationswaggon am Bahnhof Torņakalns in Riga*

8   *»Memorial für die Opfer des kommunistischen Terrors« am Bahnhof Torņakalns in Riga*

9   *Kathedralenplatz mit dem Gediminas-Denkmal in Vilnius*

10 *Grūtas-Park bei Druskininkai*

11   Puškin-Denkmal in Vilnius

12 *Frank-Zappa-Denkmal in Vilnius*

13   *Attila-József-Denkmal in Budapest*

14   Mihály-Károlyi-Denkmal in Budapest

15   Außenansicht des Museums Haus des Terrors in Budapest

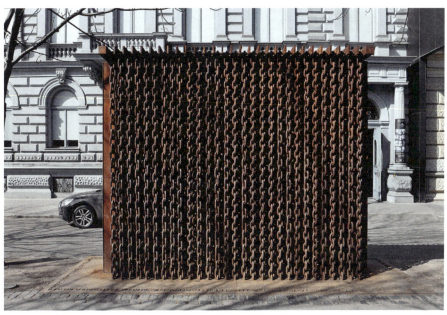

16 Denkmal des Eisernen Vorhangs vor dem Haus des Terrors in Budapest

17   Gedenkstätte auf dem Friedhof
Prag-Ďáblice

18   Installation von Roman Týc »1939 – 1989 – 2009 – Es gibt nichts zu feiern«, Prag

19   Denkmal für die Opfer des Kommunismus, Prag (2002)

20   *Denkmal »Zu Ehren Jan Palachs«, Mělník*

21   *Denkmal für die Opfer des Holocaust im jüdischen Suburbium von Prešov, das 1996 von dem slowakischen Ministerpräsidenten Vladimir Mečiar enthüllt wurde*

22   *Denkmal für die Kerzendemonstration 1988 am Hviezdoslav-Platz, Bratislava*

23   *Gedenkstein für die Opfer des Kommunismus in den Jahren 1948–1989, Nitra (2005)*

24   *Denkmal für die Opfer des Kommunismus, Bratislava (Jakobsplatz)*

25   *Siegerentwurf zum Berliner Einheitsdenkmal: Ansicht von Nord-Osten*

26   *Siegerentwurf zum Berliner Einheitsdenkmal: Nachtansicht vom Kupfergraben*

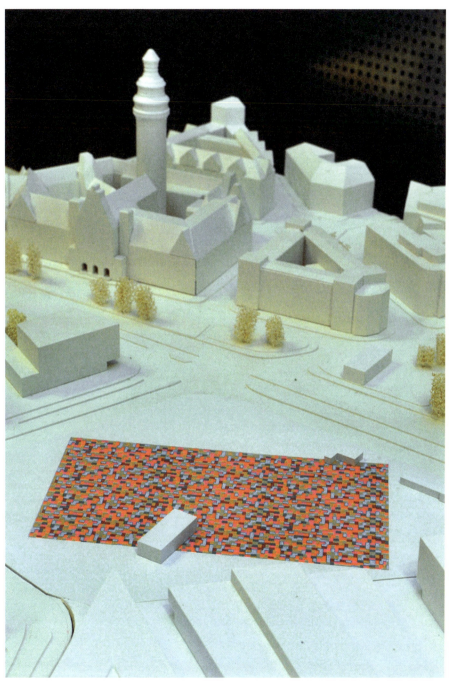

27   *Freiheits- und Einheitsdenkmal Leipzig, 1. Preis: »70.000« von M + M, Marc Weis, Martin de Mattia, München, ANNABAU Architektur und Landschaft, Sofia Pettersson und Moritz Schloten, Berlin*

28   Freiheits- und Einheitsdenkmal Leipzig, 2. Preis: »Eine Stiftung an die Zukunft« von realities:
united, Studio for Art and Architecture, Jan und Tim Edler, Berlin

29 Freiheits- und Einheitsdenkmal Leipzig, 3. Preis: »Herbstgarten« von Anna Dilengite, Tina Bara, Alba d'Urbano, Leipzig

30   *Außenansicht der Gedenk- und Bildungsstätte Andreasstraße, Erfurt*

31   *Kubus der Friedlichen Revolution, Erfurt*

32   Außenfassade des Kubus der Friedlichen Revolution, Erfurt

33   Westseite des Kubus der Friedlichen Revolution, Erfurt

Denkmäler und Erinnerungsorte der Demokratie in
Deutschland nach 1989/90

Andreas H. Apelt

Das Freiheits- und Einheitsdenkmal in Berlin

Die Geschichte des Freiheits- und Einheitsdenkmals beginnt bereits im Jahr 1998. Am 13. Mai geht ein öffentlicher Rundbrief an die Bundestagspräsidentin Rita Süssmuth, den Bundeskanzler Helmut Kohl und den Bundesratspräsidenten Gerhard Schröder sowie den Regierenden Bürgermeister von Berlin Eberhard Diepgen. Überschrieben ist der Brief mit den Worten »Initiative Denkmal deutsche Einheit«. Unterschrieben haben ihn Florian Mausbach, Lothar de Maizière, Günter Nooke und Jürgen Engert. In ihm fordern die Initiatoren aus Anlass des zehnten Jahrestages der Friedlichen Revolution vom Herbst 1989 »die historische Bedeutung jener Tage zu würdigen«[1]. Der Fall der Berliner Mauer war ein großes nationales, europäisches und internationales Ereignis, das einen dauernden Platz in unserer Erinnerungskultur verdient. In den Geschichtsbüchern hat es bereits einen Platz gefunden. Es verlangt auch nach einem öffentlichen Denkmal in der Mitte Berlins.[2]

Zugleich wenden sich die Initiatoren an eine breite Öffentlichkeit mit der Bitte um »Unterstützung in einer wichtigen Sache«. Diese Unterstützung bleibt nicht aus, denn namhafte Persönlichkeiten wie Ignatz Bubis, Klaus von Dohnányi, Götz Friedrich, Hans-Joachim Giersberg, Hans-Olaf Henkel, Jörg Immendorff, Michel Friedman, Josef P. Kleihues, Hanna-Renate Laurien, Helmut Markwort, Lore Maria Peschel-Gutzeit, Jobst Siedler, Konrad Schily, Richard Schröder, Lothar Späth, Karl Steinberg, Hans Peter Stihl, Dieter Stolte, Michael Stürmer, Rita Süssmuth, Hermann Weber und Michael Wolffsohn stellen sich hinter die Initiative.

Die Denkmalsidee findet damit von Anfang an eine breite gesellschaftliche Zustimmung, zumal auf die internationalen Rahmenbedingungen im Herbst 1989 verwiesen wird. So heißt es zu Recht, dass die Friedliche Revolution ein »europäisches Phänomen« sei:

---

1 Initiative Denkmal Deutsche Einheit: Brief vom 13. Mai 1998, in: Andreas H. Apelt: Der Weg zum Denkmal für Freiheit und Einheit, Berlin 2009, S. 33.
2 Ebd., S. 33.

»Ohne den Prager Frühling, ohne Polens Solidarność, ohne Glasnost und ohne die Öffnung der ungarischen Grenzen hätte es die Wende nicht gegeben. Ohne die zahllosen Opfer, die den Weg bereiteten, nicht die Friedliche Revolution.«[3]

Doch nicht nur der europäischen Dimensionen der Revolutionen gedenken die Initiatoren: Das Denkmal soll auch »Anstoß sein, den demokratischen Aufbruch jener Tage fortzusetzen« und als »symbolischer Mittelpunkt und Treffpunkt der streitbaren Demokratie«[4] bestehen. Bereits damals fordern sie einen internationalen Ideenwettbewerb unter Künstlern und Architekten – seine Losung: »Wir sind das Volk! – Wir sind ein Volk!«.

Den Initiatoren ist zehn Jahre nach der Friedlichen Revolution sehr wohl bewusst, welches Wagnis sie mit ihrem Aufruf eingegangen sind. Geradezu prophetisch sind die Sätze:

»Wir Deutsche tun uns schwer mit Denkmälern und Gedenkstätten. Es wird auch um ein Denkmal der deutschen Einheit Streit geben. Die Unfähigkeit zu feiern und die Unfähigkeit zu trauern, gehören zusammen!«[5]

Wie recht sie behalten werden, zeigen die Debatten der nächsten Jahre.

Als Standort des Denkmals erachten die Initiatoren den Sockel des historischen Nationaldenkmals für geeignet. Es ist jener Platz zwischen dem Kronprinzenpalais, in dem am 31. August 1990 der Einigungsvertrag unterzeichnet wurde, und dem Palast der Republik, in dem am 20. August 1990 die Volkskammer der DDR den Beitrittsbeschluss fasste. Auch die größte Demonstration der Revolution vom 4. November 1989 ist mit der Schlossfreiheit verbunden. Denn hier zogen Zehntausende vorbei, um dann am Alexanderplatz an der Kundgebung mit fast einer halben Million Menschen teilzunehmen. Lothar de Maizière fasst diese Intention in einer Presseerklärung vom Mai 1998 zusammen:

»Kein Ort steht so für die wechselvolle Geschichte der Deutschen wie der Schlossplatz im Herzen Berlins. Hier entschied sich die deutsche Einheit als Ergebnis der Friedlichen Revolution. In Dankbarkeit wollen wir daran erinnern.«[6]

---

3   Ebd.
4   Ebd., S. 34.
5   Ebd., S. 35.
6   Initiative Denkmal Deutsche Einheit: Presseerklärung vom Mai 1998, in: Apelt: Der Weg zum Denkmal, a. a. O., S. 41.

Die Reaktionen der angeschriebenen Verfassungsorgane spiegeln eine breite Unterstützung wider. Dies zeigt sich in den Antworten. Im Namen von Bundeskanzler Helmut Kohl versichert der Staatsminister Anton Pfeifer: »Der Bundeskanzler steht dem Vorschlag eines Freiheits- und Einheitsdenkmals in Berlin mit Sympathie gegenüber.«[7] Die Präsidentin des Deutschen Bundestages Rita Süssmuth signalisiert »alle denkbare Unterstützung«.[8]

Am 8. November 1998 findet im Deutschen Historischen Museum in Berlin eine erste öffentliche Diskussion zum Thema statt. Nach einer Einleitung von Günter Nooke sprechen sich Michel Friedman, Jürgen Kocka, Lothar de Maizière und Richard Schröder unter der Moderation von Christoph Stölzl für den Bau des Denkmals aus. Und wieder werden als Motto für die Errichtung eines Denkmals die Losungen der Friedlichen Revolution »Wir sind das Volk! – Wir sind ein Volk!« vorgeschlagen. Die Debatte hat inzwischen an Fahrt gewonnen, doch diskutiert die interessierte Öffentlichkeit zugleich über die grundsätzliche Frage, welche Bedeutung Denkmäler für die Erinnerungskultur haben. Besonders heftig entbrennt sie um die Errichtung eines Holocaust-Mahnmals in der Nähe des Brandenburger Tores. Im Schatten dieser großen medialen Auseinandersetzung haben es die Initiatoren mit einem Nationaldenkmal schwer. Noch dazu, wenn es sich um ein Denkmal handelt, das Stolz und Freude auf das in der jüngsten deutschen Zeitgeschichte Erreichte vermitteln soll. So ist es auch nicht verwunderlich, wenn öffentliche Reaktionen zwiespältig sind.

Dennoch wird auf Initiative von Günter Nooke am 13. April 2000 ein überparteilicher Gruppenantrag in den Deutschen Bundestag eingebracht. Erstunterzeichner sind neben ihm Markus Meckel (SPD), Werner Schulz (BÜNDNIS 90/DIE GRÜNEN) und Cornelia Pieper (FDP). Im Antrag heißt es:

»Die Bundesregierung wird gebeten, das Anliegen der ›Initiative Denkmal deutsche Einheit‹, das von zahlreichen Persönlichkeiten unterstützt wird, in eine entsprechende Planung einzubeziehen. Danach soll dieses Denkmal an zentralem Ort in Berlin, gedacht ist an den Sockel des alten Nationaldenkmals auf der Berliner Schlossfreiheit, errichtet werden.«[9]

In der Begründung heißt es: Die Friedliche Revolution und der Fall der Berliner Mauer seien

---

7   Initiative Denkmal Deutsche Einheit, in: Ebd., S. 37
8   Ebd.
9   Deutscher Bundestag: 14. Wahlperiode, Drucksache 14/3126 vom 6. April 2000, in: Apelt: Der Weg zum Denkmal, a. a. O., S. 51.

»im Zusammenhang stehende Ereignisse [...] von großer nationaler, europäischer und internationaler Tragweite und haben einen dauernden Platz im öffentlichen Gedächtnis verdient. In den Geschichtsbüchern ist dies bereits geschehen. Es wäre äußerst sinnvoll, dieses Geschichtsbewusstsein durch ein geeignetes Denkmal in der Mitte Berlins wach zu halten und zu unterstützen.«[10]

Der Antrag, an den Ausschuss für Kultur und Medien zur federführenden Beratung verwiesen, wird am 8. November 2000 abgelehnt. Trotzdem, die Initiatoren geben nicht auf.

Im Jahr 2005 wird die Deutsche Gesellschaft e.V. gebeten, sich der Denkmalsidee anzunehmen. Letzteres fällt dem Verein nicht schwer, schließlich sind die Initiatoren Mitglieder dieser ersten nach dem Fall der Mauer gegründeten gesamtdeutschen Gesellschaft. Ihre Aufgabe ist es, den deutschen und europäischen Einigungsprozess zu begleiten und zu befördern. Die Umsetzung der Projektidee eines nationalen Freiheits- und Einheitsdenkmals hält der Vorstand für eine ideale Ergänzung seiner bildungs- und kulturpolitischen Zielsetzung.

Der Deutschen Gesellschaft e.V. gelingt es, die Idee der Errichtung eines Freiheits- und Einheitsdenkmals wiederzubeleben. Dafür initiiert der Verein zunächst drei große Hearings, die unter den Titeln stehen: »Brauchen wir ein nationales Denkmal?«, »Was soll das Denkmal versinnbildlichen?« und »Wie soll das Denkmal künstlerisch umgesetzt werden?«. Auf ihnen diskutieren Richard Schröder, Jürgen Engert, Alfred Grosser, Peter Brandt, Dorothee Wilms, Egon Bahr, Hannelore Steer, Günter Nooke, Rainer Eppelmann, Lore Maria Peschel-Gutzeit und Hermann Rudolph über das Projekt. Daneben gibt es Dutzende öffentliche Veranstaltungen, für die wechselnde Partner gewonnen werden, u.a. die Bundeszentrale für politische Bildung, der Bundesbeauftragte für Kultur und Medien, die Bundesstiftung zur Aufarbeitung der SED-Diktatur und der Berliner Landesbeauftragte für die Unterlagen des ehemaligen Staatssicherheitsdienstes der DDR.

Die Debatte, inzwischen auch in ein Internetforum getragen, wird mit zahlreichen Vorträgen, Gesprächskreisen und Veröffentlichungen von deutschen und internationalen Medien begleitet. Somit ist eine große Bürgerbeteiligung gesichert. Daneben finden Gespräche mit Staatsminister Bernd Neumann, den Bundesministern Wolfgang Tiefensee und Wolfgang Schäuble sowie Vertretern des Bundesministeriums für Verkehr, Bau und Stadtentwicklung, des Bundesinnenministeriums, des Bundespresseamtes, des Bundesrates, des Senats von Berlin und mit den Abgeordneten des Deutschen Bundestages statt. Ein Arbeitskreis innerhalb der Deutschen Gesellschaft e.V. begleitet das

---

10 Ebd., S. 51.

Gesamtprojekt. Ihm gehören neben den Initiatoren Egon Bahr, Peter Brandt, Richard Schröder und Dirk Reimers an.

Mit der Aufnahme in die Gedenkstättenkonzeption des Bundes gelingt der erste Schritt zur Umsetzung des Projektes. So heißt es dort:

> »Die im Deutschen Bundestag derzeit diskutierte Idee der Errichtung eines Freiheits- und Einheitsdenkmals in Berlin wird ausdrücklich unterstützt. Bei einem solchen Denkmal würden auch positive Ereignisse der jüngeren deutschen Geschichte gewürdigt, die erste gelungene Revolution auf deutschem Boden und die Überwindung der deutschen Teilung.«[11]

Ein weiterer Schritt auf dem Weg zum Denkmal ist der von der Bundesstiftung Aufarbeitung initiierte studentische Wettbewerb. Unter Schirmherrschaft des Bundestagspräsidenten Norbert Lammert werden Studierende aufgefordert, die Idee eines Freiheits- und Einheitsdenkmals in Berlin umzusetzen. Die 55 Entwürfe von Studierenden vermitteln einen Eindruck von den Intentionen der jungen Künstlerinnen und Künstler im Zusammenhang mit den Werten »Freiheit« und »Einheit«. Siegerin ist eine Studentin des Kommunikationsdesigns an der Hochschule für Gestaltung Karlsruhe, Bernadette Boebel. Die Idee, zwei große Ringhälften so zueinander zu positionieren, dass der Betrachter auch einen geschlossenen Ring wahrnimmt, überzeugt die Jury. Ihren Denkmalsentwurf bestimmt die junge Studentin für den Sockel des Denkmals Wilhelm I.

Ein Höhepunkt im Ringen um ein Freiheits- und Einheitsdenkmal ist die Abstimmung vom 9. November 2007 im Deutschen Bundestag. In der Beschlussvorlage heißt es:

> »Die Bundesrepublik Deutschland errichtet in Erinnerung an die Friedliche Revolution im Herbst 1989 und an die Wiedergewinnung der staatlichen Einheit Deutschlands ein Denkmal der Freiheit und Einheit.«[12]

Der Antrag wird mit großer Mehrheit angenommen, auch jener Passus, der das höchste Verfassungsorgan auffordert, unter »Mitwirkung der Initiatoren des Denkmalprojektes, der Deutschen Gesellschaft e.V.«[13] die Konzeption für das Denkmal zu erstellen. Damit hat ein fast zehnjähriger Prozess seinen Abschluss gefunden.

---

11 Der Beauftragte der Bundesregierung für Kultur und Medien: Verantwortung wahrnehmen, Aufarbeitung verstärken, Gedenken vertiefen (Fortschreibung der Gedenkstättenkonzeption gemäß Koalitionsvertrag vom 11. November 2005 zur Vorlage an den Ausschuss für Kultur und Medien des Deutschen Bundestages), Entwurf (Stand: 22. Juni 2007), S. 10.
12 Deutscher Bundestag: Drucksache 16/6925 vom 6. November 2007.
13 Ebd.

Nach monatelangen Diskussionen um den Standort setzt sich der auch von
der Deutschen Gesellschaft e.V. präferierte Vorschlag durch, das Denkmal auf
den Sockel des ehemaligen Denkmals Wilhelm I. auf die Schlossfreiheit zu setzen (Abb. 1). Damit werden alle anderen Standortvorschläge abschlägig beschie-
den: Pariser Platz, Leipziger Platz, Alexanderplatz, Platz der Republik, die
Westseite des Brandenburger Tores oder die Lustgartenseite am Humboldtforum.

Abb. 1   Kaiser-Wilhelm-I.-Denkmal auf der Berliner Schlossfreiheit

Im Dezember 2008 wird vom Bundesministerium für Verkehr, Bau und Stadtentwicklung bzw. dem Bundesamt für Bauwesen und Raumordnung ein Wettbewerbsverfahren ausgelobt. Das Ergebnis dieses ersten Wettbewerbs zeigt
zwar höchst unterschiedliche künstlerische Interpretationen von Freiheit und
Einheit, doch kann sich die Jury für keine der Entwürfe erwärmen. So kommt
die Jury zu dem Schluss, dem Auslober zu empfehlen, das Verfahren zu been-
den. Gleichwohl bieten die Entwürfe der 533 Teilnehmer, die auch in einer
Ausstellung im Kronprinzenpalais gezeigt werden, eine ideale Vorlage für eine
breite mediale Debatte.

   Ein neuer Wettbewerb, an dem sich in einem offenen Bewerberverfahren
zunächst 386 Teilnehmer beteiligen, beginnt im Februar 2010. Von den Teil-
nehmern werden 33 für den Wettbewerb ausgewählt. Am Ende reichen
28 Künstler und Architekten ihre Entwürfe ein. Am Tag der Deutschen Einheit, dem 3. Oktober 2010, kann der Beauftragte für Kultur und Medien, Staatsminister Bernd Neumann, drei Preisträger präsentieren: den Bildhauer Stephan

Balkenhol, den Architekten Andreas Meck sowie die Arbeitsgemeinschaft Milla & Partner Architekten mit Sasha Waltz. Auch diese Entwürfe, ausgewählt in Zusammenarbeit mit dem Bundesministerium für Verkehr, Bau und Stadtentwicklung, werden wie bereits im ersten Wettbewerbsverfahren der Öffentlichkeit gezeigt. Diesmal allerdings im Martin-Gropius-Bau.

Eine erneute Ausstellung der Entwürfe der Preisträger sowie eine Dokumentation der Entwicklung zum Freiheits- und Einheitsdenkmal wird von der Deutschen Gesellschaft e.V. auf dem historischen Sockel an der Berliner Schlossfreiheit organisiert. Die Eröffnung findet am 25. März 2011 statt. Sie gibt Berlinerinnen und Berlinern, aber auch den in- und ausländischen Gästen eine umfangreiche Erläuterung sowohl zum Gesamtthema als auch zur historischen Bedeutung des zukünftigen Denkmalsortes.

In den folgenden intensiven Diskussionen empfehlen am 11. April 2011 die Auslober dem Ausschuss für Kultur und Medien des Deutschen Bundestages den Siegerentwurf. Die Arbeit von Milla & Partner mit Sasha Waltz unter dem Titel »Bürger in Bewegung« »löst«, wie Staatsminister Bernd Neumann feststellt, »die Thematik des Freiheits- und Einheitsdenkmals am besten und eindrucksvollsten«.[14]

Der Denkmalsentwurf lässt sich von drei konzeptionellen Kerngedanken leiten:

»1. Die mutigen Bürger der friedlichen Revolution von 1989 sind die Basis unserer heutigen Freiheit und Einheit. Das Denkmal will auch ein Vermächtnis und eine Aufforderung für nachfolgende Generationen sein und öffnet sich nach oben, zur Zukunft hin.
2. Das Denkmal lädt nicht nur zur Betrachtung von außen ein, sondern will betreten werden – der Bürger von heute steht dann im Mittelpunkt, wird selber Teil des Denkmals.
3. Wenn sich die Menschen in einer größeren Gruppe verständigen, können sie das Denkmal bewegen. Freiheit und Einheit sind keine dauerhaften Zustände, sondern müssen stets neu gestärkt und definiert werden, sie erfordern ständiges Engagement.«[15]

---

14 Presse- und Informationsamt der Bundesregierung: Pressemitteilung der Bundesregierung vom 13. April 2011: Freiheits- und Einheitsdenkmal wird nach Entwurf von Milla und Partner mit Sasha Waltz realisiert, online abrufbar unter: http://www.bbr.bund.de/BBR/DE/Bauprojekte/Berlin/Kultur/FED/Architekturwettbewerb/FED_Wettbewerbsentscheid_2011/pmbkm.pdf;jsessionid=4EFE544ABC2B3BB1590E9F89BEDDB1F7.live1041?__blob=publicationFile&v=2 [17.02.2014].
15 Bundesamt für Bauwesen und Raumordnung: Freiheits- und Einheitsdenkmal in Berlin – Ergebnisse des Wettbewerbs 2010, Bonn 2011, S. 34.

Künstlerisch umgesetzt wird das Konzept durch eine große, etwa 55 Meter lange, leicht gebogene Schale, an deren Oberfläche die beiden Schlüsselsätze der Revolution angebracht sind »Wir sind das Volk! Wir sind ein Volk!«. Die Schale lädt zur Begehung ein. Schließlich bewegt sie sich durch eine große Anzahl von Menschen wie eine Wippe zu beiden Seiten (Tafeln 25 u. 26). Allein diese Tatsache sollte das »begehbare Denkmal« zu einem Touristenmagnet machen.

Geht es nach den Wünschen der Deutschen Gesellschaft e.V. wird es neben dem eigentlichen Denkmal auch einen Ort der Information geben. Dazu eignen sich Teile des Gewölbes unterhalb des Denkmalsockels. Allerdings würde dies den bisherigen Kostenrahmen von zehn Millionen Euro vergrößern – ein Aufwand der sich im Ergebnis lohnt, wie andere Beispiele, etwa beim Holocaust-Mahnmal zeigen.

Rainer Eckert

Leipzig als Ort eines nationalen Freiheits- und Einheitsdenkmals?

Erinnerungsorte

Erinnerungsorte können materieller, aber auch immaterieller Natur sein. Dabei sind Denkmäler, Gedenkstätten, Museen und Ausstellungen gemeinsam zu denken, und sie alle können ihre aufklärerische Funktion nur in einem breiten Umfeld von Forschung, Bildung, Publizistik und interessierter Öffentlichkeit entfalten. Und es geht auch immer um das politische Ziel der Stabilisierung der Demokratie in der Bundesrepublik Deutschland und letztlich in der gesamten westlichen Welt. Bezogen auf Ereignisse der jüngeren Zeitgeschichte ist dabei der mittelosteuropäische Revolutionszyklus von 1989/90 von zentraler Bedeutung. An diese Revolutionen wird in ganz unterschiedlicher Art und Weise erinnert, wobei in Deutschland der 9. Oktober 1989 mit der für den Sturz der kommunistischen Diktatur entscheidenden Demonstration von weit mehr als 70.000 Menschen in Leipzig und der Fall der Berliner Mauer am 9. November des gleichen Jahres am stärksten im Bewusstsein verankert sind. An diese Ereignisse, wie auch an den Widerstand und die Opposition in der Sowjetischen Besatzungszone (SBZ) bzw. in der DDR, auch mit einem oder mehreren Freiheits- und Einheitsdenkmälern zu erinnern, ist daher naheliegend. Allerdings muss dabei immer klar sein, dass Denkmäler die anderen vielfältigen Formen der Auseinandersetzung mit Diktaturen nicht ersetzen können. Dabei muss es grundsätzlich um die Friedliche Revolution als wesentlicher Bestandteil der demokratischen Tradition der Bundesrepublik Deutschland gehen. Im Zentrum der Bemühungen sollten eine auf Zivilcourage beruhende Identität, der Aufbruch von Namenlosen gegen alle politische Wahrscheinlichkeit und ein erster in Deutschland gelungener antidiktatorischer Aufstand in seiner Bedeutung für Deutschland und Europa stehen.

Ein nationales Freiheits- und Einheitsdenkmal

Im Jahr 2000 setzten sich in einem überparteilichen Gruppenantrag 171 Mitglieder des Deutschen Bundestages für die Errichtung eines nationalen Freiheits- und Einheitsdenkmals in Berlin ein, um an die erste erfolgreiche deutsche Freiheitsrevolution und die durch sie ermöglichte deutsche Einheit zu erinnern. Dieses Anliegen machte sich die Deutsche Gesellschaft e.V. zu eigen.[1] Allerdings war es erst im Jahr 2007 so weit, dass der Bundestag endgültig über diese Idee abstimmte. Im Vorfeld war besonders von den sozialdemokratischen Bundestagsabgeordneten Gunter Weißgerber und Rainer Fornahl aus Leipzig für die Idee eines Doppeldenkmals in Berlin und in Leipzig geworben worden, was den Dresdner Abgeordneten der CDU, Arnold Vaatz, veranlasste, sich in einem Brief an seine ostdeutschen Fraktionskollegen gegen ein Denkmal auch in Leipzig auszusprechen.[2] Am 9. November stimmte der Bundestag dann schließlich ab und entschied sich mit knapper Mehrheit dafür, ein Denkmal nur in Berlin zu errichten. Leipzigs Sache schien verloren – Weißgerber und Fornahl gaben jedoch nicht auf und warben weiter für die Idee eines Doppeldenkmals.[3] Dabei war zuerst das Risiko zu minimieren, dass der Freistaat Sachsen oder die Stadt Leipzig in einer trotzigen Reaktion jetzt ein eigenes Denkmal errichten,[4] oder gleich Denkmäler in Dresden, Leipzig und Plauen.[5] Für die weitere Entwicklung war schließlich bedeutsam, dass Arnold Vaatz in einem Brief an Gunter Weißgerber bereits am 12. November 2007 anbot, in den Bundestag einen zweiten Antrag einzubringen, der den Bund auffordern sollte, auch in Leipzig ein Denkmal für die Freiheit und Einheit Deutschlands und Europas zu errichten.[6] Dazu kamen andere Unterstützer der Idee eines Doppeldenkmals in Berlin und Leipzig wie die Leipziger Initiative »Tag der

---

1   Vgl. hierzu das Schreiben des Bildungswerkes Sachsen der Deutschen Gesellschaft e.V. an den Direktor des Zeitgeschichtlichen Forums, Rainer Eckert, vom 23. Oktober 2007, in: Archiv des Verfassers. Die Gesellschaft wurde im Jahr 2008 für ihr Engagement mit dem Nationalpreis ausgezeichnet.

2   Schreiben Gunter Weißgerbers an Arnold Vaatz: Änderungsantrag zum Freiheits- und Einheitsdenkmal vom 7. November 2007, in: Ebd.

3   Vgl. Gunter Weißgerber/Rainer Fornahl: Freiheits- und Einheitsdenkmal muss auch in Leipzig stehen!, Pressemitteilung vom 7. November 2007, in: Ebd.

4   Vgl. Dies.: Appell an die politisch Verantwortlichen im Freistaat und Leipzig: Freiheits- und Einheitsdenkmal – Ensemble in Berlin und Leipzig, vom 13. November 2007, in: Ebd.

5   Vgl. Brief des sächsischen Ministerpräsidenten Georg Milbradt an Rainer Fornahl und Gunter Weißgerber vom 23. November 2007, in: Ebd.

6   Vgl. Brief Arnold Vaatz' an Gunter Weißgerber vom 12. November 2007, in: Ebd.

Friedlichen Revolution – Leipzig, 9. Oktober«.[7] In der weiteren Debatte wurde zuerst erreicht, dass die Rolle Leipzigs bei dem Berliner Denkmal berücksichtigt werden sollte, und schließlich gelang im Bundestag der Durchbruch für die Errichtung eines Freiheits- und Einheitsdenkmals auch in Leipzig.[8] Dem war ein Änderungsantrag des Abgeordneten Gunter Weißgerber vom 8. November 2007 vorausgegangen, der das Jubiläumsjahr 2009 für die Errichtung des Doppeldenkmals vorsah.[9]

So gelang es bereits am 30. November 2007 einen gemeinsamen Brief von Fornahl, Vaatz und Weißgerber an Kulturstaatsminister Bernd Neumann abzusenden, in dem sie für die Einbeziehung Leipzigs in den kommenden Wettbewerb über die Ausgestaltung des Denkmals plädierten.[10] Außerdem ging es darum, auch den Sächsischen Landtag für diese Idee zu gewinnen. Dies gelang, wie auch die Sicherung der Unterstützung durch die Stadt Leipzig. Ende März 2008 stimmten die Fraktionsvorstände von SPD und CDU/CSU im Bundestag der Idee des korrespondierenden Denkmals zu.[11]

Für die weitere Entwicklung war bedeutsam, dass dieser Abstimmung ein Antrag von Wolfgang Börnsen und anderen Abgeordneten folgte, der den Bundestag aufforderte zu beschließen, dass auch in Leipzig »auf sichtbare Weise« an die Leipziger und Ostdeutschen erinnert wird, die eine herausragende Rolle in der Friedlichen Revolution spielten.[12] Auch andere Freiheitsbewegungen im Vorfeld des Mauerfalls in Deutschland und seinen Nachbarstaaten sollten dabei berücksichtigt werden. Dies flankierte ein Beschluss des Haushaltsausschusses des Bundestages, der die Bundesregierung aufforderte, die Würdigung des Beitrages der Leipziger zur Freiheit und Einheit in Abstimmung mit der Stadt Leipzig und dem Land Sachsen zu prüfen.[13] Schließlich

---

7   Vgl. Brief Gunter Weißgerbers an Arnold Vaatz vom 22. November 2007, in: Ebd.
8   Vgl. Rainer Fornahl u. a.: Durchbruch für Freiheits- und Einheitsdenkmal in Leipzig, Pressemitteilung vom 26. November 2008, in: Ebd.
9   Vgl. hierzu den Änderungsantrag zur Errichtung eines Einheits- und Freiheitsdenkmals der Abgeordneten Gunter Weißgerber u.a.: Deutscher Bundestag: Drucksache 16/7047 (neu), 8. November 2007, online abrufbar unter: http://dipbt.bundestag.de/dip21/btd/16/070/1607047.pdf [20.03.2014].
10 Siehe hierzu die E-Mail Gunter Weißgerbers an Kulturstaatsminister Bernd Neumann vom 30. November 2007, in: Archiv des Verfassers.
11 Vgl. Brief Gunter Weißgerbers an Pfarrer Christian Führer vom 27. Juni 2008, in: Ebd.
12 Vgl. Wolfgang Börnsen u.a.: Entwurfsantrag vom 25. September 2008: Freiheits- und Einheitsdenkmal gestalten, in: Ebd.
13 Vgl. hierzu den Antrag der Arbeitsgruppen Haushalt der Fraktionen CDU/CSU und SPD vom 20. November 2008: Beschluss des Haushaltsausschusses zu TOP 2 Bereinigungssitzung zum Bundeshaushaltsentwurf 2009, in: Ebd.

beantragten die Fraktionen der CDU/CSU, der SPD und der FDP die Gestaltung eines Doppeldenkmals in Berlin und Leipzig.[14] Am 4. Dezember 2008 forderte schließlich der Bundestag die Bundesregierung auf, gemeinsam mit dem Freistaat Sachsen und der Stadt Leipzig den Beitrag der Leipziger Bürger zur Friedlichen Revolution auf angemessene und sichtbare Weise zu würdigen.

Mitte Dezember 2008 einigten sich dann Bundesbauminister Wolfgang Tiefensee und Staatsminister Bernd Neumann darauf, für das Berliner Denkmal zehn Millionen und für das Leipziger Denkmal fünf Millionen Euro zur Verfügung zu stellen. Dies wurde in einem gemeinsamen Gespräch zwischen dem Bundesbeauftragten für Kultur und Medien, der Sächsischen Staatsregierung und der Stadt Leipzig am 28. Januar 2009 bestätigt.[15]

Entscheidung im Freistaat Sachsen und in der Stadt Leipzig

Jetzt war die Entscheidung auf Bundesebene gefallen, und der Ball lag im Spielfeld der Stadt Leipzig und des Freistaates Sachsen. Für Leipzig entschied der Stadtrat am 17. Juni 2009 einstimmig (bei einigen Enthaltungen) über den Standort und das weitere Verfahren bei der Errichtung des Freiheits- und Einheitsdenkmals.[16] Der Oberbürgermeister sollte danach ein Auslobungsverfahren für die zwei Standorte Augustusplatz und Wilhelm-Leuschner-Platz auf den Weg bringen und Vorschläge für die Gestaltung des gesamten innerstädtischen Promenadenrings bzw. des Platzes vor dem Hauptbahnhof zulassen. Gleichzeitig war die Öffentlichkeit durch eine Einwohnerversammlung in das Projekt einzubeziehen. Der Sächsische Landtag zog am 17. Juni 2010 nach, und so war die Grundlage für ein Freiheits- und Einheitsdenkmal in Leipzig geschaffen. Planung und Bau des Denkmals ermöglichte ein Zuwendungsbescheid durch den Bund vom 1. Dezember 2011 in Höhe von fünf

---

14 Vgl. hierzu den Antrag des Abgeordneten Wolfgang Börnsen u.a.: Freiheits- und Einheitsdenkmal gestalten. Deutscher Bundestag: Drucksache 16/11200, 3. Dezember 2008, online abrufbar unter: http://dip21.bundestag.de/dip21/btd/16/112/1611200.pdf [20.03.2014].

15 Vgl. Einigkeit über die Errichtung eines Denkmals in Leipzig erreicht. Pressemitteilung der Bundesregierung vom 29. Januar 2009, online abrufbar unter: https://www.press-relations.de/new/standard/result_main.cfm?pfach=1&n_firmanr_=103124&sektor=p m&detail=1&r=354656&sid=&aktion=jour_pm&quelle=0 [20.03.2014].

16 Vgl. hierzu Stadt Leipzig: Beschluss der 58. Ratsversammlung Nr. RBIV-1637/09 vom 17. Juni 2009, online abrufbar unter: http://www.leipzig.de/buergerservice-und-verwaltung/unsere-stadt/leipziger-freiheits-und-einheitsdenkmal/schritte-20092010/ [20.03.2014].

Millionen Euro, und der Freistaat förderte mit 1,5 Millionen Euro. Das Denkmal sollte als Nationaldenkmal durch Standort, Gestalt und Aussagekraft über Leipzig hinausweisen. In seinem Zentrum habe das Vermächtnis der Friedlichen Revolution, in der das Volk seine Geschicke selbst in die Hand nahm und zugleich Friedfertigkeit zu seinem Handlungsmuster machte, zu stehen.

Begleitstrukturen

Neben dem Engagement der Deutschen Gesellschaft e.V.[17] trugen in Leipzig verschiedene Arbeitskreise, wie die Untergruppe Denkmale der »Initiative 9. Oktober«, zur Unterstützung der Denkmalsidee bei. Die Stadt selbst schuf zur Begleitung der Arbeit Strukturen wie die »Redaktionelle Gruppe: Wettbewerb Freiheits- und Einheitsdenkmal in Leipzig« (ab Januar 2009),[18] die »Strategiegruppe aus Bundesbeauftragten für Kultur und Medien, Freistaat Sachsen und Stadt Leipzig« (Entscheidungsebene, ab 9. Juli 2009),[19] die »Arbeitsgruppe aus Dezernat Kultur, Dezernat Stadtentwicklung und Bau sowie den Geschäftsbereich des Oberbürgermeisters« (politische Arbeitsebene), eine Projektgruppe mit dem Kulturamt, dem Stadtplanungsamt, dem Geschäftsbereich des Oberbürgermeisters und externer Dienstleister (Arbeitsebene Verwaltung) und ein Begleitgremium mit Vertretern der Stadtratsfraktionen, dem »Sachverständigenforum Kunst am Bau und im öffentlichen Raum« und der »Initiative 9. Oktober« (Stadtrat und Fachöffentlichkeit, ab 2010). Die letztgenannte Projektgruppe war letztlich entscheidend für die intellektuelle Begleitung der Arbeit,[20] und temporär war eine »Arbeitsgruppe Werkstatt« (ebenfalls ab 2010) zur Vorbereitung der Gesprächsrunden mit Denkmalsexperten und der Wettbewerbsausschreibung tätig.

---

17 Zum Beginn dieses Engagements vgl. Protokoll der Gesprächsrunde auf Einladung der Deutschen Gesellschaft e.V. bzw. seines Bildungswerkes Sachsen vom 7. Januar 2009, in: Archiv des Verfassers.

18 Vgl. Gunter Weißgerber: Thesen für die redaktionelle Gruppe Freiheits- und Einheitsdenkmal Leipzig vom 8. Januar 2009, in: Ebd.

19 Vgl. hierzu die Vorlage des Oberbürgermeisters der Stadt Leipzig: Freiheits- und Einheitsdenkmal – Standortentscheidung, 17. Juni 2009, S. 7–8; Einladung des Kulturbürgermeisters Michael Faber zu einer ersten Sitzung mit dem Direktor des Zeitgeschichtlichen Forums als Gast am 26. Juni 2009; Protokoll der Zusammenkunft vom 17. Juli 2009, alle in: Ebd..

20 Auf die Arbeit im Einzelnen kann hier nicht eingegangen werden, da dies den Rahmen sprengen würde und die Sitzungen vertraulich waren.

Das Projektmanagement übernahm die »Jost Consult Projektsteuerung GmbH«, die vom 21. bis 24. April 2010 einen Thinktank zum Wettbewerb für ein Freiheits- und Einheitsdenkmal durchführte und der zu diesem Thema zehn Thesen erarbeitete.[21] Betont wurde hier der überregionale und generationsübergreifende Ansatz des geplanten Denkmals. Das Freiheits- und Einheitsdenkmal solle sich auf die gesamte Geschichte des antikommunistischen Widerstandes beziehen und die europäische Freiheitsgeschichte einschließen. Als Standorte wurden der Innenstadtring, der Augustusplatz und der Wilhelm-Leuschner-Platz in die Betrachtung einbezogen. Die Bedeutung des 9. Oktober und der Stadt Leipzig für die Friedliche Revolution gegen die SED-Diktatur hatten bereits am 4. September 2009 die »Leipziger Thesen« der Initiative »Tag der Friedlichen Revolution – Leipzig 9. Oktober 1989« betont, die für die weitere Entwicklung eine inhaltliche und intellektuelle Grundlage bildeten.[22]

Berliner Entwicklung

Gleichzeitig schritt die Entwicklung in Berlin voran. Ein erster Wettbewerb scheiterte, und erst nach einem zweiten Anlauf (Beginn des Wettbewerbs am 19. Dezember 2008) gab es einen Siegerentwurf für ein Denkmal auf der Schlossfreiheit.[23] Dieser war umstritten, und seine Realisierung schien fraglich zu sein. Trotzdem wurde im August 2013 von Kulturstaatsminister Bernd Neumann eine Grundsteinlegung auf der Berliner Schlossfreiheit ins Gespräch gebracht; sie wurde jedoch bisher nicht realisiert. Die Idee, in Berlin und Leipzig eine gemeinsame Lösung zu finden, die sich aufeinander bezieht, konnte sich nicht durchsetzen.

---

21 Diese zehn Thesen zum Leipziger Freiheits- und Einheitsdenkmal sind auf der Homepage der Stadt Leipzig abrufbar unter: http://www.leipzig.de/buergerservice-und-verwaltung/unsere-stadt/leipziger-freiheits-und-einheitsdenkmal/schritte-20092010/?eID=dam_frontend_push&docID=4532 [26.02.2014].

22 Leipziger Thesen [Rainer Eckert u. a.] der Initiative »Tag der Friedlichen Revolution – Leipzig 9. Oktober 1989«, in: *Deutschland Archiv* 44 (2009), H. 5, S. 801– 803 und den Text: Die historische Erinnerung ist ein Mandat für Handeln in Gegenwart und Zukunft, in: Ebd., hier S. 801.

23 Grundlegend hierfür Florian Mausbach: Über Sinn und Ort eines nationalen Freiheits- und Einheitsdenkmals, hg. vom Bundesamt für Bauwesen und Raumordnung, Berlin 2008; Auslobungstext Gestaltungswettbewerb für ein Freiheits- und Einheitsdenkmal in Berlin, 19. Dezember 2008, in: Archiv des Verfassers.

Einbeziehung der Leipziger Bürger und öffentliche Reaktionen

Erregte öffentliche Diskussionen in den Medien, vor allem in der *Leipziger Volkszeitung*, die bereits 2007 im Zusammenhang mit dem Berliner Denkmal begannen, schienen jetzt die Situation in Leipzig zu kennzeichnen. Die von der Stadt Leipzig organisierte Bürgerbeteiligung begann am 7. April 2009 mit einer Podiumsdiskussion im Rahmen eines »Bürgerforums Freiheits- und Einheitsdenkmal« im Festsaal des Neuen Rathauses. Hier ging es um die Denkmalsstandorte, und trotz einiger Kritik wurde das Denkmal grundsätzlich akzeptiert und als Zeichen der Selbstachtung bzw. Vergewisserung verstanden. Dazu hatten wohl auch die Ausstellung und eine Internetpräsentation über die einzelnen Standorte beigetragen. Die hier ermittelte Bürgermeinung ergab eine Mehrheit für den Standort Wilhelm-Leuschner-Platz und knapp dahinter für den Augustusplatz.[24] Besonders auffällig war dabei die überproportionale Beteiligung der unter Vierzigjährigen mit stärkerer Zustimmung zur Denkmalsidee als bei den Älteren. Auch auf die weiteren Auseinandersetzungen wirkte die *Leipziger Volkszeitung* mit redaktionellen Beiträgen, Stellungnahmen, Leserbrieforgien und »TED-Umfragen« im Februar und April 2009 wie befeuernd. Dazu kamen ein wenig zielführendes Votum des Leipziger Sachverständigenforums »Kunst am Bau und im öffentlichen Raum«, das für ein Denkmal aber gegen ein »Monument« plädierte, und eine »seriöse« Meinungsumfrage des Leipziger Instituts für Marktforschung zur Akzeptanz eines Leipziger Freiheits- und Einheitsdenkmals im März 2009. Der Versuch der »Initiative 9. Oktober« einen Unterstützerkreis für denkmalsbejahende Artikel in der *Leipziger Volkszeitung* zu organisieren, blieb in den Anfängen stecken.[25]

Nachdem der Stadtrat am 17. Juni 2009 den Startschuss für ein Freiheits- und Einheitsdenkmal geben wollte, überraschten Abgeordnete von Linkspartei und Grünen die interessierte Öffentlichkeit mit der Forderung eines Bürgerentscheides über Bau und Standort und stellten damit das Denkmalsprojekt insgesamt in Frage.[26] In der zu erwartenden Weise startete die *Leipziger Volkszeitung* eine erneute »TED-Umfrage«. Trotzdem entschied sich der Stadtrat dafür, den Wettbewerb beginnen zu lassen, und infolgedessen wurden verschiedene Denkmalsentwürfe von Leipziger Bürgern eingereicht.

---

24 Vgl. die Vorlage des Oberbürgermeisters der Stadt Leipzig: Freiheits- und Einheitsdenkmal – Standortentscheidung vom 17. Juni 2009, S. 2, in: Ebd.

25 Dies verdeutlicht eine Rundmail Gunter Weißgerbers vom 22. April 2009 an den Verfasser u.a.

26 Vgl. Andreas Tappert: Bürgerentscheid zum Einheitsdenkmal: Abgeordnete schieben im Stadtrat fraktionsübergreifenden Antrag an, in: *Leipziger Volkszeitung* vom 27. Mai 2009.

Auffallend war dabei, dass immer wieder auch der Nikolaikirchhof als Revolutionsdenkmal favorisiert wurde. Dabei blieb jedoch unberücksichtigt, dass sich dieser nur auf die Leipziger Ereignisse – und hier besonders auf die Nikolaikirche – bezieht und nicht die Friedliche Revolution in der gesamten DDR, ihre Vorgeschichte im antikommunistischen Widerstand und ihre europäische Einbettung in den Blick nimmt.[27]

Eine weitere klärende Diskussion gab es am 24. November 2010 im Zeitgeschichtlichen Forum Leipzig zur Frage: »Das Freiheits- und Einheitsdenkmal in Berlin und Leipzig: Wie können sich beide Denkmäler ergänzen?« Letztlich ging es hier um die Frage, ob es in Berlin ein Einheits- und in Leipzig ein Freiheitsdenkmal geben solle. Diese Alternative war jedoch letztlich irrelevant, da sich die Entwicklungen in Bezug auf die Realisierung der jeweiligen Entwürfe für die Standorte Berlin und Leipzig unabhängig voneinander vollzogen. Wichtig war dagegen, dass der beliebte und bekannte Leipziger Kabarettist Bernd-Lutz Lange ein eindeutiges Plädoyer für den Nikolaikirchhof[28] veröffentlichte. Weiter vertrat er die wenig sachgerechte Auffassung, die

---

27 Brief des Direktors des Zeitgeschichtlichen Forums Leipzig, Rainer Eckert, an den ehemaligen Superintendenten von Plauen, Thomas Küttler, vom 3. April 2009, in: Archiv des Verfassers.

28 Als Ergebnis mehrerer Künstlerwettbewerbe erinnert auf dem Nikolaikirchhof die »Nikolaisäule« seit 1999 mit einer erklärenden Bronzeplatte an die Rolle Leipzigs während der Friedlichen Revolution. Es folgten ein Granitbrunnen und ein Lichtprojekt mit 150 farbig leuchtenden Pflastersteinen. Hier werden die nach dem Ende der Friedensgebete aus der Nikolaikirche heraustretenden Teilnehmer und die Entwicklung hin zu den friedlichen Demonstrationen des Jahres 1989 gewürdigt. Weitere Denkmalsideen waren: das geplante, aber letztlich von der Stadt Leipzig nicht angenommene Geschenk eines Revolutionsdenkmals der US-amerikanischen Bildhauerin Miley Tucker-Frost (Vgl. hierzu das Schreiben des Generalkonsuls der USA in Leipzig, Mark D. Scheland, an den Direktor des Zeitgeschichtlichen Forums Leipzig Rainer Eckert, vom 7. Februar 2008, in: Archiv des Verfassers). Dazu kam, dass die Gießereien der neuen Bundesländer unter Schirmherrschaft des Leipziger Regierungspräsidenten Walter Christian Steinbach als Erinnerung an die Friedliche Revolution eine Glocke stifteten, die in der Kunst- und Glockengießerei Lauchhammer gegossen werden sollte (Vgl. hierzu das Schreiben von Werner Klötzer [Bundesverband der Deutschen Gießerei-Industrie] an den Oberbürgermeister der Stadt Leipzig Burkhard Jung vom 7. November 2007, in: Ebd.; Ausschreibung Gutachterverfahren Künstlerische Installation – Demokratieglocke Herbst 89, Leipzig vom 5. Juni 2008, in: Ebd.; Peter Krutsch: Demokratieglocke wird ein tönendes Bronze-Ei, in: *Leipziger Volkszeitung* vom 17. Dezember 2008). In einem Wettbewerb »Künstlerische Installation – Demokratieglocke Herbst 89« setzte sich der Berliner Künstler Via Lewandowsky durch, und die Glocke konnte am 9. Oktober 2009 mit einer Inschrift des Dresdner

Denkmalsgelder sollten anders verwendet werden und nannte als Zwecke den Bau von Kindergärten, die Renovierung von Schulen oder die finanzielle Unterstützung des Naturkundemuseums.[29] Eine Umwidmung des Denkmalsgeldes war zwar allein schon aus rechtlichen Gründen nicht möglich, trotzdem wurden Langes Argumente in Leserbriefwellen der *Leipziger Volkszeitung* über Tage und Wochen immer wieder aufgenommen und variiert. Hinzu kamen Argumente, wonach der »Ring« ein wunderbares Flächendenkmal ist und auch der Bau des Völkerschlachtdenkmals schließlich erst einhundert Jahre nach dem historischen Ereignis errichtet bzw. vollendet worden sei. Außerdem wurden immer wieder die folgenden Argumentationsmuster aggressiv vorgetragen: »Ich war dabei, und ich brauche kein Denkmal!«, »Wir sind das Volk!« und: »Heute sind wir enttäuscht von der Entwicklung nach der Friedlichen Revolution und der Wiedervereinigung.«

Öffentlich bezog der Verfasser eine Gegenposition und betonte die Bedeutung der Friedlichen Revolution für die demokratischen Traditionen der Bundesrepublik. Weiterhin führte er aus, dass die Umwidmung der Mittel nicht möglich sei und dass es sich um ein nationales, vielleicht auch europäisches Denkmal handeln müsse und die entscheidenden Positionen doch vielmehr die Folgenden sein sollten: Die Freiheit erkämpften Ostdeutsche vor der Einheit. Zudem erfordert die historische Erinnerung Konzentration auf wenige Orte, Daten und Ereignisse; und schließlich: Entscheidend für den Sieg der Revolution war 1989 das Verlassen des Nikolaikirchhofs und das Umrunden des innerstädtischen Rings.[30] Damit waren Grundpositionen des weiteren Diskurses abgesteckt.

Beginn des Wettbewerbs

Eine weitere Umfrage führte die Stadt Leipzig zwischen dem 11. Januar und dem 8. Februar 2011 unter dreitausend angeschriebenen Bürgern durch, von

---

Dichters Durs Grünbein auf dem Augustusplatz am Eingang zur Grimmaischen Straße aufgestellt werden. Die 1,50 Meter hohe bronzene Glocke erinnert in ihrer Form allerdings eher an ein Ei. Durch einen Zufallsgenerator gesteuert, schlägt die Glocke zweimal am Tag mit einem in ihr verborgenen Schlagwerk.

29 Vgl. Thomas Mayer: Bernd-Lutz Lange erklärt, warum Leipzig kein Einheitsdenkmal braucht, in *Leipziger Volkszeitung* vom 22. Dezember 2010.

30 Vgl. Ders.: »Widerspruch, Herr Lange!«. Interview mit Rainer Eckert über das geplante Freiheits- und Einheitsdenkmal, in: *Leipziger Volkszeitung* vom 13. Januar 2011.

denen ein Drittel antwortete.[31] Die Mehrzahl der Befragten (54 Prozent) kam zu einem positiven Urteil. Dabei waren es wiederum mehr die Älteren, die sich mehrheitlich dafür aussprachen, dass das Denkmal hauptsächlich nur die Leipziger Ereignisse thematisieren solle, während die Jüngeren die gesamte Friedliche Revolution im Blick hatten.[32] Nach dieser repräsentativen Umfrage konnte auch der Zeitplan zur Realisierung des Denkmalsprojektes veröffentlicht werden und die »Werkstattphase« beginnen. Diese setzte sich aus der bereits erwähnten repräsentativen Bürgerumfrage, einer internationalen Jugendwerkstatt, einer Expertenwerkstatt und einem Bürgerforum zusammen. Der ehrgeizige Terminplan gab Folgendes vor:

— Februar 2011: Experten- und Jugendworkshop zu Standort und Inhalt;
— März 2011: Öffentliches Bürgerforum mit Vorstellung der Ideen;
— April bis Juni 2011: Ratsbeschluss und künstlerischer Wettbewerb;
— Juli bis September 2011: Bewertung der Entwürfe;
— März 2012: Jury kürt den Wettbewerbssieger;
— Juni 2012: Stadtrat beschließt die Umsetzung des Siegerentwurfes;
— Juni bis September 2012: Bereitstellung der Fördermittel von Bund und Land;
— Oktober 2012 bis September 2013: Detailplanung;
— Oktober 2013 bis Oktober 2014: aktuelle Bauphase;
— 9. Oktober 2014: Einweihung des Denkmals.[33]

Seit dem 17. Februar 2011, der Durchführung eines Workshops über Standorte und Ziele des Freiheitsdenkmals, wird an der Realisierung des Programms gearbeitet. Dieser setzte sich aus Bürgerrechtlern, Historikern und Politikern

---

31 Vgl. Matthias Weidemann: Geringe Teilnahme an Umfrage zum Leipziger Freiheits- und Einheitsdenkmal, in: *Leipziger Internet Zeitung* vom 15. Februar 2011, online abrufbar unter: http://www.l-iz.de/Leben/Gesellschaft/2011/02/Umfrage-zum-Leipziger-Freiheits-und-Einheitsdenkmal.html 15 [16.01.2014]; vgl. auch Thomas Mayer: Ein Denkmal für die Zivilcourage, in: *Leipziger Volkszeitung* vom 15. Februar 2011.

32 Vgl. Stadt Leipzig/Amt für Statistik: Bürgerbefragung 2011 zum Leipziger Freiheits- und Einheitsdenkmal: Ergebnisübersicht vom 10. Februar 2011, online abrufbar unter: http://www.leipzig.de/buergerservice-und-verwaltung/unsere-stadt/leipziger-freiheits-und-einheitsdenkmal/werkstattphase-2011 [27.02.2014].

33 Thomas Mayer: Ein Denkmal für die Zivilcourage, a. a. O. Dazu positive Bewertung durch den Chefredakteur der *LVZ*. Vgl. Bernd Hilder: Leipzig, die Freiheit und das Denkmal, in: *Leipziger Volkszeitung* vom 14. Februar 2011. Unterstützung kam auch von »außen«, vgl. Ulrich Milde: Thierse appelliert an den Stolz, in: *Leipziger Volkszeitung* vom 12./13. Februar 2011. Dazu kamen positive Äußerungen aus der Stadt selbst, wie etwa von Christian Führer.

sowie Kunstwissenschaftlern, Vertretern des Leipziger Stadtrates und Städte-
bauexperten zusammen.[34] Die Teilnehmer des Workshops sprachen sich für
den Wilhelm-Leuschner-Platz als Standort[35] und für die Würdigung der gesamten Friedlichen Revolution gegen die SED-Diktatur aus.[36] Gleichzeitig erarbeitete die Jugendwerkstatt eigene Vorstellungen für ein Denkmal.[37] Zu ihren
favorisierten Botschaften gehörten Gewaltfreiheit sowie Mut und Entschlos-
senheit, mit denen die Demonstranten im Herbst 1989 für ihre Bürgerrechte
einstanden und die auch künftigen Generationen Motivation sein sollte.[38] Trotz
des heftigen öffentlichen Gegenwindes entschloss sich der Leipziger Stadtrat
schließlich am 18. Mai 2011 dazu, am 9. Oktober 2013 die Umbenennung von
Teilen des Leuschner-Platzes in »Platz der Friedlichen Revolution« als Standort des künftigen Denkmals vorzunehmen.[39]

Als Ergebnis der Werkstattphase wurde festgehalten, dass sich das Denkmal
den Selbstbefreiungen der Völker in Ostmitteleuropa und der Wiedergewin-
nung von Freiheit nach innen und außen widmen sollte. Dabei hatte für die
deutsche Entwicklung die Leipziger Demonstration vom 9. Oktober 1989
eine entscheidende Bedeutung. Das Denkmal sollte jedoch für die Revolution
in der gesamten DDR stehen und ein Kunstwerk sein, das zum Nachdenken
und zur Auseinandersetzung auffordert sowie die Erfahrungen der Friedlichen
Revolution in die Gegenwart überführt. Dies soll individuell erfahrbar und
im Leipziger Stadtraum in materieller Gestalt dauerhaft verortet sein. Weiter-

---

34 Die Aufgabenstellung der Expertenwerkstatt sowie die Werkstattphase ist auf der Homepage der Stadt Leipzig sehr gut dokumentiert, abrufbar unter: http://www.leipzig.de/
buergerservice-und-verwaltung/unsere-stadt/leipziger-freiheits-und-einheitsdenkmal/
werkstattphase-2011/expertenwerkstatt/ [20.03.2014].

35 Das löste seinerseits eine Diskussion um die »Verdrängung« des Namens Leuschner
aus, vgl. »Erinnerung an Leuschner nicht schmälern« [Gespräch mit Vertretern der
»Initiative 9. Oktober«], in: *Leipziger Volkszeitung* vom 14. November 2011.

36 Vgl. Ralf Geissler: Erinnern – aber richtig, in: *ZEIT Online* vom 6. Januar 2011, online
abrufbar unter: http://www.zeit.de/2011/02/S-Denkmal [16.01.2014]; vgl. »Kein Leipziger Lokaldenkmal« [Interview mit dem Teilnehmer an der Expertenwerkstatt, Peter
Graf Kielmansegg, und dem Oberbürgermeister Burkhard Jung], in: *Leipziger Volkszeitung* vom 26./27. Februar 2011.

37 Stefanie Büssing: Bunte Fußspuren in Leipzig: Junge Leute entwickeln in Jugendwerkstatt eigene Botschaften für das Denkmal, in: *Leipziger Volkszeitung* vom 16. Februar
2011.

38 Eine Zusammenfassung der Ergebnisse der Jugendwerkstatt zum Freiheits- und Einheitsdenkmal vom 16. Februar 2011 ist auf der Homepage der Stadt Leipzig einsehbar
(siehe Anm. 34).

39 Vgl. Leuschnerplatz wird 2013 umbenannt, in: *Leipziger Volkszeitung* vom 5. Oktober
2011.

hin war – auch im Ausschreibungstext – gewünscht, dass das Kunstwerk mit zeitgenössischen formalen und ästhetischen Mitteln arbeitet. Dabei waren alle Richtungen der Bildenden Kunst anzusprechen, wobei auch konzeptuelle Kunst und partizipatorische Ansätze zugelassen waren. Die Kostenobergrenze lag bei 6,5 Millionen Euro.

Nach dieser Klärung bzw. Festlegung erfuhren auch positive Aussagen, besonders von Bürgerrechtlern und der »Initiative 9. Oktober«, öffentlich Resonanz; aber auch die nörgelnden, negativen Leserbriefe erreichten weiterhin die *Leipziger Volkszeitung* und wurden von dieser veröffentlicht.[40] Dagegen fanden weitere Bürgerforen, wie etwa das im März 2011, nur geringe mediale Beachtung.

Realisierung des Wettbewerbs

Am 9. Oktober 2011 fiel schließlich weltweit der Startschuss zum Wettbewerb für die Gestaltung des Leipziger Freiheits- und Einheitsdenkmals.[41] Von 325 Bewerbern kamen 41 Teilnehmer in die engere Auswahl; das Auswahlverfahren durch ein Auswahlgremium erfolgte anonym. Nachdem am 7. Februar 2012 die Ausgabe der Wettbewerbsunterlagen erfolgt war, hatten die Teilnehmer zunächst die Möglichkeit an einem Informationstag mit Ortsbesichtigung und Zeitzeugengesprächen, später dann an einem Kolloquium teilzunehmen.

Ein Preisrichtervorgespräch gab es am 2. März 2012. Der 1. Juni 2012 war schließlich der Abgabetermin für die Baupläne und der 14. Juni für die Einreichung der Modelle als Ergebnisse des Wettbewerbs.

Den internationalen nichtoffenen Wettbewerb mit vorgeschaltetem offenem Bewerbungsverfahren organisierte jetzt die *Kassler ANP – Architektur- und Planungsgesellschaft*. Ihre Aufgabe war vorrangig die Organisation und Durchführung der Preisrichtersitzung vom 5. bis 6. Juli 2012. Aus 39 eingereichten Wettbewerbsarbeiten ermittelte das Preisgericht schließlich drei Preisträgerarbeiten. Das Gremium setzte sich aus 15 Preisrichtern, elf stellvertretenden Preisrichtern, vier Sachverständigen sowie aus Gästen, Mitarbeitern der Verfahrensberatung und der Wettbewerbsbetreuung zusammen. Die Fach- und

---

40 Das füllte ganze Leserbriefseiten, z.B.: Einheitsdenkmal bewegt die Leser, in: *Leipziger Volkszeitung* vom 15./16. Januar 2011.

41 Stadt Leipzig: Leipziger Freiheits- und Einheitsdenkmal: Auslobungsunterlagen für den künstlerischen Wettbewerb; Entwurf Preisrichtervorbesprechung, 1. November 2011; Stadt Leipzig: Leipziger Freiheits- und Einheitsdenkmal: Kolloquium/Colloquium, ohne Datum; Stadt Leipzig: Leipziger Freiheits- und Einheitsdenkmal: Grundlagen [u.a.], ohne Datum, alle in: Archiv des Verfassers.

weiterer Preisrichter waren Architekten, Künstler, Kunst- und Kulturwissenschaftler sowie Landschaftsgestalter, die über eine Mehrheit verfügten. Des Weiteren gehörten diesem Gremium Vertreter der Auslober Bund, Stadt und Land sowie – als Person der Zeitgeschichte – Konrad Weiß an.

Der künstlerische Wettbewerb ergab drei prämierte Entwürfe.[42] Dabei ging der erste Preis an »70.000« (M + M Marc Weis, Martin de Mattia, München; Annabau Architektur und Landschaft, Sofia Petersson, Moritz Schloten, Berlin). Das Modell bestand aus einer Fläche des östlichen Teils des Wilhelm-Leuschner-Platzes, die bunte Rechtecke, genauer gesagt bunte Sitzquader bedecken sollen, die die Besucher mitnehmen können (Tafel 27). Dadurch wollten die Künstler die Bewegung einer Vielzahl von Individuen in einem geometrisch bunten Farbenfeld symbolisieren. Über die Mitnahme der Sitzquader durch die Besucher könne die Botschaft der Freiheit in die gesamte Stadt, ja in die ganze Welt getragen werden. Die Frage, ob dies gelingen kann, blieb allerdings genauso offen, wie diejenige danach, woher der Nachschub an Hockern eigentlich kommen soll. Eine weitere unbeantwortete Frage war, ob hier der Wert von Freiheit überhaupt vermittelt wird, oder ob es sich nur um einen hübschen Spielplatz (für Kinder oder für Betrunkene?) handelt.

Den zweiten Preis erhielt »Eine Stiftung an die Zukunft« (realities: united, Studio for Art and Architecture, Jan und Tim Edler, Berlin). Hier sollte ein »Platz der Meinungsfreiheit« für die Uridee der Demokratie stehen. Der Slogan »Wir sind das Volk!« sei dauerhaft zu verankern, die anderen Teile der Bodengrafik seien durch aktive Bürger ständig entsprechend der jeweiligen Demonstrationslage in Leipzig neu zu gestalten (Tafel 28).

Schließlich erhielt den dritten Preis das Projekt »Herbstgarten« (Anna Dilengite, Tina Bara, Alba D'Urbano, Leipzig). Dieser Entwurf verzichtete auf einen »pädagogischen Zeigefinger« und kreierte in einer leicht welligen Landschaft mit lockerer Bepflanzung durch Apfelbäume etwas Leichtes und Zugängliches.[43] Das Revolutionsmotto »Keine Gewalt!« wurde in diesem Garten durch Architektur dargestellt, ist allerdings nur aus der Höhe lesbar. Aber auch dies hat

---

42 Das Protokoll des Preisgerichts vom 5. und 6. Juli 2012 ist online abrufbar unter: http://www.denkmaldialog-leipzig.de/sites/default/files/downloads/2012-07-06%20 Preisgerichtsprotokoll_1.pdf [27.02.2014]. Der Künstlerische Wettbewerb für ein Freiheits- und Einheitsdenkmal in Leipzig ist auf den Internetseiten der Stadt Leipzig gut dokumentiert, ebenso das dazugehörige offene Bewerbungsverfahren nach RPW 2008, online abrufbar unter: http://www.leipzig.de/buergerservice-und-verwaltung/unsere-stadt/leipziger-freiheits-und-einheitsdenkmal/kuenstlerischer-wettbewerb-2012/ [20.03.2014].

43 Vgl. Thomas Mayer: Bunt wie die Demokratie, in: *Leipziger Volkszeitung* vom 7./8. Juli 2012.

etwas Gutes – die Botschaft des Aufstandes ist nicht leicht zu entschlüsseln. Die Apfelbäume verweisen auf einen jahreszeitlichen Wandel mit Blüte und Ernte, der zu gemeinschaftlichen Aktionen führen soll, die dem Platz den Charakter eines »gesellschaftlichen Handlungsraums« verleihen (Tafel 29).

Nach Abschluss des Wettbewerbs wurden alle Arbeiten im Neuen Rathaus öffentlich ausgestellt und in einer Einwohnerversammlung nach Sächsischer Gemeindeordnung vom 13. Juli bis 5. August 2012 präsentiert.[44] Bei der Ausstellung lagen ein Gästebuch und Meinungsbögen aus, die die Bürger ausfüllen konnten. Darüber hinaus organisierte die Stadtverwaltung eine breit angelegte moderierte Online-Diskussion[45], an der sich 72.000 User beteiligten, und ein Jugendgespräch mit Vertretern des Stadtschülerrates Leipzig und der Initiative Jugendparlament Leipzig am 2. November 2012. Außerdem nahmen Zuwendungsgeber und Fachämter eine kritische Prüfung der Entwürfe vor. Auch dadurch setzte eine kontroverse öffentliche Debatte ein[46], und die ausgewählten drei Entwürfe führten zu einer heftigen Diskussion in der Presse,[47] die von einer TED-Umfrage der *Leipziger Volkszeitung* erneut angeheizt wurde. Schnell überwogen wiederum die negativen Meinungsäußerungen, wobei die Leipziger den Herbstgarten deutlich am positivsten beurteilten.

Oberbürgermeisterwahl 2013

Eine neue politische Qualität gewann der Streit im Vorfeld der Leipziger Oberbürgermeisterwahl, als der Kandidat der CDU einen Bürgerentscheid der Leipziger über die drei vorliegenden Entwürfe forderte[48] und die Partei DIE LINKE dies noch mit der zentralen Forderung ihres Wahlkampfes »toppte«, die Leipziger sollten grundsätzlich über die Notwendigkeit der Errichtung eines Denk-

---

44 Zu den Abläufen vgl. Stadt Leipzig: Leipziger Freiheits- und Einheitsdenkmal. Ergebnisse der Weiterentwicklung der Wettbewerbsentwürfe, Kassel 2013, S. 6–8.

45 Dieser »Dialog zum Denkmal« ist online abrufbar unter: http://www.denkmaldialog-leipzig.de/ [16.01.2014].

46 Vgl. Stadt Leipzig: Leipziger Freiheits- und Einheitsdenkmal: Bericht der Vorprüfung vom 1. Juni 2012 bis 2. Juli 2012, in: Archiv des Verfassers.

47 So beispielsweise bei Jens Bisky: Schaut auf diese Stadt, in: *Süddeutsche Zeitung* vom 19. Juli 2012.

48 Vgl. Ralf Julke: CDU für einen eigenen Bürgerentscheid: Leipziger sollen ihren Denkmalsentwurf per Stichwahl küren, in: *Leipziger Internet Zeitung* vom 29. August 2012, online abrufbar unter: http://www.l-iz.de/Politik/Nachrichten/2012/08/Freiheitsdenkmal-CDU-f%C3%BCr-einen-eigenen-Buergentscheid.html [16.01.2014].

mals abstimmen.[49] Beide Forderungen waren allein aus rechtlichen Gründen nicht zu realisieren, was den Fordernden auch bewusst war. Trotzdem hatten sie den Effekt, dass der Eindruck entstand, der Oberbürgermeister würde das Projekt offensichtlich nicht mehr energisch vorantreiben bzw. generell auf Eis legen. Darauf reagierte unter anderem die »Initiative 9. Oktober« besorgt und forderte den Oberbürgermeister, die Stadtverwaltung und die Fraktionen des Stadtrates auf, das beschlossene Verfahren rechtsförmig fortzuführen und lehnte eine Aussetzung bis zur Oberbürgermeisterwahl am 27. Januar ab (durch eine Stichwahl verschob sich der Termin dann auch noch).[50] Letztlich entschied der Denkmalsstreit die Oberbürgermeisterwahl jedoch nicht.

Weitere Wettbewerbsentwicklung

Schließlich fasste die Stadt Leipzig den Beschluss, die drei prämierten Arbeiten durch die Gewinner des Wettbewerbs inhaltlich vertiefen zu lassen, um so ihre Entwicklungspotentiale auszuloten. Dabei wurde festgelegt, dass die Entscheidung des Preisgerichts mit vierzig Prozent, die der Weiterentwicklung der Entwürfe mit zwanzig Prozent und das Verhandlungsverfahren mit vierzig Prozent bewertet werden. Gleichzeitig tauchten, so etwa in der *Leipziger Volkszeitung*, neue Ideen wie der »Spiegel des Volkes« als Denkmal auf. Die Neuaufnahme des Verfahrens begann nach den Wahlen mit der Erarbeitung eines Pflichtenheftes, das ein Verfahrensgespräch zwischen Preisträgern und Auslobern mit dem Ziel der Überarbeitung der ausgewählten Entwürfe vorsah, wobei auch die Bevölkerungsäußerungen, Hinweise der Zuwendungsgeber und der Baufachämter der Stadt Leipzig zu beachten waren.[51] Dieses Gespräch

---

49 Vgl. Klaus Staeubert: Höll startet selbstbewusst zum zweiten Anlauf ins Rathaus, in: *Leipziger Volkszeitung* vom 1./2. September 2012.

50 Vgl. die Pressemitteilung vom 28. August 2012 der Initiative »Tag der Friedlichen Revolution – Leipzig 9. Oktober«: Leipziger Freiheits- und Einheitsdenkmal darf nicht zum Spielball von Parteipolitik und Wahlkampf werden, in: Archiv des Verfassers. Andere forderten dagegen einen neuen Wettbewerb, vgl. Ralf Julke: Leipziger Freiheitsdenkmal: Stadtforum fordert das einzig Richtige – einen neuen Wettbewerb, in: *Leipziger Internet Zeitung* vom 31. August 2012, online abrufbar unter: http://www.l-iz.de/Politik/Leipzig/2012/08/Leipziger-Freiheitsdenkmal-Stadtforum-fordert-neuen.-Wettbewerb-43465.html [16.01.2014].

51 Vgl. Stadt Leipzig: Leipziger Freiheits- und Einheitsdenkmal: Auswertung der Öffentlichkeitsarbeit vom 13. Juli bis 2. November 2012 zu den Wettbewerbsergebnissen, März 2013; Stadt Leipzig: Leipziger Freiheits- und Einheitsdenkmal: Anforderungen an die Weiterentwicklung der Wettbewerbsentwürfe (»Pflichtenheft«), 15. April 2013;

fand – nach juristischer Beratung der Stadt – am 25. April 2013 zwischen den drei Preisträgern und Vertretern der Stadt Leipzig statt. Grundlegend stimmten die Preisträger dem Verfahren zu, und das Ende des Bearbeitungszeitraumes wurde mit dem 10. Juni und für die Modelle mit dem 17. Juni 2013 festgelegt. Das Neue am Verfahren war, dass jetzt die Zwischenbewertung, die vorher so nicht vorgesehen war, mit zwanzig Prozent der Wertung in das Verfahren eingebaut wurde.[52] Damit relativierte sich die Bedeutung der ersten Wettbewerbsrunde.

Auf dieser Grundlage tagte am 1. Juli 2013 im Neuen Rathaus ein Bewertungsgremium,[53] das alle Preisträger in einer vertraulichen Runde anhörte. Danach diskutierten die Preisrichter und die anwesenden Gäste die ihnen vorgestellten weiteren Entwürfe. Das Preisrichtergremium setzte sich dabei aus vier Vertretern der Stadt (darunter einem Stadtrat), einem Vertreter des Bundesbeauftragten für Kultur und Medien, einer Vertreterin der Sächsischen Staatsregierung, drei Künstlern bzw. Kunstwissenschaftlern und einem Historiker zusammen.[54] Da alle drei Preisträger ihre Entwürfe überarbeitet hatten,[55] kam es zu einer ernsthaften und auch kontroversen Diskussion. Als deren Ergebnis veränderte sich bei jetzt sechzig Prozent der im Wettbewerb vergebenen Punkte die bisherige Reihenfolge, obwohl alle drei Entwürfe in ihrer Gesamtpunktzahl näher zusammenrückten. Signifikant war, dass der bisherige dritte Platz jetzt mit dem Namen »Keine Gewalt – Herbstgarten« mit dem

---

Protokoll Verfahrensgespräch Leipziger Freiheits- und Einheitsdenkmal: Weiterentwicklung der Preisträgerentwürfe vom 25. April 2013, alle in: Archiv des Verfassers.

52 Vgl. Ralf Julke: Leipziger Freiheitsdenkmal: Nach Ansicht des Kulturamtes lief alles rechtens im Wettbewerb [Interview mit der Leipziger Kulturamtsleiterin Susanne Kucharski-Huniat], in: *Leipziger Internet Zeitung* vom 4. Juli 2013, online abrufbar unter: http://www.l-iz.de/Politik/Leipzig/2013/07/Leipziger-Freiheitsdenkmal-Kulturamt-alles-rechtens-49544.html [16.01.2014].

53 Das Protokoll des Bewertungsgremiums ist online abrufbar unter: http://www.leipzig.de/buergerservice-und-verwaltung/unsere-stadt/leipziger-freiheits-und-einheitsdenkmal/weiterentwicklung-der-preistraegerentwuerfe-2013 [27.02.2014].

54 Vgl. die Information des Leipziger Kulturamtes vom 3. Juli 2013: Leipziger Freiheits- und Einheitsdenkmal: Weiterentwickelte Preisträger-Entwürfe liegen vor, online abrufbar unter: http://www.leipzig.de/news/news/leipziger-freiheits-und-einheitsdenkmal-weiterentwickelte-preistrger-entwrfe-liegen-vor [27.02.2014].

55 Die entsprechenden Erläuterungstexte der Verfasser zu ihren einzelnen Entwürfen sind online abrufbar unter: http://www.leipzig.de/buergerservice-und-verwaltung/unsere-stadt/leipziger-freiheits-und-einheitsdenkmal/weiterentwicklung-der-preistraegerentwuerfe-2013 [27.02.2014].

bisher Erstplatzierten die Plätze tauschte.[56] Aus Protest gegen diese Abstimmung verließ das Jurymitglied und Stadtrat der Grünen, Roland Quester, nach der Abstimmung das Bewertungsgremium mit der Begründung, es habe sich um keine sachgerechte Bewertung der Weiterentwicklung der Entwürfe gehandelt.[57] Er distanzierte sich von dem Verfahren und stellte sich der zuständigen Landesdirektion für den Fall einer Überprüfung des Verfahrens zur Verfügung. Die jetzt zweit- bzw. drittplatzierten Wettbewerbsteilnehmer legten Beschwerde gegen das Verfahren bei der Architektenkammer ein.

Jetzt hatte der Stadtrat zu entscheiden, ob die Stadt in Vertragsverhandlungen mit den drei Preisträgern tritt. Falls es dazu kommt, würden hier weitere vierzig Prozent des Bewertungsverfahrens vergeben. Da der Stadtrat jedoch seine Entscheidung erst im Oktober 2013 fällen sollte, war der 25. Jahrestag des Tages der Entscheidung von 1989, also der 9. Oktober 2014, obsolet. Es blieb nur die Hoffnung, dass es an diesem Tag zumindest zur Grundsteinlegung für das Denkmal kommen wird. Eine weitere Bürgerbeteiligung ist aus rechtlichen Gründen seitdem ausgeschlossen.[58]

---

56 Vgl. Ralf Julke: Neue Entscheidung zum Leipziger Freiheits- und Einheitsdenkmal: Gewinner des 1. Preises protestieren, in: *Leipziger Internet Zeitung* vom 4. Juli 2013, online abrufbar unter: http://www.l-iz.de/Politik/Leipzig/2013/07/Neue-Entscheidung-Leipziger-Freiheitsdenkmal-Preistraeger-protestieren.html [16.01.2014]; vgl. auch Dominic Welters: Einheitsdenkmal – Architekten protestieren: Die Schöpfer des früheren Siegerentwurfes sind sauer auf die Jury und stellen Wettbewerb in Frage, in: *Leipziger Volkszeitung* vom 5. Juli 2013.

57 Vgl. Eva-Maria Kasimir: Der Stadtrat tagt: Kritik an Auswahl für das Einheits- und Freiheitsdenkmal, in: *Leipziger Internet Zeitung* vom 10. Juli 2013, online abrufbar unter: http://www.l-iz.de/Politik/Leipzig/2013/07/Kritik-an-Auswahl-fuer-das-Freiheitsdenkmal-49717.html [16.01.2014]; vgl. auch die Briefe Questers vom 2. und 10. Juli 2013 an die Organisatoren des Bewertungswettbewerbs, in: Archiv des Verfassers.

58 Trotzdem kamen neue Vorschläge aus der Bevölkerung, vgl. hierzu Andreas Debski: Einheits-Denkmal aus Milchtöpfen: Jetzt mischt sich der Vater des Takraf-Logos ein. Gerd Hänsch präsentiert weiteren Entwurf für Leipziger Erinnerungsstätte, in: *Leipziger Volkszeitung* vom 16. Juli 2013; Jens Rometsch: Stadtforum fordert Wettbewerbsabbruch: Verfahren zum Freiheits- und Einheitsdenkmal sei gescheitert, in: *Leipziger Volkszeitung* vom 29. August 2013 (mit der Forderung auf ein Denkmal in absehbarer Zeit zu verzichten, um Schaden von der Stadt abzuwenden) sowie Frank Zöllner: Glückliche Zwangsvereinigung: Skulptur im öffentlichen Raum: Das Geschichtsbild der SED auf dem Leipziger Markt, in: *Leipziger Volkszeitung* vom 6. September 2013. Dies löste wiederum heftige Leserbriefattacken in der *LVZ* aus, vgl. hierzu: Einheitsdenkmal – da ist der Wurm drin, in: *Leipziger Volkszeitung* vom 9. September 2013. Weitere kritische Stimmen bei Erich Loest: »Wir brauchen kein Einheitsdenkmal«: Tagebucheintragung vom 20. Juni 2013, in: *Leipziger Volkszeitung* vom 11. September 2013.

Auch die überarbeiteten Entwürfe ließ die Stadtführung im Neuen Rathaus ausstellen und lud zu einem Pressetermin ein. Die Presse berichtete teilweise objektiv,[59] teilweise offen aggressiv.[60] Dabei sprach die *Leipziger Internet Zeitung* von tief sitzender Angst im Leipziger Rathaus, warf den Preisrichtern politische Abhängigkeit vor, schrieb von »Show-Demokratie« oder »Alibi-Bürgerbeteiligung«, von der Ausübung von Druck und »Kotau« vor der *Leipziger Volkszeitung* sowie deren Macht, Stimmung zu erzeugen. Dann veränderte sich die Lage wiederum dramatisch. Am 27. September 2013 meldete die *Leipziger Volkszeitung* nämlich, dass der Stadtrat im Oktober nicht abstimmen könne, da das bisherige Verfahren vom Team des Entwurfes »70.000« erfolgreich angefochten wurde und dass die Entscheidung über das weitere Verfahren jetzt bei der sächsischen Vergabekammer liegen würde.[61] Die Vergabekammer bemängelte die Dokumentation der Bewertung der Weiterentwicklungsphase und forderte die Stadt Leipzig auf, die Bewer-

59 Vgl. Jens Rometsch: Fünf Fragen und Antworten zum Freiheits- und Einheitsdenkmal: Bürgermeister Faber: Baustart am 9. Oktober 2014/Stadtrat Quester verlässt Bewertungsgremium, in: *Leipziger Volkszeitung* vom 4. Juli 2013 sowie Ralf Julke: Leipziger Einheits- und Freiheitsdenkmal: Roland Quester distanziert sich vom Jury-Ergebnis, in: *Leipziger Internet Zeitung* vom 3. Juli 2013, online abrufbar unter: http://www.l-iz.de/Politik/Leipzig/2013/07/Leipziger-Freiheitsdenkmal-Roland-Quester-distanziert-sich-vom-Ergebnis.html [16.01.2014].

60 Vgl. Ralf Julke: Die neuen Entwürfe zum Leipziger Freiheitsdenkmal (1): Der Herbstgarten, in: *Leipziger Internet Zeitung* vom 3. Juli 2013, online abrufbar unter: http://www.l-iz.de/Politik/Leipzig/2013/07/Entwuerfe-Leipziger-Freiheitsdenkmal-Herbstgarten.html; Ders.: Die neuen Entwürfe zum Leipziger Freiheitsdenkmal (2): Eine Stiftung für die Zukunft, in: Ebd. vom 4. Juli 2013, online abrufbar unter: http://www.l-iz.de/Politik/Leipzig/2013/07/Leipziger-Freiheitsdenkmal-Stiftung-fuer-die-Zukunft-49534.html; Ders.: Die neuen Entwürfe zum Leipziger Freiheitsdenkmal (3): 70.000, in: Ebd., online abrufbar unter: http://www.l-iz.de/Politik/Leipzig/2013/07/Leipziger-Freiheitsdenkmal-70000-49535.html; Evelyn ter Vehn: Einheitsdenkmal: »Herbstgarten« strahlt ins Weltall – Tina Bara über die neue Favoritenrolle, in: *Leipziger Volkszeitung* vom 5. Juli 2013, online abrufbar unter: http://www.lvz-online.de/leipzig/citynews/einheitsdenkmal-leipzig-herbstgarten-initiatorin-tina-bara-zur-schwierigen-favoritenrolle/r-citynews-a-196139.html [alle 27.02.2014].

61 Vgl. hierzu im Einzelnen: Einheitsdenkmal: Termin für Grundsteinlegung wackelt, in: *Leipziger Volkszeitung* vom 27. September 2013; Jens Rometschs: Einheitsdenkmal: Verfahren gestoppt, in: Ebd.; Kulturamt der Stadt Leipzig an die Mitglieder des Begleitgremiums am 10. Oktober 2013: »Termin für die Entscheidung der Aufnahme von Vertragsverhandlungen offen«, in: Archiv des Verfassers. Gleichzeitig tauchten neue Entwurfsideen auf, wie diejenige des ehemaligen Gewandhauskapellmeisters Kurt Masur.

tung zu wiederholen oder zur ursprünglichen Wertung zurückzukehren.[62] Aber auch dagegen legten die Preisträger des Entwurfes »70.000« Beschwerde beim Oberlandesgericht des Freistaates Sachsen ein.[63] Jetzt hatten Gerichte zu entscheiden, und so legte das Oberlandesgericht in Dresden in einer mündlichen Anhörung fest, dass das Verfahren wieder auf den Stand der Juryentscheidung vom Frühjahr 2013 zurückzusetzen ist.[64] Dann soll die Stadt die Jury in ihrer alten Zusammensetzung erneut zusammenrufen und sich dort die wesentlichen Teile der Weiterentwicklungsphase vortragen lassen. Das danach zu erwartende Votum der alten Jury solle mit sechzig Prozent der zu vergebenden Punkte in das weiterzuführende Verfahren eingehen. Die Verkündung der gerichtlichen Entscheidung erfolgte am 25. Februar 2014, und das Oberlandesgericht Dresden legte fest, dass alle Wertungen der zweiten Wettbewerbsrunde ungültig sind, da die Zusammensetzung des Bewertungsgremiums gegenüber der ersten Runde verändert worden sei. Außerdem hätte das Gremium den Wettbewerbern auch vorher mitteilen müssen, nach welchen Kriterien es die Überarbeitungsergebnisse zu bewerten gedenkt.[65] Damit war der 9. Oktober 2014 als Baubeginn nicht mehr zu halten, und die Öffentlichkeit muss 25 Jahre nach der Friedlichen Revolution weiter auf das Leipziger Freiheits- und Einheitsdenkmal warten.

Grundlegend bleibt nach den Leipziger Erfahrungen die Frage, ob es in Deutschland Denkmäler mit positiver Ausstrahlung geben kann, die von den Menschen wirklich gerne aufgesucht werden.[66] Voraussetzung dafür ist in unserem Fall das Erinnern an ein freudiges Ereignis deutscher Freiheitsge-

---

62 Vgl. den Brief vom 20. Dezember 2013 der Leiterin des Kulturamts Susanne Kucharski-Huniat an die Mitglieder des Begleitgremiums, in: Archiv des Verfassers.

63 Vgl. den Brief vom 8. Januar 2014 der Leiterin des Kulturamts Susanne Kucharski-Huniat an die Mitglieder des Begleitgremiums, in: Ebd.

64 Die weitere Entwicklung ist auch als Folge des jetzt ausgebrochenen Rechtsstreits nicht sicher zu diagnostizieren. Vgl. Jens, Rometsch: Einheitsdenkmal: Die Karten werden neu gemischt, in: *Leipziger Volkszeitung* vom 5. Februar 2014.

65 Vgl. Wende beim Leipziger Einheitsdenkmal: Richter erklären zweite Wertungsphase für ungültig, in: *Leipziger Volkzeitung* vom 25. Februar 2014.

66 Vgl. Klaus Staeubert: Das Einheitsdenkmal kostet schon 450.000 Euro – und es wird frühestens in vier Jahren fertig, in: *Leipziger Volkzeitung* vom 13. Februar 2014; weiter dazu: Urteil zum Freiheits- und Einheitsdenkmal: Weiterentwicklungsphase zulässig, Bewertung wiederholen, in: Ebd. vom 1. März 2014; Brief an Gauck und Merkel für Denkmals-Stopp, in: Ebd. vom 1./2. März 2014; Matthias Roth/Andreas Tappert: Tillich und Jung: Kein Stopp fürs Einheitsdenkmal, in: Ebd. vom 4. März 2014; Jens Rometsch: Jung sieht alle Optionen beim Einheitsdenkmal offen: Ende für Wettbewerbsverfahren kein Tabu mehr, in: Ebd. vom 5. März 2014; Andreas Tappert: Einheitsdenkmal: SPD-Politiker: Jung hält Zeitzeugen von '89 für lästig, in: Ebd. vom 6. März 2014.

schichte und der Stolz darauf, dass die Freiheit 1989 nicht geschenkt, sondern erkämpft worden ist. Darüber hinaus darf nicht vernachlässigt werden, dass ein Denkmal auch durch seine Schönheit oder Ästhetik wirken sollte und dass eine volkspädagogische Absicht eher ins Gegenteil umschlagen kann. Dazu kommt, dass die Ansichten über die Wirkung gerade eines Freiheitsdenkmals stark variieren – von der Erinnerung an einen persönlichen Freiheitsmoment bis zum Erziehungsort in Sachen Freiheit und Demokratie. Schließlich ist dem Herausgeber der *Welt*-Gruppe Thomas Schmid zuzustimmen, wenn er meint, dass Leipzig das Freiheits- und Einheitsdenkmal braucht, weil der 9. Oktober 1989 so kostbar ist.[67] Und dafür, dass es Erinnerung an Zeitgeschichte nicht nur in der geschichts- bzw. erinnerungspolitisch so »gefräßigen« Hauptstadt Berlin gibt, ist Leipzig der geeignete Ort.

---

67 Am 5. März 2013 hielt Thomas Schmid einen Vortrag im Zeitgeschichtlichen Forum Leipzig. Vgl. Thomas Schmid: Vom Schweigen der Denkmäler: Sind Erinnerungsorte noch zeitgemäß?, hier S. 18. Sein unveröffentlichtes Vortragsmanuskript befindet sich im Archiv des Verfassers.

Peter Maser

Der Erfurter Kubus der Friedlichen Revolution

In jüngster Zeit hagelt es in Deutschland Nationaldenkmäler«, so lautete Ariane Greiners Problemanzeige[1]. Die Germanistin und Kunstkritikerin berührt wunde Punkte. Denkmäler und Mahnmäler für manches und vieles sind allüberall bereits entstanden oder befinden sich noch in Arbeit. Der Drang von Parlamenten und unterschiedlichsten Interessengruppen zum Denkmal scheint kaum noch steuerbar zu sein. Die Finanzierung ist niemals ein wirklicher Hinderungsgrund, denn wer will sich schon dem Wahren, Guten und Schönen im Sinne Platons, das dann noch dazu als das unbedingt Notwendige definiert wird, verweigern. Wo ein Wille ist, findet sich immer auch ein Weg, so steinig dieser auch sein mag.

Jahrhundertealte Denkmalstraditionen werden heute weithin als nicht mehr gangbar erkannt, wurden sie doch durch ihren Missbrauch im Jahrhundert der Diktaturen zumindest vorerst unbrauchbar gemacht. Deshalb müssen neue Denkmäler her – Denkmäler also, die sich entschlossen diesen Traditionen verweigern und neue Formen, Materialien, Techniken sowie neue partizipative Möglichkeiten bei der Entstehung und Nutzung verwirklichen. Die Ergebnisse des neuen Denkmalsbooms sind nun aber keineswegs immer überzeugend. Vieles gleitet ab ins Unverständliche, Banale, Spielerische, Unspezifische und Erklärungsbedürftige. Die gewählten Materialien mögen häufig innovativ sein, zeigen aber oft schon, dass es ihnen voraussehbar an jener Eigenschaft fehlt, die eigentlich jedes Denkmal besitzen sollte, nämlich Dauerhaftigkeit. Die Kombination mit neuen Techniken, zum Beispiel Licht- oder Videoinstallationen, steigert dann die Anfälligkeit der Denkmäler bis hin zum Dauerpflegefall. Die gesellschaftliche Partizipation bei der Entstehung dieser Denkmäler kann interessante Ideen beisteuern, versandet allerdings nur allzu oft in einem flachen Kompromiss, der es möglichst allen irgendwie recht machen möchte. Die partizipative Nutzung der Denkmäler, wenn sie denn überhaupt funktionieren soll, kostet nämlich viele und anhaltende Anstrengungen, die auch verlässlich finanziell und personell auf Dauer gestellt sein müssen. Genug jedoch der Bedenklichkeiten mit Blick auf die aktuelle Denkmalsmisere in unserem Land!

---

[1] Ariane Greiner: Wenn es Denkmäler hagelt, online abrufbar unter: http://www.wissen. de/wenn-es-denkmaeler-hagelt [14.02.2014].

In der *Frankfurter Allgemeinen Zeitung* vom 18./19. Mai 2013 findet sich
eine weitere Problemanzeige, mit der wir nun den Blick auf den Kubus der
Friedlichen Revolution in der Erfurter Andreasstraße zu richten beginnen.
Dieter Bartezko gab seinem emphatischen Traktat den Titel »Neue Kisten
kriegt das Land. Museumsarchitektur wird mehr und mehr Würfelspiel«.[2] Der
Architekturkritiker spricht darin von einem »vierkantigen Faustschlag«, von
»gängigem Kubismus« und »austauschbaren Museumskästen«. Beispiele dafür
bieten sich Bartezko in München, Mannheim, Karlsruhe, Frankfurt am Main,
Hamburg und Regensburg. Diese finden allesamt wenig Gnade vor Bartezkos
strengen Augen, folgen sie doch allesamt »wie unter Hypnose den Gesetzen
des Kubus«[3]. Der Erfurter Kubus verfiel wohl nur deshalb nicht dem strengen
Bartez'koschen Verdikt, weil er ihn offensichtlich noch nicht kannte.

Ob man Bartezkos Kritik folgen muss, wäre noch genauer zu diskutieren.
In den allermeisten Fällen ergänzen die so heftig attackierten Kuben vorhandene Bauensembles unterschiedlichster Art. Da können sie aber durchaus Sinn
machen, weil der Purismus ihrer Form sich dem Vorhandenen nicht unnötig
aufdrängt und sich klar als (notwendige) Hinzufügung definiert, letztlich als
Zweckbauten also, die nicht in Konkurrenz mit der vorhandenen Architektur
treten wollen und können. Entscheidende Bedeutung für die Qualität solcher
Ergänzungsbauten gewinnen dann allerdings zum Beispiel deren Proportionen
im Verhältnis zum Gesamtensemble, die Gestaltung der Außenflächen, die
Anmutung der gewählten Materialien sowie der Schnitt und die Rahmungen
der Fenster- und Türöffnungen.

Auch in der Gedenk- und Bildungsstätte Andreasstraße in Erfurt (Tafel 30)
musste ein Ergänzungsbau zum historischen Gebäudeensemble der MfS-
Untersuchungsanstalt als Veranstaltungsraum hinzugefügt werden. Der Eichsfelder Architekt Ottmar Stadermann[4], dem die *Thüringer Allgemeine* zutreffend »einen prägenden Einfluss auf die jüngere Architektur im Land
Thüringen« zuschrieb[5], entwarf dementsprechend einen vollständig schwarzen

---

2   Dieter Bartetzko: Neue Kisten kriegt das Land, in *Frankfurter Allgemeine Zeitung* vom
    20. Mai 2013, online abrufbar unter: http://www.faz.net/aktuell/feuilleton/museums-
    architektur-neue-kisten-kriegt-das-land-12186584-b1.html [14.02.2014].

3   Ebd.

4   Auf der offiziellen Homepage des Architekturbüros Stadermann – Architekten BDA
    (http://www.aos-online.de) kann sich der Besucher einen allgemeinen Überblick über
    die Umnutzung der ehemaligen Justizvollzugsanstalt verschaffen.

5   Thomas Müller: Architekt Stadermann wagt sich an Erfurter Stasi-Gedenkstätte, in:
    Thüringer Allgemeine vom 13. März 2012, online abrufbar unter: http://www.thueringer-allgemeine.de/web/zgt/leben/detail/-/specific/Architekt-Stadermann-wagt-sich-
    an-Erfurter-Stasi-Gedenkstaette-1417386340 [14.02.2014].

Kubus, der im Freigelände der MfS-Haftanstalt seinen Platz finden sollte. Dieser Plan entsprach den praktischen Anforderungen und bewahrte angemessene Distanz zum historischen Gebäudebestand. Bald aber kam dann doch die lästerliche und selbstverständlich niemals offiziell verwendete Rede von der »Erfurter Kaaba« auf, übrigens ohne etwas von der »Kaaba von Hamburg« zu wissen, die Gregor Schneider schon 2007 von Venedig in die Hansestadt transferierte mit der Bemerkung »Schwarz steht für das Nichts«[6].

Sollte, konnte das auch für den Erfurter Kubus gelten? Im Kreis der Mitarbeiter und Berater der Stiftung Ettersberg und in enger Verbindung mit dem Architekten Stadermann setzten deshalb Überlegungen ein, ob und wie das »Nichts« inhaltlich und künstlerisch aufgelöst werden könnte. Ein erster Vorschlag ging dahin, die schwarzen Flächen des Kubus mit grafisch anspruchsvoll gestalteten Losungen der Friedlichen Revolution zu überziehen. Damit sollte einer Erkenntnis deutlich sichtbar Rechnung getragen werden, die sich am Ende eines langen und kontroversenreichen Meinungsbildungsprozesses zur künftigen Gedenk- und Bildungsstätte schließlich durchgesetzt hatte: Die Andreasstraße in Erfurt darf nicht nur Mahnmal für die Leiden der hier ehemaligen Infatierten sein, ebenso muss sie auch an den Sieg der Friedlichen Revolution erinnern, hatten doch vor allem Frauen aus der Bürgerbewegung hier am 4. Dezember 1989 die erste Öffnung einer Stasi-Zentrale in der DDR und die Sicherung der Akten des Mielke-Imperiums erzwungen.

Die Idee von den Losungen der Friedlichen Revolution auf der Fassade des Erfurter Kubus entwickelte sich weiter zu der Vorstellung, dort die Friedliche Revolution selbst in Form einer Collage historischer Fotos zu vergegenwärtigen. Die Umsetzung dieses Plans stieß aber auf mancherlei Probleme. Wer würde da alles erkennbar dargestellt werden? Neben den Matadoren des bürgerrechtlichen Widerstandes auch die Angehörigen der Sicherheitskräfte und des MfS? Wer von den verdienten Bürgerrechtlern würde sich auf dieser Collage vergeblich suchen? Wie könnte die Vielfalt der revolutionären Orte in Thüringen zum Tragen kommen?

Die Idee der Verwendung historischer Fotos aus der Friedlichen Revolution blieb erhalten, wurde dann aber entscheidend weiterentwickelt. Eine von den Mitarbeitern und Beratern der Stiftung Ettersberg zusammengestellte Sammlung historischer Fotos sollte zeichnerisch zu einem Gesamtpanorama mit dem Titel »Die Friedliche Revolution in Thüringen«, also keineswegs nur auf

---

6 Uta Baier: »Schwarz steht für das Nichts«. Interview mit Gregor Schneider, in: *Die Welt* vom 6. März 2007, online abrufbar unter: http://www.welt.de/welt_print/article749519/Schwarz-steht-fuer-das-Nichts-Gregor-Schneider-Schwarz-steht-fuer-das-Nichts.html [14.02.2014].

Erfurt beschränkt, zusammengefügt und verdichtet werden. Unter Mitwirkung der *freybeuter GbR* in Potsdam[7], der wir auch die eindrucksvolle Gestaltung des Freiganghofes in der Andreasstraße zum Ort des individuellen und öffentlichen Gedenkens verdanken[8], wagte sich Simon Schwartz an die anspruchsvolle Aufgabe, die nicht nur für die Stiftung Ettersberg, sondern auch für ihn als Künstler durchaus riskant war.

Die Friedliche Revolution im Stil der Graphic Novel an einem höchst repräsentativen Ort in Form eines großen Fassadenbildes zu erzählen, konnte das überhaupt gut gehen? Mit Simon Schwartz aber war der Richtige gefunden.[9] 1982 in Erfurt in einer Familie mit jüdischem Hintergrund geboren, verließen seine Eltern mit ihm 1984 die DDR und siedelten nach Westberlin über. In seiner Bilderzählung von 2009 »drüben!« (bereits vier Auflagen!) hat Schwartz, der inzwischen viele Preise erhielt und an der Hochschule für Angewandte Wissenschaften Hamburg (HAW Hamburg) lehrt, die innerfamiliären Konflikte aufgearbeitet, die sich für ihn aus diesem Wechsel der Systeme ergaben

Simon Schwartz hatte sofort begriffen, was wir wollten: typische Situationen und Personen der Friedlichen Revolution in Thüringen von den ersten schüchternen Anfängen über die Friedensgebete in den Kirchen und die Massenversammlungen auf öffentlichen Plätzen, die spannungsgeladenen Foren und immer machtvolleren Demonstrationszüge, bis hin zu dem Punkt, an dem sich das alles im Sturm auf die Stasi-Zentrale in der Erfurter Andreasstraße am 4. Dezember 1989 zusammenballte. Dieses ganze Szenario sollte mit architektonischen Fixpunkten verschiedener thüringischer Städte und den wichtigsten Losungen der Friedlichen Revolution durchsetzt werden.

Die Übertragung der Schwartz'schen Zeichnungen auf die großen Glaspaneele der Fassadenverkleidung des Erfurter Kubus durch *Lithodecor*, eine Firma aus Netzschkau im Vogtland, funktionierte technisch perfekt.[10] Offen blieb bis zuletzt nur die Frage: Wie würden die Bürgerrechtler und die Vertreter der Opferverbände auf diese so noch nie dagewesene Darstellung in

---

7   Auf der offiziellen Homepage (http://www.freybeuter.de) findet sich eine Projektbeschreibung.

8   Vgl. Lydia Werner: »Weg getränkt mit Blut, Tränen und Unfreiheit«. Zum 60. Jahrestag des 17.Juni 1953 Freihof in der Andreasstraße eingeweiht, in *Thüringer Allgemeine* vom 17. Juni 2013, online abrufbar unter: http://www.thueringer-allgemeine.de/web/zgt/suche/detail/-/specific/Weg-getraenkt-mit-Blut-Traenen-und-Unfreiheit-863757267 [14.02.2014].

9   Informationen zur Person und seinem Wirken finden sich auf seiner Homepage (http://www.simon-schwartz.com).

10 Vgl. Comic Fries in der Gedenkstätte, online abrufbar unter: http://www.lithodecor.de/comic-fries-an-erfurter-gedenkstaette-objekt-news.html [14.02.2014].

einer Gedenkstätte reagieren? Gewiss, so mancher, darunter auch der zuständige Staatssekretär, hat zunächst erschrocken innegehalten, aber dann begann das visuelle Durchwandern dieses großartigen Panoramas, das Wiedererkennen typischer Situationen und markanter Gebäude, das Studium der gezeigten Losungen der Friedlichen Revolution und schließlich die wachsende Zustimmung: »Ja, so ist es gut!« Neben dem Erinnerungsort an die Leiden der Opfer im historischen Haftbau haben wir nun in der Andreasstraße ein Denkmal der Friedlichen Revolution, wie es das sonst an keinem Ort gibt (Tafeln 30–33).[11]

Der Stil der Graphik Novel seit den Zeiten Art Spiegelmans bedingt eine hintergründige Ironisierung der Darstellung. Das hatte uns die meisten Sorgen gemacht. Würde das akzeptiert werden? Wir waren der Meinung, die Geschichte der Friedlichen Revolution, die Geschichte des Sieges über die SED-Diktatur, dürfe durchaus mit einer gewissen Leichtigkeit erzählt werden. Heute können wir sagen: Das Experiment, auf das wir uns mit *freybeuter GbR* und Simon Schwartz eingelassen haben, ist gelungen, zumal der schwarze Hintergrund der silberfarbigen Zeichnungen (Abb. 1) die schwere Geschichte, aus der heraus die Friedliche Revolution zum Sieg geführt wurde, ständig präsent hält.

Der Erfurter Kubus der Friedlichen Revolution ist ein singuläres Denkmal. Sein Material, große in einem speziellen Druckverfahren bearbeitete Glastafeln, versprechen angemessene Dauerhaftigkeit. Selbst dann, wenn ein Handwerker mit seinem Auto eine der Platten zerstört, was bereits geschah, ist Abhilfe vergleichsweise rasch geschaffen, denn die Printdateien dieser Glasflächen wurden selbstverständlich sorgfältig gespeichert. Die Losung »Keine Gewalt!«, die zentrale Losung der Friedlichen Revolution, leuchtet zum Domplatz herüber. Im Wechsel des Tageslichtes wechseln auch die Farbwerte der gläsernen Fassade, in der sich übrigens nicht nur die historischen Gebäude der MfS-Haftanstalt spiegeln, sondern auch die Besucher, wenn sie nur nahe genug herantreten, um zu erleben, wie sie selbst zum Teil dieser großartigen Inszenierung werden.

Der Erfurter Kubus der Friedlichen Revolution hat Teil an dem doppelten Gedenken, das jede Erinnerung an die SED-Diktatur und ihren Untergang

---

11 Zu den Debatten um die Gedenk- und Bildungsstätte Andreasstraße in Erfurt vgl. Peter Maser: Der lange Weg in die Andreasstraße. Anmerkungen zur Aufarbeitung der SED-Diktatur in Thüringen, in: Hans-Joachim Veen (Hg.): Zwischenbilanzen. Thüringen und seine Nachbarn nach 20 Jahren (= Europäische Diktaturen und ihre Überwindung. Schriften der Stiftung Ettersberg, Bd. 18), Wien/Köln/Weimar 2012, S. 53–73 sowie die hilfreiche Dokumentation der Gesellschaft für Zeitgeschichte: Der Weg zur Bildungs- und Gedenkstätte in der ehemaligen Stasi-U-Haft Andreasstraße, online abrufbar unter: http://www.bejm-online.de/gfz/stasi-u-haft/der-weg-zur-einigung [14.02.2014].

Abb. 1   Ausschnitt des von Simon Schwartz gestalteten Fassadenbildes »Herbst 1989 in Thüringen«
am Kubus der Gedenk- und Bildungsstätte Andreasstraße in Erfurt

erforderlich macht. Mit der vielfigurigen Darstellung zahlreicher Orte und
Situationen erfüllt die Fassade des Erfurter Kubus der Friedlichen Revolution
die museumsdidaktische Aufgabe einer »biblia pauperum«. Ihre Bilder müssen Stück für Stück gelesen, interpretiert, diskutiert und in die eigene Erinnerung eingeordnet werden. Sie sprechen unterschiedliche Generationen an und
bleiben auch dort produktiv, wo sich zunächst Ablehnung oder Verwunderung
regen. Die Bilderwelt der Fassadengestaltung des Erfurter Kubus der Friedlichen Revolution bietet keine belanglose Dekoration. Hier handelt es sich
um Studien- und Lernbilder, wie sie Tommaso Campanella im 16./17. Jahrhundert in seiner großen Utopie *La cittá del Sole* angeregt hatte.[12]
    Die Gedenk- und Bildungsstätte Andreasstraße ist in der keineswegs immer
spannungsfreien, aber zuletzt doch produktiven Zusammenarbeit von Opferverbänden, Bürgerrechtsvertretern, Fachwissenschaftlern, Mitarbeitern des
Kultusministeriums und der Stiftung Ettersberg, des Architekten Ottmar Stadermann, der *freybeuter GbR* und von Simon Schwartz zu einem »Schatz-
kästchen der Erinnerung«, wie es ein verehrter Kollege für die Andreasstraße
immer wieder erhoffte, entwickelt worden. Mit ihrem Kubus der Friedlichen

---

12 Vgl. Tommaso Campanella: Der Sonnenstaat. Idee eines philosophischen Gemeinwe-
    sens. Ein poetischer Dialog, Köln 2012.

Revolution, dem zum allgemeinen und individuellen Gedenkort gestalteten Freiganghof und dem historischen MfS-Haftbau erweist sich die Gedenk- und Bildungsstätte Andreasstraße als ein Solitär in der Erinnerungslandschaft des vereinigten Deutschland. Der Freistaat Thüringen, das grüne Herz Deutschlands, wird mit dieser Gedenk- und Bildungsstätte weit über die Landesgrenzen hinaus, nach Sachsen-Anhalt und Sachsen, vor allem aber auch in die »alten« Bundesländer Niedersachsen, Hessen und Bayern wirken.

Manuel Leppert

Braucht die Demokratie Denkmäler? Bericht zur Abschlussdiskussion des 12. Internationalen Symposiums der Stiftung Ettersberg[*]

Um Grundsatzfragen von Erinnerungskultur in einer Demokratie kreiste die abschließende Podiumsdiskussion des 12. Internationalen Symposiums der Stiftung Ettersberg, die vom Jenaer Historiker und Direktor des Imre Kertész Kolleg Joachim von Puttkamer moderiert wurde und mit dem Berliner Kunsthistoriker Michael Diers, der Geschäftsführerin der Bundesstiftung Aufarbeitung Anna Kaminsky, dem Leiter der Gedenkstätte Buchenwald Volkhard Knigge und dem Historiker Peter Maser namhaft besetzt war.

Bereits einleitend verwies Joachim von Puttkamer auf die Definition von Christoph Cornelißen, wonach Denkmäler »Symbole imaginärer Gemeinschaften und Ordnungsprinzipien« seien[1] und rückte damit eben jene Ordnungsprinzipien in den Fokus seiner Eingangsfrage, was denn das Spezifische an Denkmälern in einer Demokratie sei und welche Rolle sie überhaupt in eben dieser zu spielen vermögen. Werden Denkmäler überhaupt gebraucht?

Ausgehend von der nur einen Tag während Errichtung eines Denkmals im polnischen Gdańsk (Danzig), das an die Vergewaltigung polnischer Frauen durch Sowjetsoldaten erinnert und um dessen Aussage und Form in der polnischen Öffentlichkeit heftig gerungen wurde, sowie anderer Beispiele[2], betonte

---

[*]   Einige Auszüge dieses Abschlussberichtes erschienen bereits in einem Tagungsbericht zum 12. Internationalen Symposium. Vgl. Manuel Leppert: Tagungsbericht 12. Internationales Symposium der Stiftung Ettersberg: Braucht die Demokratie Denkmäler? 18.10.2013–19.10.2013, Weimar, in: H-Soz-u-Kult vom 6. März 2014, online abrufbar unter: http://hsozkult.geschichte.hu-berlin.de/tagungsberichte/id=5255 [25.04.2014]. Der Verfasser dankt allen Diskutanten für ihre Anmerkungen und Ergänzungen.

1   Vgl. hierzu die Ausführungen von Christoph Cornelißen zu Nationaldenkmälern in Demokratien in diesem Band.

2   Neben dem Danziger Denkmal bezog sich Anna Kaminsky auch auf Beispiele aus Südkorea (Denkmal für die koreanischen »Trostfrauen« in Soul) und Bulgarien (Bronzedenkmal in Sofia zur Erinnerung an den Vorstoß der Roten Armee in Bulgarien

Anna Kaminsky, dass für sie die Frage weniger ist, ob Demokratie Denkmäler braucht, vielmehr sei die Frage, ob für Erinnerungen Orte bzw. Denkmäler notwendig sind. Auch Demokratie »braucht« Denkmäler, so wie andere politische Systeme auch, um politischen Sinn zu stiften. Ohne Orte, an denen Erinnerung transportiert wird, verschwindet diese aus dem öffentlichen Gedächtnis. Nicht umsonst hätten alle Diktaturen versucht, an konkrete Orte geknüpfte Erinnerungen zu verhindern. Dabei verwies Kaminsky auf den Umstand, dass die Demokratie durchaus auch Denkmalsprojekte nötig haben kann, um den Anstoß für gesellschaftliche Debatten zu geben, insbesondere über solche Themen, zu denen sich noch kein gesellschaftlicher Konsens gebildet hat oder die gar ganz aus der Öffentlichkeit verschwunden sind. In Deutschland sind es meist zivilgesellschaftliche Initiativen, die sich für ein Denkmalsprojekt einsetzen. Einen Grund hierfür sieht Kaminsky in einem »profunden Misstrauen« nicht nur in Bezug auf Themen oder Personen(gruppen), für die ein Denkmal errichtet werden soll, sondern auch in Bezug auf die gewählten Formen und Ausdrucksmittel, die insbesondere von Betroffenen oft als »zu abstrakt«, »zu intellektuell« oder »zu kalt« empfunden werden. Hinzu komme auch die Furcht vor einer »Enteignung« der eigenen Erfahrungen oder Erinnerungen durch sogenannte Expertengremien oder Jurys.

Als Beispiele für Denkmäler, die Anstoß zu gesellschaftlichen Debatten bilden können, nannte Kaminsky das Berliner Holocaust-Mahnmal, das Denkmal für die im Nationalsozialismus ermordeten Sinti und Roma Europas oder das für die im Nationalsozialismus ermordeten Homosexuellen. Bei diesen Denkmälern kreisten die Debatten vor ihrer Realisierung auch um die Frage, wieviel sichtbare Verantwortung die Deutschen der Gegenwart für die deutschen Verbrechen der Vergangenheit bereit sind, zu übernehmen. Über diese Debatten sind auch die Opfergruppen ins öffentliche Bewusstsein gerückt worden, und die Frage ist, ob dies ohne die »Provokation« durch eine Denkmalssetzung in dem Maße möglich gewesen wäre. Im Gegensatz zu diesen Arten von Denkmälern, so Kaminsky weiter, erzeugen Denkmalsprojekte, die die Freiheits- und Demokratiegeschichte zum Gegenstand haben, weit geringere öffentliche Resonanz, wie das für Berlin geplante Freiheits- und Einheitsdenkmal zeige.

Neben den auf »negative« und »positive« historische Erfahrungen rekurrierenden Denkmälern verwies Kaminsky aber noch auf eine dritte Gruppe von Denkmalssetzungen, zu denen das Denkmal für die in Kundus getöteten Bundeswehrsoldaten oder die Gedenkstätte Deutscher Widerstand im Bend-

---

während des Zweiten Weltkrieges, das ein Facelift im Pop-Art-Stil verpasst bekommen hatte).

lerblock gehören. Diese wirken oft dadurch verstörend, dass sie Themen, die oftmals in einer lange zurückliegenden Zeit verortet werden (wie zum Beispiel im Kampf gefallene Soldaten) mit einer Form in Erinnerung rufen, die für viele eine Form von Helden- und Totenverehrung darstellen. Dass Demokratien durchaus Denkmäler brauchen können, zeigt sich insbesondere in solchen Ländern, in denen es nach Kaminsky eben keine dieser auf »negative« oder »positive« historische Erfahrungen rekurrierende Denkmäler gibt – wie in Albanien, Bulgarien und Spanien, wo es kaum Denkmäler oder ein öffentliches oder offizielles Erinnern an die Opfer der überwundenen Diktaturen gibt.

Zum Abschluss ihres Eingangsstatements betonte Kaminsky die gestiegene Erwartungshaltung, die an Denkmäler gestellt werden. Diese äußere sich unter anderem in der Erwartung nach einer angemessenen Formensprache, der Eindeutigkeit ihrer Botschaften, der Konsensfähigkeit und Identitätsstiftung, des richtigen Umgangs mit Gedenken sowie der wissenschaftlichen Haltbarkeit ihrer Aussagen, die das Denkmal leisten und vermitteln soll.

Diese spezifische Problematik von Denkmälern leitete Joachim von Puttkamer zu der Frage über, ob Denkmäler überhaupt das richtige Instrument für die von ihr thematisierten Anliegen sind. Die folgenden Ausführungen des Kunsthistorikers und dezidierten Denkmalskritikers Michael Diers verneinten diese Frage ganz klar. Die geplanten Freiheits- und Einheitsdenkmäler in Berlin und in Leipzig griff Diers scharf an und warf den Initiatoren, insbesondere der Deutschen Gesellschaft e.V. für das Berliner Beispiel, politischen Missbrauch von Denkmalssetzungen vor.[3] Gerade das Berliner Einheitsdenkmal sei ein Beispiel für die Zementierung einer politischen Ideologie. Dem Nationalstolz anhand eines solchen Denkmals Ausdruck verleihen zu wollen, erteilte Diers eine klare Absage. Heftige Kritik im Fall des Leipziger Freiheitsdenkmals übte er an der Lobby- und Überzeugungsarbeit von Politikern und Interessengruppen und am Ringen um Begriffe wie »Friedliche Revolution«, die nach Diers meist nur Ideologeme sind.[4] Man könne auf Denkmäler ruhigen Gewissens generell verzichten, insbesondere wenn es sich um solche handelt, die nach Diers in der typischen Tradition von Denkmalsmodellen des 18. und 19. Jahrhunderts stehen. Viel wesentlicher sei der Diskurs, der sich an ihnen entzündet. Als Beispiel nannte Diers die lang anhaltende Diskussion über alternative Modelle zum heutigen »Stelenwald« des Holocaust-Mahnmals. Vielmehr sollten doch andere Ausdrucksformen der Zeichensetzung gewählt werden als in Beton und Stahl

---

3 Vgl. zur Diskussion den Beitrag von Andreas H. Apelt in diesem Band.
4 Vgl. zur Diskussion den Beitrag von Rainer Eckert in diesem Band.

manifestierte Denkmalsprojekte. Das Foto mit dem berühmten Kniefall von Willy Brandt sei dafür ein geeignetes Beispiel.

Die Diers'sche Grundsatzkritik nahm abschließend auch die Künstler in den Blick, die unter dem Druck der Politik und dem »Kleinrechnen von Entwürfen und laufenden Korrekturen« zu leiden hätten. Dies habe letztlich zu einer Desavouierung künstlerischer Ideen geführt, von denen offensichtlich auch der Erfurter Kubus der Friedlichen Revolution nicht verschont geblieben ist: So mündet der schwarz-weiße »Dokumentarismusaspekt« der Friedlichen Revolution auf der Außenfassade des Kubus letztlich nur in eine »langweilige Illustration«. Zudem würden die Besucherinnen und Besucher die Botschaft des Kubus fehlinterpretieren.

Das aber werfe die Frage auf, so Joachim von Puttkamer, was derjenige Betrachter an Eigenleistung mitbringen müsse, um diese Botschaft des Kubus nicht radikal misszuverstehen. Puttkamer wies im Anschluss darauf hin, dass Denkmalssetzungen durchaus auch einem allgemeinen Bedürfnis, dem Diers offensichtlich grundsätzlich misstraut, entspringen können und leitete mit der Frage an Peter Maser über, welche Denkmäler die Demokratie aus der Warte eines Akteurs brauche.

In eine ähnliche denkmalskritische Richtung, wie Diers sie dargelegt hat, zielten auch die Ausführungen Masers, als er die »unüberlegte und vor allem überdimensionierte«, gar inflationäre Errichtung von Denkmälern kritisierte. Diese habe zu einem regelrechten Denkmalsboom in der Bundesrepublik geführt. Doch im Gegensatz zu einem »Denkmälerverbot im Diers'schen Sinne«, sollte man sich bei der Errichtung von Denkmälern auf Grundprinzipien wie Bescheidenheit, Geduld und Selbstkritik besinnen. Vor allem aber müsse man sich nach Maser vom »Terror der Gedenkjahre« lösen, da mit Blick auf bestimmte Gedenkjahre wie dem 25. Jahrestag der Friedlichen Revolution oder dem einhundertsten Jahrestag des Ausbruchs des Ersten Weltkrieges 2014 die Debatte wiederkehrt, was aus diesen Anlässen alles zu tun sei. Maser plädierte für eine Abkehr vom Monumentalen und von Großinstallationen. Das Gedenken an konkrete historische Ereignisse und Zusammenhänge könnte zusehends mit etwaigen Fonds für Opfer und Widerständler oder mit konkreten Bildungseinrichtungen verbunden werden. Als »Merkzeichen« für Orte, an denen sich ein bestimmtes historisches Ereignis vollzog, würden schlichte Stelen ausreichen. Mit Blick auf die Entwicklung des Denkmalsbegriffes stellte Maser die Überlegung an, ob nicht »temporäre«, nicht auf die Ewigkeit ausgerichtete Denkmäler, wie zum Beispiel Straßenausstellungen oder bestimmte Gebäudeinstallationen, die geeigneteren Ausdrucksformen für das 21. Jahrhundert wären und ob es zudem nicht generell eines »Masterplans für die Denkmälerlandschaft« bedürfe, um dem »Wildwuchs« Einhalt zu gebieten.

Masers Ausführungen konzentrierten sich im Anschluss an seine kritische Sicht auf den »Denkmalsboom« in der Bundesrepublik auf den Kubus der Friedlichen Revolution der Gedenk- und Bildungsstätte Andreasstraße in Erfurt. Der Kubus mit seinem Fassadenbild sei einzigartig, da er beispielhaft für die museumsdidaktische Aufgabe einer »biblia pauperum« steht.[5] Die Einzigartigkeit bestehe darin, dass dieser eben nicht nur ein Denkmal sei, sondern gleichzeitig ein in künstlerischen Formen gestaltetes »didaktisches Lernbild«, das die Besucherinnen und Besucher einlädt, die Bilder zu exegesieren.

Auf die anschließende zugespitzte Zwischenbemerkung von Joachim von Puttkamer, dass die Demokratie also Denkmäler brauche, die nicht monumental seien, plädierte Maser für das Beispiel der Verlegung von Stolpersteinen. Diese würden sich in mehrfacher Hinsicht eignen, da neben ihrer schlichten Form die Kosten für deren Anfertigung und deren Instandhaltung vergleichsweise gering ausfallen würden.

Ganz grundsätzlich, so Puttkamer, sei aber auch darüber zu diskutieren, ob es einen spezifischen Zusammenhang zwischen Demokratie und Denkmalsästhetik gebe. Diese Verbindung bejahte Volkhard Knigge in seinem Statement. Viel wichtiger als die Frage, ob eine Demokratie überhaupt Denkmale benötige, sei aber der Fakt, dass eine Demokratie zunächst Demokraten, demokratische Strukturen (Institutionen) und eine kritische (historische) Selbstreflexion befördernde demokratische Kultur benötige. Auch für Knigge weisen Denkmalssetzungen potentiell absurde Züge auf. Zum einen handele es sich zunehmend um partikulare, elitäre Projekte Einzelner oder eigens gegründeter »Presure Groups«, denen es weniger um eine instruktive, vernünftige öffentliche Debatte als vielmehr um die reibungslose Durchsetzung ihrer Vorhaben ginge. Der Denkmalssetzer als praeceptor germaniae gleichsam, dessen Zwecken, historische Sinnbildungsabsichten und deren ästhetische Präsentationen eine breitere Öffentlichkeit eher fern stände. Zum anderen seien Jurys oder Expertengremien oft so zusammengesetzt, dass wichtige Expertise fehle, insbesondere hinsichtlich der Geschichte und Funktion von Denkmalsformen und damit einhergehend der Geschichte politischer Ikonografie. Denkmale deuteten Geschichte keinesfalls nur mittels ihrer dezidierten Widmung oder durch Inschriften sondern nicht zuletzt auch durch ihre ästhetische Form und deren Herkunft.

Darüber hinaus stelle sich in offenen, pluralen Gesellschaften die Frage, ob ihnen die Vorstellung von *dem einen* Denkmal noch angemessen und damit das traditionale Denkmal überhaupt noch geeignet sei, Besucherinnen und

---

5 Vgl. auch die Ausführungen Peter Masers zum Kubus der Friedlichen Revolution in diesem Band.

Besuchern Anstöße für die weitere Ausgestaltung von Demokratie zu vermitteln. Knigge sieht in dem Medium das entscheidende Problem und plädierte schließlich für die Erweiterung des bzw. die Abkehr vom klassischen Denkmalsbegriff. Gerade die Denkmalsgeschichte in Deutschland sei bis in die zweite Hälfte des 20. Jahrhunderts von vordemokratischen oder gar antidemokratischen Traditionen geprägt. Denkmalssetzer hätten ihre Geschichtsdeutungen normativ oder autoritär als gleichsam natürlich verbindlich für alle »in Stein gemeißelt«. Denkmale seien in dieser Perspektive nicht auf Nachdenklichkeit und Diskurs sondern auf Zustimmung und Identifikation abzielende, diese einfordernde »gesinnungsverordnende Medien«. Demokratie beruhe aber gerade nicht auf blinder Zustimmung oder verordneter bzw. angesonnener Identifikation sondern auf prüfender Einsicht, reflexiver Loyalität, öffentlichen Debatten und Kontroversen, Zustimmung und Widerspruch. Das traditionale Denkmal als adiskursives, homogenisierendes, monoperspektivisches Medium könne dem nicht gerecht werden. Solche Überlegungen hätten die Debatten über die Zukunft des (Geschichts-)Denkmals gerade in den 1980er und 1990er Jahren fruchtbar geprägt und zu einer ganzen Reihe interessanter neuer – zum Beispiel partizipativer – Denkmalsformen geführt. So sei der Kubus der Gedenkstätte Andreasstraße nicht nur ein niederschwelliges Denkmal in Bezug auf die erste Erstürmung einer Stasizentrale durch Aktivisten der Demokratiebewegung in der Endphase der DDR, sondern explizit auch als »öffentlicher Informations-, Lern- und Reflexionsort« ausgestaltet.

Verbunden gewesen damit sei mit der neueren, heute offenbar bereits wieder weitgehend vergessenen Denkmalsdiskussion, auch eine neue Wertschätzung von historischen Orten und Überresten als »Denkmalen aus der Zeit« (Johann Gustav Droysen) im Gegensatz zu nachträglich gesetzten, artifiziellen »Denkmalen an die Zeit«. Man denke etwa an die mit Gustav Heinemann verbundene Wiederentdeckung von Orten der Demokratiegeschichte wie dem Hambacher Schloss oder an die Erschließung der »vergessenen Lager« des nationalsozialistischen Deutschland und deren Gestaltung zu Gedenkstätten und Lernorten. Denkmale aus der Zeit seien geschichtskonkret und deshalb geeignet, Fragen an die Geschichte ebenso zu evozieren, wie historische Vorstellungskraft und Erkenntniswillen. Zudem gäben sie starke Impulse zur geschichtsbewussten Verknüpfung von historischer Erfahrung, reflexiver Wertebegründung und Handlungsorientierungen. Umdeutungen der Geschichte widersetzten sie sich gleichsam materiell. So habe etwa die SED die Geschichte Buchenwalds mittels gezieltem Abriss des KZ im Sinne ihres Geschichtsbildes und ihrer Legitimationsbedürfnisse extrem selektiv gedeutet, gleichzeitig sei diese politische Funktionalisierung aber für den, der hinsehen wollte, in den Spuren des Abrisses erkennbar geblieben.

Der Zusammenhang zwischen Demokratie und Denkmalsästhetik, wie er von Joachim von Puttkamer angesprochen wurde, zeige sich nach Knigge in Gestalt einer Art »Halbkonkretion einer historischen Erzählung am historischen Ort«. Anders gesagt, mit dem Ort verbundene, verbindbare historische Erzählungen und Erklärungen können auf Grund von dessen Überrest- und Quellencharakter a priori nicht absolut sein. Halbkonkretion in diesem Sinne sei allerdings nicht mit »halbierter Geschichte«, »halbierter Historie« zu verwechseln, sondern führe dazu, dass sich der Besucher seiner eigenen historischen Vorstellungs- und Urteilskraft bedienen müsse, um sich zu der in den historischen Orten und Überresten aufgehobenen Geschichte erschließend und kommunikativ zu verhalten. Hierzu gehöre auch, auf diese Weise Wissensdefizite zu erkennen oder stereotype Vorstellungen zu hinterfragen.

Und genau die Ermöglichung solcher Formen der Aneignung und Auseinandersetzung mit Geschichte und historischen Sinnbildungen seien es, die ein Denkmal zu einem »demokratischen Denkmal« machten. Demokratisch könne sich eben nicht nur auf den Denkmalszweck oder die Intentionen der Setzer beziehen, sondern sei auch ein Merkmal seiner Form und Struktur und der dadurch ermöglichten Rezeption.

Die Frage, wie man mittels eines eigentlich überholten Mediums gleichwohl Besinnungs- und Denkanstöße generiert, so dass aus einem Denkmal kein Schlussstein wird, sondern »konstruktive Irritation oder ein aufweckendes Stolpern«, kennzeichnete nach Knigge bereits die schon erwähnte Debatte der 1980er/1990er Jahre. Insofern trage die heutige Debatte über Denkmalssetzungen und Denkmalsästhetik regressive Züge. Andererseits gehöre die öffentliche Selbstverständigung über Geschichte und die Bedeutung historischer Erfahrungen, egal ob das Denkmal als Medium noch adäquat sei, elementar zur demokratischen Kultur bei, und man müsse anerkennen, dass der Wille zum Denkmal existiere. Umso wichtiger sei es, dem regressiven Zug in der Denkmalskultur entgegenzutreten und weiter daran zu arbeiten, Denkmale kognitiv und ästhetisch mit den eingangs angedeuteten Charakteristika demokratischer Kultur und Bildung kompatibel zu machen, insbesondere Diskursivität, Pluralität, Kontroversität und Reflexivität. Die Achtung und Förderung der Mündigkeit des Rezipienten gehöre zu den Schlüsselqualitäten des demokratischen Denkmals. Vor diesem Hintergrund seien nicht nur gesinnungsverordnende Denkmale mit Demokratie nicht zu vereinbaren, sondern auch solche, die den demokratischen Begriff der Nation durch einen ethnischen ersetzen, außer Kraft setzen. Ihre prästabilierte Homogenität, ihre Praktiken der Identitätskonstruktion implizieren offen oder in nuce aggressive Abgrenzung und Ausschließung. Solche Denkmale sind viel eher »Freund-Feind-Erkennungssysteme« als Denkmale der Demokratie.

Die Frage, ob eine Lösung darin bestehen würde, den Denkmalsbegriff nicht nur zu erweitern, sondern diesen vielleicht völlig zu verwerfen, griff Joachim von Puttkamer anschließend auf. Diese führe auch zur Frage, ob man nicht der Kunst bei der Errichtung von Denkmälern mehr vertrauen solle.

Michael Diers plädierte ebenso wie Volkhard Knigge für Denkmäler im Sinne historisch überkommener Monumente. Viel intensiver jedoch seien das Geschichtsverständnis und die -vermittlung in den Schulen zu pflegen. Der Kunst käme die Aufgabe im öffentlichen Raum zu, sich wirklich ästhetisch frei zu äußern und sich nicht von Historikern und Expertenkommissionen vereinnahmen zu lassen. Das Problem für den Künstler bestehe in der dauernden Kommentierung seiner Werke und dem Herunterbrechen seiner künstlerischen Ausdrucksformen für die Allgemeinheit. Was nach Diers daher notwendig ist, sei eine »visuelle Alphabetisierung«.

Anna Kaminsky plädierte ebenfalls dafür, Denkmäler das sein zu lassen, was sie letztlich sind, nämlich künstlerische Ausdrucksformen. Gleichzeitig verwies sie auf Polen als gelungenes Beispiel, in dem es eine Vielzahl von Denkmälern gebe, die sich dem Betrachter selbst erschließen würden. Kaminsky äußerte sich in der Diskussion auch kritisch über das geplante Berliner Einheits- und Freiheitsdenkmal. Hier stellte sie die Frage, ob es nicht eine geeignetere Alternative hätte sein können, die im Jahr 2009/10 gezeigte Open-Air-Ausstellung der Robert-Havemann-Gesellschaft dauerhaft auf dem Berliner Alexanderplatz zu verankern und diesen historischen Ort als Ort der Großdemonstration vom 4. November 1989 nutzbar zu machen.[6]

Die Frage, inwieweit Denkmäler auch gemeinschaftsstiftend wirken können bzw. in der Lage wären, imaginierte Gemeinschaften zu stiften, wurde von Joachim von Puttkamer anschließend zur Diskussion gestellt. Volkhard Knigge sprach sich für solche aus, die Identität nicht durch insinuierte oder sogar als natürlich ausgegebene Identifikation mit einem eher ontologisch gesetzten denn historisch entstandenen Wir zu fabrizieren. Die Wir-Konstruktionen müssten hinterfragbar und in ihrer historischen Entstehung erkennbar – und damit vernünftig überprüfbar und veränderbar – bleiben. Dann könnten Denkmale zur begründeten Identifikation mit Werten und Grundregeln der demokratischen Gesellschaft beitragen. Ein Denkmal in Form der oben skizzierten »Carl Schmitt'schen Variante« sei hierzu jedoch völlig ungeeignet. Gesetzte Denkmäler, so Knigge weiter, seien vor allem Ausdruck des Geschichtsbewusstseins ihrer Setzer zum Zeitpunkt der Setzung wie der Kompromissbildungen von Jurys und Kommissionen. Wie das Beispiel des Berli-

---

6   Dabei spielte Kaminsky auf die Ausstellung »20 Jahre Friedliche Revolution« an, ohne diese explizit beim Namen zu nennen.

ner Freiheits- und Einheitsdenkmals zeige, schrumpften Denkmalssetzungen schnell zu banalen »politischen Allegorien«, oberflächlichen Sinnbildern. Durch dieses Denkmal in Gestalt einer Waagschale (»Wippe«) und dem Titel »Bürger in Bewegung« werden Diskursivität und Partizipation nur mehr vordergründig simuliert. Es gehöre zu den Voraussetzungen demokratischer Bildung und der Bildung demokratischen Bewusstseins, dass beide autoritär, bevormundend oder im oberflächlichen Event nicht zu haben seien. Die Methoden müssten dem Ziel entsprechen, das Ziel müsse gleichsam in ihnen bereits erfahrbar werden.

Joachim von Puttkamer wies in der Folge darauf hin, dass nicht alles, was ein Künstler vorlege, auch tatsächlich gute Kunst sein müsse, die darauf ausgerichtet ist, Debatten in der Öffentlichkeit anzustoßen.

Der Streit um das Berliner Freiheits- und Einheitsdenkmal entzündete sich auch an der Frage der eigentlichen Ausgestaltung des Wettbewerbs. Michael Diers warf den Initiatoren den Missbrauch von Studierenden vor, sich an dem Wettbewerb zu beteiligen. Anna Kaminsky widersprach, da der von der Bundesstiftung Aufarbeitung 2007 ins Leben gerufene künstlerische Entwurfswettbewerb nichts mit dem eigentlichen späteren und offiziellen Denkmalswettbewerb zu tun gehabt habe. Der Wettbewerb der Stiftung sei für Studierende als Anregung gedacht, sich mit Themen der deutschen oder europäischen Zeitgeschichte zu beschäftigen.

Der von Michael Diers zuvor erhobene »Kitsch«-Vorwurf gegenüber diesem Denkmal und vielen anderen müsse, so Joachim von Puttkamer, nun einmal hingenommen werden, wolle man der Kunst vertrauen. Je klarer am Anfang die Vorgaben für die Allgemeinverständlichkeit eines Denkmals seien bzw. was dieses generell leisten müsse, desto größer sei die Gefahr, dass dessen spätere Ausgestaltung kitschig wirke. Das Hauptproblem bestehe aber darin, wie Michael Diers schließlich betonte, dass Kunst und Geschichtswissenschaft offensichtlich fundamental gegeneinander stehen würden und verwies auf die Ausführungen des Historikers Christoph Cornelißen.[7]

Nach Peter Maser bestehe jedoch die »Hauptkrux« bei der Errichtung von Denkmälern letztlich darin, dass der Auftraggeber meist die öffentliche Hand ist (Bund, Länder, Gemeinden etc.). Ob dieser Weg überhaupt noch gangbar sei, müsse stärker diskutiert werden. Müsse man nicht den Mut aufbringen, verstärkt einzelne Gruppen bei der Entwicklung und Aufstellung von Denkmälern einzubeziehen? Denkmäler jedoch in Form bloßer Kunstwerke, die nur für sich selbst sprechen, seien aber nach Maser problematisch. Diese würden der eigentlichen Idee von Denkmälern, ganz egal wie man diese denke, zuwiderlaufen und letztlich in den Bereich der Kunstförderung gehören. Woran

---

7   Vgl. hierzu die Ausführungen von Christoph Cornelißen in diesem Band.

es nach Maser bei all diesen Debatten letztlich mangelt, ist, dass man sich nicht klarmacht, was bestenfalls mit Denkmälern geleistet werden soll und im Normalfall tatsächlich geleistet wird.

Ganz gleich welchen Standpunkt die einzelnen Diskutanten des 12. Internationalen Symposiums der Stiftung Ettersberg vertreten haben: Die öffentliche Diskussion mit Blick auf Standort, Größe, Material, Ästhetik und politische Legitimation von Denkmälern wird auch künftige Denkmalsprojekte begleiten.

Die Autoren

Andreas H. Apelt

Geboren 1958 in Luckau/Brandenburg; Dr. phil.; Studium der Germanistik und Geschichte in Berlin; Publizist und Schriftsteller; Gründungsmitglied der Partei Demokratischer Aufbruch (1989) und deren Landesvorsitzender (1990); 1990 Mitbegründer, später Geschäftsführer und Vorstandsbevollmächtigter der Deutschen Gesellschaft e.V.; 1991–2006 Mitglied des Abgeordnetenhauses von Berlin; 2009 Promotion an der Technischen Universität Chemnitz.

Aktuelle Veröffentlichungen: (Mithg.): Die ostmitteleuropäischen Freiheitsbewegungen 1953–1989 (mit Robert Grünbaum, János Can Togay), Berlin 2014; Hinter der Stille. Berlin Prenzlauer-Berg 1979–1989 (Andreas H. Apelt: Prosa, Ron Jagers: Fotografie), Halle (Saale) 2013; (Mithg.): Schöner Schein und Wirklichkeit. Die SED-Diktatur zwischen Repression, Anpassung und Widerstand (mit Robert Grünbaum und Martin Gutzeit), Berlin 2013; (Mithg.): 2 x Deutschland. Innerdeutsche Beziehungen 1972–1990 (mit Robert Grünbaum und Jens Schöne), Halle (Saale) 2013; (Mithg.): Nation 2012? – Was bedeutet Nation heute und welchem Wandel unterliegt sie? (mit Heide Gebhardt und Eckhard Jesse), Halle (Saale) 2013; (Mithg.): Modell Deutschland (= Schriftenreihe der Gesellschaft für Deutschlandforschung, Bd. 103) (mit Tilman Mayer und Karl-Heinz Paqué), Berlin 2013; (Hg.): Neuanfang im Westen. Zeitzeugen berichten 1949–1989, Halle (Saale) 2013; (Hg.): Flucht, Ausreise, Freikauf, Halle (Saale) 2011.

Rasa Čepaitienė

Geboren 1971 in Geok Tepe, Turkmenistan; Prof. Dr. phil.; 1990–1996 Studium der Geschichte an der Universität Vilnius; 2003 Promotion; 2003–2005 Lehrbeauftragte der Fakultät für Geschichte an der Universität Vilnius, 2005–2009 an der Europäischen Humanistischen Universität (EHU) in Vilnius; 2004–2012 Research Fellow am Institut für Geschichte der Akademie der Wissenschaften Litauens, seit 2012 Senior Research Fellow; 2005–2012 außerplanmäßige Professorin an der Fakultät für Geschichte der Universität Vilnius, seit 2013 Lehrstuhlinhaberin. Forschungsschwerpunkte: Theorien von der Bewahrung des

Kulturerbes, Historiografie Litauens und der Welt, kulturelles (postkommu-
nistisches) Gedächtnis, Stadtgeschichte.

Aktuelle Veröffentlichungen: Memory politics in a multiethnic city: the
case of Vilnius, in: »Ion Creangă« Pedagogical State University (Hg.): Plural.
History, Culture, Society. Year book of the History Department, Chişinău
2013, Bd. 1–2, S. 164–179; Vospominanija o veličii: obraz Velikogo Knjažestva
Litovskogo v istoričeskoj pamjati sovremennoj Litvy [Erinnerungen über
Größe: Das Bild des Großfürstentums Litauen im historischen Gedächtnis
des modernen Litauens], in: *Ukrains'kij ictoričnij zbirnik* [Ukrainisch-histo-
rische Sammlung], 16/2013, S. 366–392; Paveldosauga globaliajame pasaulyje
[Die Bewahrung des Weltkulturerbes],Vilnius 2010.

Christoph Cornelißen

Geboren 1958 in Kempen; Prof. Dr. phil.; Studium der Geschichte, Anglistik
und Erziehungswissenschaften an der Heinrich-Heine-Universität Düsseldorf
und an der University of Stirling (Schottland); 1986 Erstes Staatsexamen für
die Sekundarstufe I und II in den Fächern Anglistik und Geschichte; Wissenschaftlicher Mitarbeiter an der Universität des Saarlandes 1986–1992 und an
der Heinrich-Heine-Universität Düsseldorf 1992–1997; 1991 Promotion; 2000
Habilitation in Düsseldorf; 1999–2003 DAAD Gastprofessor an der Karls-
Universität Prag; 2003–2011 ordentlicher Professor für Neuere und Neueste
Geschichte an der Christian-Albrechts-Universität zu Kiel, 2011–2012 ordent-
licher Professor für Neuere Geschichte an der Heinrich-Heine-Universität
Düsseldorf, seit April 2012 ordentlicher Professor für Neueste Geschichte an
der Goethe-Universität Frankfurt am Main; zahlreiche Mitgliedschaften in
Wissenschaftsgremien, u.a. seit 2012 Vorsitzender der Deutsch-Tschechischen
und Deutsch-Slowakischen Historikerkommission; Forschungsschwerpunkte:
Geschichte Westeuropas im 19. und 20. Jahrhundert, Historiografiegeschichte,
Geschichte der Erinnerungskulturen, Methoden- und Theoriefragen der
Geschichtsschreibung, Migrationsgeschichte.

Aktuelle Veröffentlichungen: »Vereinigungs-Historikertag« in Bochum?
Zur Rolle des Verbandes der Historiker Deutschlands (VDH) in den Jahren
1989–1991, in: *Geschichte in Wissenschaft und Unterricht*, 64 (2013), H. 3–4,
S. 187–202; Vom Schreiben einer Geschichte Europas im 20. Jahrhundert –
Perspektiven und Herausforderungen, in: ZeitRäume. Potsdamer Almanach
des Zentrums für Historische Forschung 2012/2013, hg. von Frank Bösch und
Martin Sabrow, Göttingen 2013, S. 65–86; Historie im politischen Auftrag?
Zur ambivalenten Rolle nationaler und internationaler Historikerkommissi-

onen, in: Claudia Fröhlich/Harald Schmid (Hg.): Brauchen Demokratien Geschichte? (= Jahrbuch für Politik und Geschichte, Bd. 3), Stuttgart 2012, S. 201–206; (Hg.): Geschichtswissenschaft im Geist der Demokratie. Wolfgang J. Mommsen und seine Generation, Berlin 2010.

Rainer Eckert

Geboren 1950 in Potsdam; Prof. Dr. phil.; 1969–1972 Studium der Archivwissenschaft und Geschichte an der Humboldt-Universität zu Berlin; 1972 aus politischen Gründen von der Universität verwiesen sowie politische Verfolgung durch das MfS im Rahmen des »OV Demagoge«; 1975 Diplom im Fernstudium und bis 1988 Mitarbeiter am Zentralinstitut für Geschichte; 1984 Promotion in »Abendtätigkeit«; 1988–1990 Mitarbeiter am Zentralinstitut für Geschichte und ab 1990 am Institut für Deutsche Geschichte in Berlin; 1991 Assistent am Lehrstuhl für Neueste Geschichte der Humboldt-Universität zu Berlin; 1997 Leiter der Projektgruppe Leipzig, 1998 Leiter und seit Dezember 2001 Direktor des Zeitgeschichtlichen Forums Leipzig der Stiftung Haus der Geschichte der Bundesrepublik Deutschland; 2001 Habilitation; seit 2006 außerplanmäßiger Professor am Institut für Kulturwissenschaften der Universität Leipzig; zahlreiche Mitgliedschaften in wissenschaftlichen und wissenschaftspolitischen Gremien, darunter des wissenschaftlichen Beirats der Stiftung Ettersberg.
  Zahlreiche Veröffentlichungen zu wissenschaftspolitischen Fragestellungen und der Darstellung von Zeitgeschichte in Ausstellungen, zur Auseinandersetzung mit den beiden deutschen Diktaturen, zur Staatssicherheitsproblematik, zur Geschichtswissenschaft sowie zu Opposition und Widerstand in der DDR, zuletzt: Widerstand und Opposition in der DDR. Von den Forschungen zur Geschichte des Nationalsozialismus zur Auseinandersetzung mit der SED-Diktatur, Version: 1.0, in: Docupedia-Zeitgeschichte, 2. 12.2013, URL: http://docupedia.de/zg/; SED-Diktatur und Erinnerungsarbeit im vereinten Deutschland. Auswahlbibliografie zu Widerstand und politischer Repression, Berlin 2011.

Stefanie Endlich

Geboren 1948 in Dresden; Prof. Dr. rer. pol; Studium der Soziologie und Wirtschaftswissenschaften; 1972–1975 Lehrtätigkeit an der Technischen Universität Berlin, Promotion an der Freien Universität Berlin; seit 1979 Lehrbe-

auftragte an der Hochschule für Kunst/Universität der Künste Berlin; dort
seit 2003 Honorarprofessorin für Kunst im öffentlichen Raum; freiberufliche
Kunstpublizistin und Ausstellungsmacherin; langjährige Zusammenarbeit mit
Gedenkstätten in Projekten und Gremien. Forschungsschwerpunkte: bildende
Kunst, Architektur, Stadtgeschichte und Erinnerungskultur.

Aktuelle Veröffentlichungen: Tiergartenstraße 4. Geschichte eines schwierigen Ortes (mit Sigrid Falkenstein, Helga Lieser und Ralf Sroka), Berlin 2014;
»… das grauenvollste Kapitel in der Geschichte des Lagers«. Der Massenmord
an sowjetischen Kriegsgefangenen im Konzentrationslager Sachsenhausen.
Ein Kunstwerk erinnert (mit Heike Ponwitz), Berlin 2012; Das Berliner Homosexuellen-Denkmal: Kontext, Erwartungen und die Debatte um den Videofilm,
in: Insa Eschebach (Hg.): Homophobie und Devianz: weibliche und männliche
Homosexualität im Nationalsozialismus, Berlin 2012, S. 167–186; Christen-
kreuz und Hakenkreuz. Kirchenbau und sakrale Kunst im Nationalsozialismus
(mit Monica Geyler-von Bernus und Beate Rossié), Berlin 2008.

Manuel Leppert

Geboren 1981 in Meiningen; M.A.; Studium der Politikwissenschaft, Neueren
Geschichte und Osteuropäischen Geschichte an der Friedrich-Schiller-Univer-
sität Jena; 2008/2009 und 2010/2011 Tätigkeiten für den DAAD (DSG-Tutor
an der »Mohyla-Akademie« in Kiew und Sprachassistent an der KhNADU in
Charkow); 2010 Bildungs- und Öffentlichkeitsreferent des Thüringer Archivs
für Zeitgeschichte »Matthias Domaschk« e.V.; 2011/2012 Freier Mitarbeiter des
Goethe-Instituts Kiew zur Unterstützung der deutschen Minderheit in der
Urkaine; seit 2013 Wissenschaftlicher Mitarbeiter bei der Stiftung Ettersberg.

Veröffentlichungen: Solidarität in der gesellschaftlichen Zwickmühle. Kulturelle Muster und Handlungsstrategien ukrainischer Jugendlicher (mit Jan
Jeskow), in: Lucie Billmann/Josef Held (Hg.): Solidarität in der Krise, Wiesbaden 2013, S. 143–160; Der russländische Föderationsrat: Abschied vom
Parlamentarismus?, in: Sven Leunig (Hg.): Handbuch Föderale Zweite Kam-
mern, Opladen 2009, S. 198–214; Akzeptierte Diktatur? Lukašenkos Herrschaft
über Weißrussland, Marburg 2008.

Peter Maser

Geboren 1943 in Berlin; Prof. Dr. theol.; Studium der Evangelischen Theologie
in Halle (Saale); 1971 Promotion, 1988 Habilitation; 1993 Professor für Kir-

chengeschichte an der Evangelisch-Theologischen Fakultät der Universität Münster; 2001–2008 Direktor des Ostkirchen-Instituts sowie Leiter der Abteilung für Christliche Archäologie der Universität Münster; 1995–1998 Sachverständiges Mitglied der Enquetekommission des Deutschen Bundestages »Überwindung der Folgen der SED-Diktatur im Prozess der deutschen Einheit«; 1999–2002 Sachverständiges Mitglied der Enquetekommission des Deutschen Bundestages »Zukunft des bürgerschaftlichen Engagements«; ab 1998 Mitglied des Kuratoriums der Stiftung Archive der Parteien und Massenorganisationen der ehemaligen DDR im Bundesarchiv (SAPMO); seit 1999 Vorsitzender des Fachbeirats Wissenschaft der Bundesstiftung zur Aufarbeitung der SED-Diktatur; 2005/06 Mitglied der Expertenkommission des BKM zur Schaffung eines Geschichtsverbundes »Aufarbeitung der SED-Diktatur« (Sabrow-Kommission); 2010/11 Vorsitzender der Expertenkommission »Gedenk- und Lernort Andreasstraße« bei der Thüringer Landesregierung, Stellvertretender Vorsitzender der Historiker-Kommission für eine »Landesförderkonzeption für Gedenkstätten und Lernorte zur Aufarbeitung der SED-Diktatur« in Thüringen, seit 2012 Vorsitzender des wissenschaftlichen Beirats der Stiftung Ettersberg, ab 2014 Mitglied des wissenschaftlichen Beirats der Reformationsdekade 2017.

Aktuelle Veröffentlichungen: »Alles in Butter mit Luther?«. Das Lutherjahr 1983 im Spiegel ausgewählter Akten, Berlin 2013; Niemals voll in das Regime integriert. Kirchen in der DDR, Erfurt 2013; Der lange Weg in die Andreasstraße. Anmerkungen zur Aufarbeitung der SED-Diktatur in Thüringen, in: Hans-Joachim Veen (Hg.): Zwischenbilanzen. Thüringen und seine Nachbarn nach 20 Jahren (= Europäische Diktaturen und ihre Überwindung. Schriften der Stiftung Ettersberg, Bd. 18), Wien/Köln/Weimar 2012, S. 53–73.

Alvydas Nikžentaitis

Geboren 1961 in Jurbarkas, Litauen; Prof. Dr. phil.; 1979–1984 Studium der Geschichte an der Universität Vilnius; 1984–1991 Wissenschaftlicher Mitarbeiter des Instituts für Geschichte der Akademie der Wissenschaften Litauens, 1988 dort Promotion; 1992–1993 Gründungsdirektor des Forschungszentrums für die Geschichte Westlitauens und Preußens an der Universität Klaipėda/Memel, 1994–1999 Gründungslehrstuhlinhaber für Geschichte der Universität Klaipėda; 1999 Habilitation an der Universität Vilnius; 1999–2000 Humboldt-Stipendiat an der Philipps-Universität Marburg; 2001–2009 Direktor des außeruniversitären Forschungsinstituts für die Geschichte Litauens in Vilnius, Professor für Geschichte der Pädagogischen Universität Vilnius; seit 2010 Wissenschaftlicher Mitarbeiter des Forschungsinstituts für die Geschichte

Litauens in Vilnius, Leiter des Arbeitsbereichs »Erinnerungskulturen«; zahlreiche Mitgliedschaften in wissenschaftlichen Gremien: seit 2003 Präsident
des Litauischen Historikervereins; seit 2004 Vorsitzender der litauisch-russischen Historikerkommission; seit 2012 Mitglied im internationalen Beirat des
Instituts für Weltgeschichte der Russischen Akademie der Wissenschaften;
diverse redaktionelle Mitgliedschaften, darunter seit 2009 Redaktionsmitglied
der *Zeitschrift für die Geschichte Ostmitteleuropas* sowie seit 2013 von *Przeglad
historyczny*. Forschungsschwerpunkte: Geschichte der Feindbilder im Ostseeraum, kulturelles Gedächtnis, Erinnerungskulturen in Ostmitteleuropa,
Geschichtspolitik, Identitätswandel und symbolische Aneignung von Städten.

Aktuelle Veröffentlichungen u.a.: (Mithg.): Dialog kultur pamięci w regionie ULB (Ukraina, Litwa, Białoruś) [Dialog der Erinnerungskulturen in der
Region ULB (Ukraine, Litauen, Belarus)] (mit Michał Kopczyński), Warszawa
2014; (Hg.): Atminties daugiasluoksniškumas. Miestas, valstybė, regionas [Die
Mehrschichtigkeit der Erinnerung. Stadt, Staat, Region] Vilnius 2013; Specyfika przestrzeni miasta w badaniach kultury pamięci [Die Besonderheiten der
städtischen Räume in den Forschungen zur Erinnerungskultur], in: Andrzej
Korytka/Andrzej Szmyt (Hg.): Miasto jako region pamięci [Die Stadt als Objekt
der Erinnerung], Olsztyn 2012, S. 65–76; Zwischen Erinnerungs- und Gedächtniskultur. Die Bedeutung von Vergangenheitsvorstellungen der Zwischenkriegszeit für die heutige Außenpolitik in Ostmitteleuropa, in: Bianka Pietrow-
Ennker (Hg.): Russlands imperiale Macht. Integrationsstrategien und ihre
Reichweite in transnationaler Perspektive, Wien/Köln/Weimar 2012, S. 383–396.

Valters Nollendorfs

Geboren 1931 in Riga (Lettland); Prof. Dr. phil.; 1944–1950 als Flüchtling in
Deutschland; Studium der deutschen und englischen Philologie an der Universität von Nebraska; 1962 Promotion (Deutsche Literatur) an der Universität von Michigan; 1961–1965 Assistant Professor, 1965–1974 Associate Professor und 1974–1995 Professor am German Department der Universität von
Wisconsin-Madison; Tätigkeit als Leiter des Departments und Herausgeber
der germanistischen Zeitschrift *Monatshefte*; seit 1996 Professor Emeritus;
1976–1978 Präsident der Gesellschaft zur Förderung Baltischer Studien (AABS),
1988–1996 deren Wissenschaftlicher Direktor, 1996–2000 Direktor des Baltischen Büros der AABS in Riga; seit 1993 Mitglied der Stiftung (seit 2006 des
Vereins) des Lettischen Okkupationsmuseums, seit 2011 wieder geschäftsführender Vorstandsvorsitzender, seit 2006 auch Direktor für auswärtige Angelegenheiten des Museums; Mitgliedschaften in der Baltischen Historischen

Kommission (Göttingen), der Lettischen Akademie der Wissenschaften sowie der Lettischen Historikerkommission.

Zahlreiche Veröffentlichungen zur deutschen und lettischen Literatur, zu German Studies und lettischer Zeitgeschichte, darunter: Latvijas Okupācijas muzejs: Latvija zem Padomju Savienības un nacionālsociālistiskās Vācijas varas 1940–1991/Museum of the Occupation of Latvia: Latvia under the Rule of the Soviet Union and National Socialist Germany, Riga 2002 (und Neuauflagen). Eine erweiterte deutschsprachige Ausgabe ist im Internet zugänglich: Lettland unter der Herrschaft der Sowjetunion und des nationalsozialistischen Deutschland 1940–1991, hg. vom Lettischen Okkupationsmuseum, Riga 2010, URL: http://okupacijasmuzejs.lv/sites/default/files/OM%20Deutsch%202010%20 Internet-Ausgabe_2.pdf [28.05.2014].

Krzysztof Ruchniewicz

Geboren 1967 in Wrocław (Polen); Prof. Dr. phil. habil.; Studium der Geschichte und osteuropäischen Geschichte an den Universitäten in Wrocław, Saarbrücken und Marburg; 2000 Promotion, 2007 Habilitation; 2002–2007 sowie seit 2009 Direktor des Willy Brandt Zentrums für Deutschland- und Europastudien der Universität Wrocław; Lehrstuhlinhaber für Zeitgeschichte am dortigen Zentrum; 2008–2011 Wissenschaftlicher Koordinator des deutsch-polnischen Schulbuchs; Ministerieller Gutachter für die Zulassung der Schulbücher im Fach Geschichte; Leiter der Stätte zur Erforschung der polnischen politischen Emigration Deutschland nach 1945 am Historischen Institut der Universität Wrocław; Mitgliedschaften in diversen Wissenschaftsgremien, u.a. Mitglied des Präsidiums der Deutsch-Polnischen Schulbuchkommission, des Beirats der Willy-Brandt-Stiftung und des Beirats des Dokumentationszentrums Kultur und Geschichte der Polen in Deutschland. Forschungsschwerpunkte: Geschichte Deutschlands und der deutsch-polnischen Beziehungen im 20. Jahrhundert, Geschichte der europäischen Integration, internationale Schulbuchforschung.

Aktuelle Veröffentlichungen: (Mithg.): Jüdisches Leben zwischen Ost und West. Neue Beiträge zur jüdischen Geschichte in Schlesien (mit Andreas Brämer und Arno Herzig), Göttingen 2014; (Mithg.): Narrative im Dialog. Deutsch-polnische Erinnerungsdiskurse (mit Wolfgang Form und Kerstin von Lingen), Dresden 2013.

Mária Schmidt

Geboren 1953 in Budapest; Prof. Dr. phil.; Studium der Geschichte und Germanistik an der Universität Eötvös Loránd in Budapest; 1985 Promotion, 1999 Ph.D.; 2005 Habilitation im Fachbereich Geschichtswissenschaften; seit 1996 Dozentin, ab 2010 Professorin an der Katholischen Pázmány-Péter-Universität in Piliscsaba; Gastprofessuren und Stipendien an den Universitäten in Berlin, Bloomington, Innsbruck, Jerusalem, New York, Oxford, Paris, Tel-Aviv und Wien sowie an der Hoover Institution in Stanford; Generaldirektorin der Institute des 20. und 21. Jahrhunderts und des Museums Haus des Terrors in Budapest; Mitglied zahlreicher Wissenschaftsräte, darunter Mitglied des Stifungsrats der Stiftung Ettersberg (bis 2014) sowie Mitglied des Sachverständigenausschusses für das geplante Haus der Europäischen Geschichte in Brüssel. Forschungsschwerpunkte: Geschichte der ungarischen Juden seit 1918, Geschichte Ungarns unter diktatorischer Herrschaft, Diktaturen im 20. Jahrhundert.

Aktuelle Veröffentlichungen: Die Ästhetik der Erinnerungspolitik, in: *Budapester Zeitung* vom 20. September 2012; Auf dem Weg zu einem europäischen Gedächtnis? Eine ungarische Sicht auf das geplante Haus der Europäischen Geschichte, in: Volkhard Knigge/Hans-Joachim Veen/Ulrich Mählert/Franz-Josef Schlichting (Hg.): Arbeit am europäischen Gedächtnis. Diktaturerfahrung und Demokratieentwicklung (= Europäische Diktaturen und ihre Überwindung. Schriften der Stiftung Ettersberg, Bd. 17), Köln/Weimar/Wien 2011, S. 165–167; Politikailag inkorrekt [Politisch inkorrekt], Budapest 2010.

Richard Schröder

Geboren 1943 in Frohburg/Sachsen; Prof. Dr. theol.; 1962–1968 Studium der Theologie und Philosophie an den Kirchlichen Hochschulen Katechetisches Oberseminar Naumburg und Sprachenkonvikt Berlin, danach daselbst Assistent; 1973–1977 Pfarrer in Wiederstedt bei Hettstedt/Harz; 1977 Promotion (1990 staatlich anerkannt); 1977–1991 Dozent für Philosophie an den kirchlichen Hochschulen in Naumburg und Berlin; 1988/89 Berater der Arbeitsgruppe »Mehr Gerechtigkeit in der DDR« bei der »Ökumenischen Versammlung für Gerechtigkeit, Frieden und Bewahrung der Schöpfung« in der DDR und Eintritt in die SDP (später SPD); 1990 Mitarbeit an der Arbeitsgruppe »Neue Verfassung« des Runden Tisches; 1990 Mitglied der Volkskammer der DDR, Fraktionsvorsitzender der SPD und Mitglied des Deutschen Bundestages; 1991 Lehrtätigkeit an der Theologischen Fakultät der Humboldt-Universität zu Berlin und Habilitation an der Kirchlichen Hochschule in Leipzig; 1992 Ehrendoktorwürde durch die Theologische Fakultät der Georg-August-Universität Göttingen; 1993 Berufung zum Professor auf den Lehrstuhl für Philosophie in Verbindung mit Systematischer Theologie an der Theologischen Fakultät der Humboldt-Universität Berlin; 1993–2009 Verfassungsrichter des Landes Brandenburg; 2001–2007 Mitglied des Nationalen Ethikrates; aktuelle Mitgliedschaften u.a.: seit 2003 Mitglied der Berlin-Brandenburgischen Akademie der Wissenschaften; Vorstandsvorsitzender der Deutschen National-stiftung, Vorsitzender des Beirats beim Bundesbeauftragten für die Stasi-Unterlagen (BStU), Präsident des Fördervereins Berliner Schloss.

Aktuelle Veröffentlichungen: Häftlingsarbeit in der DDR – warum nicht?, in: *Frankfurter Allgemeine Zeitung* vom 15. Juni 2014; Wie es wirklich war, in: *Frankfurter Allgemeine Zeitung* vom 5. Januar 2014; Ruin – lieber mit als ohne Einheit. Der Zusammenbruch der DDR-Wirtschaft war unausweichlich, in: *Frankfurter Allgemeine Zeitung* vom 4. Februar 2013; Abschaffung der Religion. Wissenschaftlicher Fanatismus und die Folgen, Freiburg 2011; Die wichtigsten Irrtümer über die deutsche Einheit, Freiburg 2007 (2. aktual. u. erw. Aufl. 2014).

Peter Švorc

Geboren 1957 in Liptovský Mikuláš; Prof. Dr. phil.; Studium der Geschichte und Philosophie; 1981–1982 Wissenschaftlicher Mitarbeiter am Museum der Ostslowakei in Košice (Kaschau); seit 2004 Professor an der Philosophischen Fakultät der Universität Prešov; Vizepräsident der Slowakischen Historischen Gesellschaft bei der Slowakischen Akademie der Wissenschaften in Bratislava und Direktor des Verlages »Universum«; Mitglied des Nationalkomitees der Historiker, Mitglied der Slowakisch-Tschechischen Historikerkommission, Mitglied der Slowakisch-Ukrainischen Historikerkommission, Mitglied der World Academy of Rusyn Culture (Toronto, Kanada); Vorsitzender des Redaktionsrates der Zeitschrift *Dejiny* (Geschichte) und Mitglied mehrerer Redaktionsbeiräte anderer historischer Zeitschriften; Mitglied des wissenschaftlichen Rates der Philosophischen Fakultät der Universität Prešov. Forschungsschwerpunkte: Geschichte der Tschechoslowakei seit 1918, Geschichte Karpatorusslands, Kirchengeschichte nach 1918.

Aktuelle Veröffentlichungen: Veľká doba a jej dôsledky. Prešov v 20. rokoch 20. Storočia [Große Zeit und deren Wirkungen. Prešov in den 20er Jahren des 20. Jahrhunderts] (mit Patrik Derfiňák, Ján Džujko, Martin Ďurišin, Libuša Franková, Nadežda Jurčišinová und Peter Kovaľ), Prešov 2012; (Mithg.): Veľká doba v malom priestore. Zlomové udalosti v mestách stredoeurópskeho priestoru a ich dôsledky (1918–1929)/Große Zeit im kleinen Raum. Umbrüche in den Städten des mitteleuropäischen Raumes und deren Wirkungen (1918–1929), Prešov/Graz 2012; Die Slowaken und ihre Geschichte in der österreichischen Historiographie, in: Michael Bünker/Ernst Hofhanst/Raoul Kneucker (Hg.): Donauwellen. Zum Protestantismus in der Mitte Europas. Festschrift für Karl W. Schwarz, Wien 2012, S. 287–304.

Hans-Joachim Veen

Geboren 1944 in Straßburg (Elsass); Prof. Dr. phil.; Studium der Politischen Wissenschaften, der Neueren Geschichte und des Öffentlichen Rechts an den Universitäten Hamburg und Freiburg im Breisgau; 1982–2000 Forschungsdirektor der Konrad-Adenauer-Stiftung; seit 1996 Honorarprofessor für Vergleichende Regierungslehre und Parteienforschung an der Universität Trier; 2000–2002 Projektleiter »Demokratie- und Parteienförderung in Mittel- und Osteuropa« der Konrad-Adenauer-Stiftung; seit 2002 Vorstandsvorsitzender der Stiftung Ettersberg; seit 2008 Vorsitzender des Wissenschaftlichen Beratungsgremiums bei der BStU. Forschungsschwerpunkte: international vergleichende Wahl- und Parteienforschung, Geschichte der SED-Diktatur und ihre Aufarbeitung, europäisch vergleichende Diktatur- und Transformationsforschung.
Aktuelle Veröffentlichungen (Mithg.): Von der Urkatastrophe Europas bis zur Wiedervereinigung Deutschlands – Etappen deutscher Zeitgeschichte 1914 bis 1990 (mit Franz-Josef Schlichting), Weimar 2014; Deutschlands »innere Einheit« – Neuer Gemeinschaftsmythos oder pluralistische Demokratie?, in: Michael Borchard/Thomas Schrapel/Bernhard Vogel (Hg.): Was ist Gerechtigkeit? Befunde im vereinten Deutschland, Köln/Weimar/Wien 2013, S. 59–89; (Mithg.): Der Volksaufstand vom 17. Juni 1953. Ursachen, Akteure, Folgen – Ein Rückblick nach 60 Jahren (mit Franz-Josef Schlichting), Weimar 2013; (Hg.): Zwischenbilanzen. Thüringen und seine Nachbarn nach 20 Jahren (= Europäische Diktaturen und ihre Überwindung. Schriften der Stiftung Ettersberg, Bd. 18), Wien/Köln/Weimar 2012.

Tomáš Vilímek

Geboren 1976 in Prag; Dr. phil.; 1996-2002 Studium der Geschichte und Politikwissenschaften an der Karls-Universität Prag; 2002–2003 Stipendiat der Studienstiftung des deutschen Volkes, 2003 der Konrad-Adenauer-Stiftung und 2004–2006 der *ZEIT*-Stiftung; seit 2006 Wissenschaftlicher Mitarbeiter des Instituts für Zeitgeschichte der Tschechischen Akademie der Wissenschaften in Prag; 2009 Promotion (Ph.D.) an der Karls-Universität Prag mit einer Arbeit über die Opposition in der ČSSR und in der DDR in den 1970er und 1980er Jahren im Vergleich; seit 2009 Dozent für tschechoslowakische und deutsche Geschichte an der Karls-Universität Prag. Forschungsschwerpunkte: Opposition und Widerstand in der ČSSR und in der SBZ/DDR im Vergleich; Zusammenarbeit der Staatssicherheitsdienste der ČSSR und der DDR in den 1970er/1980er Jahren; Beziehungen zwischen der KPČ und der SED 1969–1989 sowie deren Sozialpolitik; methodologische Aspekte von Zeitgeschichte im 21. Jahrhundert.

Aktuelle Veröffentlichungen: Opposition als Lebensform. Dissidenz in der DDR, der ČSSR und in Polen (mit Alexander von Plato und in Verbindung mit Piotr Filipkowski und Joanna Wawrzyniak), Münster 2013; Unter scharfer Beobachtung. Einige Anmerkungen zur Zusammenarbeit zwischen der tschechoslowakischen und der ostdeutschen Staatssicherheit bei der Überwachung der Gesellschaft, in: Jana Osterkamp/Joachim von Puttkamer (Hg.): Sozialistische Staatlichkeit, München 2012, S. 193–223.

Personenregister

Bildnachweis

Beitrag von Stefanie Endlich
Archiv der KZ-Gedenkstätte Neuengamme (ANg)/Sammlung Hans Schwarz
(Fotograf unbekannt): Abb. 3
Archiv Jochen Gerz (Foto: Hannes Schröder): Abb. 14
Gedenkstätte Buchenwald (Foto: Ernst Schäfer): Abb. 8
Gerhard-Marcks-Stiftung, Bremen 2014: Abb. 2
Horst Hoheisel: Abb. 15
Neue Berliner Illustrierte 1946/32, 3. Septemberheft: Abb. 1
Stefanie Endlich: Abb. 4–7, 9–13, 16–21, 23; Tafeln 1–3
Stiftung Denkmal für die ermordeten Juden Europas (Foto: Uwe Seemann):
Tafel 4
Wilms/Koliusis/Hallmann: Abb. 22

Beitrag von Valters Nollendorfs
Jānis Dripe: Abb. 18
Lettisches Okkupationsmuseum: Abb. 2, 16, 17
Lettisches Okkupationsmuseum (Foto: Aleksandrs Lebeds): Tafel 6
Lettisches Okkupationsmuseum (Foto: Juris Kalniņš): Abb. 3
Lettisches Okkupationsmuseum (Foto: Māris Locs): Abb. 7, 8
Lettisches Okkupationsmuseum (Foto: Richards Pētersons): Abb. 10
Lettisches Okkupationsmuseum (Foto: Valters Nollendorfs): Abb. 1, 4–6, 9,
11–15; Tafeln 5, 7, 8

Beitrag von Alvydas Nikžentaitis/Rasa Čepaitienė
Gediminas Svitojus: Abb. 2
Rasa Cepaitiene: Abb. 1, 3–9; Tafeln 9–12

Beitrag von Mária Schmidt
Bagira (2009): Tafel 13
FORTEPAN: Abb. 1, 2, 4, 5
Museum Haus des Terrors: Abb. 6–10; Tafeln 15, 16
Nagy Piroska: Abb. 3
Wikimedia Commons/Csanády: Tafel 14

Beitrag von Tomáš Vilímek
Institut für Zeitgeschichte (Prag): Abb. 1–20; Tafeln 17, 19, 20
Roman Týc: Tafel 18

Beitrag von Peter Švorc
Branislav Švorc: Abb. 6, 8; Tafel 21
Miroslav Palárik: Abb. 7; Tafel 23
Peter Švorc: Abb. 9, 10, 12, 13
Peter Švorc Jr.: Abb. 1, 3, 11, 14, 15; Tafeln 22, 24
Roman Holec: Abb. 2
Tibor Dohnanec: Abb. 4, 5

Beitrag von Andreas H. Apelt
Landesdenkmalamt Berlin-Fotoarchiv: Abb. 1
Milla & Partner/Sasha Waltz: Tafeln 25, 26

Beitrag von Rainer Eckert
Volkmar Heinz: Tafeln 27–29

Beitrag von Peter Maser
Claus Bach: Tafeln 30–33
Stiftung Ettersberg: Abb. 1

Die Redaktion hat sich bemüht, alle Inhaber von Bildrechten ausfindig zu machen. Sollten dennoch Rechteinhaber hier nicht aufgelistet sein, so ist die Redaktion für entsprechende Hinweise dankbar und selbstverständlich darum bemüht in künftigen Ausgaben die Inhaber betreffender Bildrechte namentlich zu nennen.

EUROPÄISCHE DIKTATUREN
UND IHRE ÜBERWINDUNG

SCHRIFTEN DER STIFTUNG ETTERSBERG

HERAUSGEGEBEN VON HANS-JOACHIM VEEN, VOLKHARD KNIGGE, TORSTEN OPPELLAND

böhlau

BÖHLAU VERLAG, URSULAPLATZ 1, D-50668 KÖLN, T:+49 221 913 90-0
INFO@BOEHLAU-VERLAG.COM, WWW.BOEHLAU-VERLAG.COM | WIEN KÖLN WEIMAR

TR774